제4판

– 디지털시대 –

영유아과학교육

한 유 미

창지사

머리말

과학은 우리의 생활과 밀접한 관계가 있으며, 영유아가 자신의 환경에 대한 이해를 증진시키는 데 매우 중요한 역할을 한다. 이에 현대 영유아 과학교육에서는 과학적 지식을 전달하기보다 영유아 스스로 과학적 지식을 구성하는 능력을 길러 주는 것을 강조한다. 그런데 이와 같이 영유아를 능동적인 학습자로 보는 구성주의 입장에서 영유아 과학교육이 이루어지기 위해서는 교사 역시 끊임없는 학습자로서 스스로 지식을 구성해 나가려는 자세를 가져야 한다. 또한 구성주의 과학교사는 이미 만들어진 활동을 그대로 따라 하기보다는 창의적으로 과학 활동을 개발할 수 있어야 한다. 즉, 영유아의 발달 특성이나 흥미, 생활주제 등을 고려하여 적절한 과학 교육 내용을 추출하고, 이를 토대로 영유아의 자발적 참여를 촉진하는 과학 환경 및 교수-학습 방법을 계획, 실행, 평가할 수 있는 능력을 갖출 필요가 있다. 특히 4차 산업혁명시대의 영유아들은 다양한 디지털 테크놀로지의 경험을 통해 누리과정의 자연탐구영역에서의 배움으로 자연스럽게 이어질 수 있기 때문에 교사의 역할은 더욱 중요하다.

이러한 입장에서 본서는 1부 영유아 과학교육의 배경, 2부 영유아 과학교육의 내용, 3부 영유아 과학교육의 운영, 4부 영유아 과학교육의 실제 등 총 4부로 구성하였다. 1부 영유아 과학교육의 배경에서는 영유아와 과학의 관련성과 디지털 사회에서의 영유아와 과학교육(1장), 과학태도, 과학과정기술, 과학지식 등의 과학의 구성요소(2장)를 다룬 후 영유아 과학교육의 역사적 배경(3장)과 피아제와 브루너, 비고스키 등을 중심으로 한 영유아 과학교육의 이론적 배경(4장)을 소개했다. 2부에서는 개정 누리과정을 중심으로 영유아기에 경험해야 하는 과학교육의 영역을 물상과학(5장), 생명과학(6장), 지구과학(7장) 등으로 분류하고, 각 영역에서 다루어야 할 내용과 지도 방법 등을 구체적으로 제시하였다. 3부 영유아 과학교육의 운영에서는 영유아 과학교육과 교사의 자질 및 역할과 교수학습방법 등에 대해 알아본 후(8장), 문학, 과학사, 미술, 요리, 메이커스페이스 등 다양한 영유아 과학교육의 접근법을 기술하고(9장), 영유아 과학교육의 다양한 환경(10장)과 평가 방법(11장)을 살펴보았다. 마지막으로 4부 영유아 과학교육의 실제에서는 물상과학, 생명과학, 지구과학 등의 과학 활동들을 연령별(영아, 3세, 4세, 5세)로 소개하였다.

이 책이 디지털 사회에서 영유아의 과학 활동을 직접 지도할 예비 영유아교사들에게 도움이 되기를 바라는 마음과 부족한 부분은 앞으로 수정, 보완해 간다는 다짐으로 출판한다. 구성주의 과학을 접하게 해 주신 전 육아정책연구소장 조복희 교수님과 디지털 영유아교육에 대한 비전을 심어 주신 이종원 부총장님께 깊은 고마움을 전한다. 아울러 그림과 사진, 표가 많아 복잡하고 손이 많이 가는 원고를 꼼꼼하게 편집해 주신 창지사 여러분들께 감사드린다.

2024년 2월

저자

차 례

제2부 영유아 과학교육의 내용

제3부 영유아 과학교육의 운영

제4부 영유아 과학교육의 실제

제1부

영유아 **과학교육**의 **배경**

1장 영유아 과학교육의 기초

1. 영유아와 과학

최근 음성 인식 컴퓨터, 동영상 휴대폰, 인간 복제 등 과거에는 상상 속에서만 가능했던 일들이 현실에서 이루어지고 있다. 이와 같이 과학이 우리 생활 깊숙이 파고들고 있는 현대 사회에서는 일반인들조차도 일상생활 속에서 과학을 이해하고 활용할 수 있는 능력이 필요할 뿐 아니라 과학이 가져온 환경 파괴 등 다양한 문제를 해결해 나가기 위해서 과학적 지식과 이해에 기초한 의사결정을 할 수 있는 능력이 요구된다. 이러한 맥락에서 오늘날 과학 기술의 발전은 국가 발전의 척도로 인식되며, 많은 국가에서 과학의 선진화를 위한 기초 작업으로 과학교육을 강조하여 과학적 소양(scientific literacy)을 갖춘 교양인을 길러내는 데 주력하고 있다. 우리나라에서도 국가적 차원에서 과학교육을 진흥시키기 위하여 중 · 고등교육기관은 물론이고 영유아교육에까지 범위를 확대하여 과학교육의 중요성을 강조하고 있다. 예를 들어, 일선 학교에 현대화된 실험실을 설치하고 과학교구를 확보하기 위해 막대한 예산을 투여하고 있을 뿐 아니라 매년 4월을 과학의 날로 정하고 과학기술 중심 사회건설을 표방하면서 사회 전반에 과학적 합리주의와 창의적 사고를 확장시킬 수 있는 인프라를 구축하기 위해 일상생활에서 사회기술을 즐기며 배우는 과학관이나 자연사 박물관 등의 설립을 추진하고 있다(김정화 · 조부경, 2001).

그러나 실제 영유아교육 현장에서 과학은 교사들이 가장 어려워하는 교과로서 다른 교과에 비해 소홀히 되고 있는 것으로 보고된다(최인숙, 2000; Martin, 2001). 미국의 경우에도 유치원과 초등학교 저학년 교사들은 하루 평균 112분씩 읽기를 가르치는 반면 과학교육에는 18분만을 소요하고 있는 것으로 조사된 바 있다(Weiss et al., 1989). 이는 영유아교육 현장의 미흡한 환경 여건, 과학 기기 및 장비의 부족이나 자원과 재정의 부족 등 환경적 요인이나 대부분 인문계 출신의 여성인 영유아교사 자신의 과학적 지식 및 과학 교수 방법론에 대한 이해 부족 및 자신감의 결여 때문으로 지적된다. 그러나 보다 중요한 원인은 과학에 대한 소극적인 개념이나 부정적인 태도에 있다고 할 수 있다(한유미, 2003).

전통적으로 과학은 매우 어렵고 추상적이며, 과학을 하기 위해서는 복잡한 도구와 자료가 필요한 것으로 인식되어 왔다. 예를 들어, 많은 이들이 과학이라고 하면 실험실에서 흰 가운을 입고 화학 약품을 다루고 있는 모습이나 최첨단 컴퓨터 시스템이나 로켓 발사 장면 또는 난해한 물리 공식 등을 떠올린다. 그러나 이는 과학이 갖고 있는 외형과 과학의 결과에 치우친 인식이며, 이러한 관점에서 보면 영유아와 과학은 동떨어진 것으로 생각하기 쉽다. 또한 과학은 추상적이고 형식적인 사고를 요하므로 영유아기에 과학교육에 많은 시간을 투자하는 것이 낭비라는 생각도 영유아의 학습 능력에 대한 불신에서 비롯된 것이다. 아울러 이는 과학교육 방법에 있어서도 단편적인 사실을 암기하게 하거나 설명을 통해 사실을 전달하는 등 다분히 내용중심적인 경향이 나타나게 했다(Butzow & Butzow, 2000).

그러나 과학을 책을 통하여 사실을 배우고 공식을 암기하는 것이 아니라 행동, 사건, 사물을 관찰하고 생각하고 반영하는 과정으로 인식하게 됨에 따라 탐구, 실험, 가설검증 등 학습자의 능동적인 역할을 강조하게 되었다. 이러한 관점에서 볼 때 진정한 과학이란 창의적 사고나 문제해결, 실험, 발명 등 영유아의 특성과 매우 유사하며, 영유아는 내적 호기심을 갖고 있는 존재로서 '타고난 과학자'라고 할 수 있다. 이와 같이 과학자들이 행하는 많은 과정과 영유아가 과학뿐 아니라 모든 영역에서 지식을 구성하는 방법이 유사하다는 점에서 과학은 영유아와 밀접한 관련성을 갖는다고 할 수 있다. 이는 또한 많은 영유아들이 '재미있어서', '궁금하고 신기한 것을 알 수 있어서', '과학자가 되고 싶어서', '똑똑해지니까', '자연스러워서' 등의 이유로 과학을 좋아한다는 사실에서도 확인된다(김정화 · 조부경, 2001).

더욱이 영유아기는 인간 형성의 기초적인 시기이자 결정적인 시기로서 영유아기에 형성된 습관과 태도는 성장 후에도 쉽게 변하지 않는다. 일례로 유년기에 아인슈타인은 말수가 적고 공상에 잠기기를 좋아했는데 그 성향은 후일 과학자가 되었을 때의 놀라운 주의집중력으로 이어졌다고 회고한 바 있다. 이러한 점에서도 영유아기에 관찰력, 지구력, 탐구력, 주의집중력, 분석력 등의 과학적 태도와 성향을 길러 주는 일이 매우 중요할 것이다. 또한 영유아가 갖고 있는 호기심의 대부분은 나무, 꽃, 동물, 해, 바람 등의 자연 현상이나 바퀴, 컴퓨터, 롤러코스터 등과 같은 인공적인 산물에 관한 것이다. 이러한 것들은 모두 과학의 본질로 간주되는 것이므로 과학은 영유아기의 가장 중요하고 자연스러운 교육 내용으로 생각할 수 있다(Martin, 2001). 이외에도 어떤 지적 재능보다 과학 적성이 조기에 확인될 수 있다고 한 브루너(Bruner)의 주장에서도 영유아과학교육의 가능성과 중요성을 확인할 수 있다.

심층 탐구 과학과 관련된 나의 경험과 인식

1. 과학과 관련된 최고의 경험과 최악의 경험은?

2. 과학과 관련된 나의 취미는?

3. 지난 1년간 내가 본 과학 관련 책이나 영상물은?

4. 내가 아는 과학 용어나 과학자는?

5. 다음 A와 B는 누구일까요?

A라는 아이는 초등학교에서 늘 꼴찌를 하고 엉뚱한 질문만 하는 바람에 선생님이 어머니를 불러서 "이 애는 저능아라서 학교에서는 도저히 못 가르치겠어요. 어머니가 집에서 가르치는 것이 좋겠어요."라고 하여 입학한 지 석 달 만에 자퇴를 하게 되었다. 또 아이들과는 어울릴 줄도 모르고 늘 지하실 한구석에서 혼자 놀다가 한번은 나무가 왜 불에 타는가를 알아보기 위해서 창고에 불을 지른 적도 있다.

B라는 아이는 세 살까지 말을 잘하지 못하고 일곱 살이 되어서야 겨우 글을 읽고 의사로부터 약간 저능아라는 판정을 받았다. 초등학교 때에도 아이들과 어울리지 않고 학교 가기를 싫어하고 집에서 혼자 놀기를 좋아했고, 고등학교에 입학해서는 선생님으로부터 "네가 이 학급에 있으면 학생들이 나를 존경하는 마음이 없어진다. 그러니 이 학교에서 나가라."며 퇴학당하고 돌아왔다.

(정답은 28쪽)

2. 과학교육과 영유아의 발달

앞서 설명한 바와 같이 영유아는 타고난 과학자라는 입장에서 과학교육이 영유아의 인지, 언어, 정서, 사회성, 신체 발달에 미치는 영향을 구체적으로 살펴보면 다음과 같다.

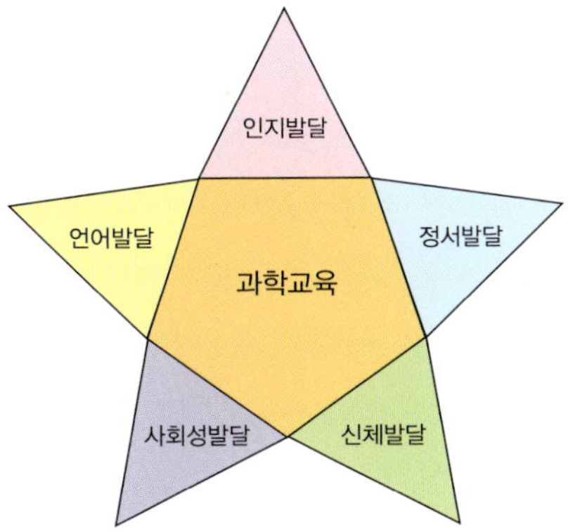

[그림 1-1] 과학교육과 영유아의 발달

1) 과학과 인지발달

과학의 어원인 라틴어의 scientia가 '지식'을 의미한다는 점만 보아도 과학은 다른 어떤 교과보다도 인지발달과 밀접한 관련이 있음을 알 수 있다. 예를 들어, 과학을 통해 사물의 속성을 파악할 뿐 아니라 사물과 사물 간의 공통점을 발견하고, 차이점을 변별하는 등 사물에 대한 이해력과 논리적 사고력 및 문제해결력을 발달할 수 있다. 즉, 과학적 학습은 기본적으로 복잡한 과학적 사고 패턴을 찾는 방법론적 접근 방식이므로 학습 전략 개발의 기초가 된다(Choiriyah, 2021).

피아제(Piaget)에 의하면, 전조작기 인지발달 단계에 있는 영유아는 논리적으로 판단하기보다는 어떻게 사물이 보이는가에 따라 사물을 판단한다. 이들은 변화를 추적하거나 자신의 사고를 처음으로 돌려서 가역적으로 할 수 없으며, 사물의 한 가지 두드러진 면에 집중하고 보존성에 관한 문제를 풀 수 없다. 이러한 전조작적 인지 특성은 과학적 경험의 중요한 가치인 원인과 결과에 대한 영유아의 이해에 영향을 미쳐 물활론이나 인공론과 같은 사고를 하게 한다. 그러나 이는 복잡하고 때로는 혼돈되어 보이는 주위 세계를 설명하고 의미를 생각하려는 영유아의 노력을 반영하는 것이라고도 볼 수 있으며, 과학 활동은 전조작적 사고 단계의 영유아에게 지적 비평형 상태를 경험하게 하고 자연 현상을 객관적인 것으로 이해하는 데 도움을 줄 수 있다(조은희 · 하승민 · 최인숙, 1999). 만약 영유아기에 이러한 과학교육을 충분히 경험하지 못했다면 이후 과학교육뿐 아니라 기본적인 논리적 사고 능력에도 부정적인 파급 효과가 발생할 수 있다. 따라서 모든 능력의 기본이 형성되는 시기인 영유아기에는 인지발달 단계에 적합한 과학교육을 하는 것이 중요하다.

2) 과학과 언어발달

주요한 과학기술의 하나가 의사소통이라는 점에서 알 수 있듯이 과학교육은 언어발달과도 관련이 있다. 즉, 영유아는 과학적 경험을 할 때마다 새로운 어휘를 배우게 되고, 과학교육에서 획득한 지식을 공유하기 위해 의사소통 능력을 발달시키게 된다. 예를 들어, 천칭을 가지고 실험을 하면서 거리, 무게, 평형 등의 과학 용어를 습득할 수 있다. 또한 자신이 발견한 과학적 사실을 친구나 교사에게 전달하면서 표현력이 향상된다. 이외에도 과학교육 중에 정보요청, 행동적 도움 요청, 동의 구하기, 제안, 특징이나 방법 설명, 비교급 용어 사용, 단위 사용 등 다양한 과학 용어를 사용할 수 있다.

과학교육은 문자언어 발달에 필요한 기초를 제공하기도 한다. 과학교육을 하면서 영유아가 사용하는 짝짓기, 변별하기, 순서짓기, 분류하기 등의 기술은 읽기와 쓰기에 필요한 지각적 기술이다. 사물들을 세밀하게 구별할 수 있는 영유아는 글자와 단어 변별할 준비 역시 갖추었다고 할 수 있다(Charesworth & Lind, 2003).

따라서 교사는 과학교육을 통해 영유아의 의사소통 능력을 증진하기 위해 말하기나 쓰기 등의 음성언어와 문자언어 외에도 몸짓, 그림 그리기, 이야기 만들기, 팬터마임, 노래 부르기, 인형극, 동극, 얼굴 표정 짓기, 그래프, 포스터, 게시판, 지도 그리기 등 다양한 방법을 사용할 수 있다(Martin, 2001). 그러나 영유아기에는 아직 상징적 표상 능력의 발달이 부족하므로 과학교육 시 영유아가 통상적 의미에서 벗어난 용어를 사용하거나 긁적거리기를 할 때, 또는 문법이나 맞춤법에 맞지 않는 글자로 표현할 경우에도 이를 존중해 주어야 할 것이다.

[그림 1-2] 좋아하는 동물의 가면을 만들고 동극을 하는 영유아들

3) 과학과 정서 발달

정서발달 역시 과학교육에 의해 촉진될 수 있다. 영유아들은 곤충이나 개 등의 동물을 무서워하고, 천둥, 번개, 밤과 같은 자연 현상에 대해 공포를 느낄 수 있으며, 익숙하지 않은 기계나 도구에 의해 놀라기도 한다(권영례, 2000). 이러한 두려움은 대상에 대한 불완전하고 부정확한 지식에서 비롯된 경우가 많다. 따라서 두려운 대상에 대해 정보를 얻거나 주의 깊게 탐구함으로써 어느 정도 두려움을 완화시킬 수 있을 것이다.

영유아는 과학적 경험으로 인하여 정서적인 안정감을 갖게 될 뿐 아니라 과학교육을 통해 자신감을 얻을 수도 있다. 과학적 문제해결 과정에서 가설을 실제로 실험하여 가설이 지지되었음을 확인하면서 영유아는 무한한 성취감과 만족감을 느낄 수 있을 것이다. 이러한 경험은 영유아 스스로에 대한 자신감으로 이어져 더욱 적극적으로 과학교육을 수행하게 하는 원동력으로 작용할 수 있다. 아울러 동식물을 직접 키워 보면서 성장 과정을 관찰하는 과정에서 영유아는 생명의 소중함과 경이로움을 느끼며, 자신보다 약한 존재를 돌본다는 긍정적인 자기의식을 경험할 수 있다.

따라서 교사는 영유아가 안정적인 분위기에서 자유롭게 탐색을 할 수 있는 환경을 조성하여 영유아의 과학적 능력과 정서 발달을 도와주어야 한다. 또한 영유아는 자신이 흥미를 갖는 주제에 대해 그렇지 않은 주제보다 심도 깊은 지식을 구성하게 되므로 교사는 영유아의 정서 발달을 고려하여 과학교육의 효율성을 높여야 한다.

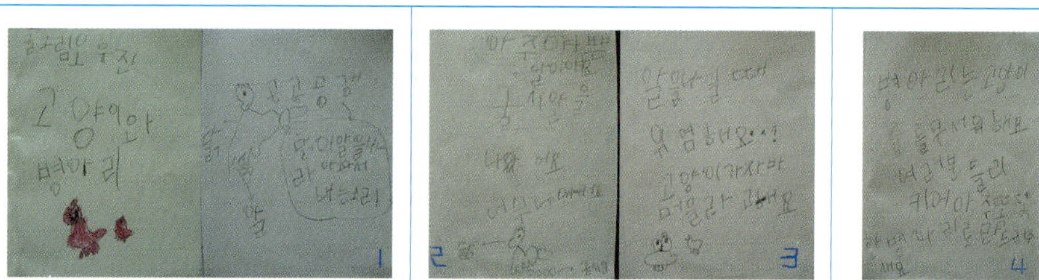

왼쪽은 표지, 오른쪽은 첫 번째 페이지 (※ 엄마의 부연 설명: 닭이 알을 낳느라 아파서 '공공공갱'이라는 신음 소리를 내고 있습니다.)	궁시알을 낳았어요. 너무나 예뻐요. (※ 엄마의 부연 설명: 궁시알은 아주 예쁜 알이라는군요.) 알을 낳을 때 위험해요. 고양이가 잡아먹으려고 해요.	병아리는 고양이를 무서워해요. 여러분들이 키워서 아주 똑똑한 병아리로 만들어 주세요.

[그림 1-3] 동물을 사랑하는 영유아의 마음

4) 과학과 사회성 발달

실험은 흔히 두 사람 이상이 모여서 하는 경우가 많으므로 과학교육은 사회성 발달의 기회도 제공할 수 있다. 과학교육을 통해 영유아는 서로의 협력과 도움이 필요하다는 것을 경험하고, 다른 사람들의 다양한 사고와 시각을 수용하여 자신의 시각과 타인의 것을 조화해야 할 필요성을 경험하게 되기 때문이다. 이러한 입장에서 최근에는 소집단을 중심으로 한 과학교육의 중요성이 강조되고 있다. 특히 소집단을 통한 과학교육은 또래 간의 다양한 형태의 교류를 유발시킴으로써 타인의 다양한 관점을 수용할 수 있는 능력 등 사회성 발달에 긍정적인 영향을 미친다(신은수 · 안경숙 · 유윤영, 1999). 또한 자신이 발견한 과학적 사실을 친구들과 공유하는 것은 과학교육 자체를 더욱 신나게 만들어줄 수 있으므로 영유아가 보다 적극적인 과학교육을 하게 할 수 있는 원동력이 된다.

이외에도 다른 활동에 비해 과학교육은 불 또는 깨뜨리거나 다치기 쉬운 여러 기구를 많이 사용하므로 안전의 문제가 특히 중요하다는 점에서도 사회성 발달과 관련이 있다. 즉, 흥미로운 여러 과학 기구를 영유아가 서로 먼저 사용하려고 하는 과정에서 분쟁 및 사고의 가능성이 있는데, 영유아들이 서로 협력하고 규칙을 지키면 안전한 가운데 과학교육을 성공적으로 수행할 수 있지만, 질서를 지키지 않고 싸우거나 규칙을 어기면 위험한 상황이 일어날 수 있고 과학교육도 성공할 수 없음을 경험함으로써 사회성 발달을 도모할 수 있다. 이와 같이 과학교육을 하는 과정에서 친구, 교사 그리고 사건에 관심을 가짐으로써 사회적응성 및 대인관계의 원만함이 길러질 수 있다.

[그림 1-4] 순서를 지켜 경사로에 공굴리기를 실험하는 영유아들

5) 과학과 신체 발달

다른 사람이 악기를 연주하는 것을 봄으로써 악기 연주하는 것을 배울 수 없는 것과 마찬가지로 영유아는 교사가 수행한 실험을 관찰하는 수동적 학습보다는 직접적인 조작(hands-on)을 통한 학습을 해야 한다. 과학은 이러한 직접적인 조작이 가장 필요한 영역이며, 직접 조작을 통한 실험을 하려면 기본적으로 신체를 작동시키는 능력이 필요하다(Butzow & Butzow, 2000). 역으로 과학교육을 통해 대근육 운동 기술이나 소근육 운동 기술 등 신체 발달이 촉진되기도 한다. 예를 들어, 조립하기, 지레 사용하기, 도르래 움직이기, 정원 및 텃밭 가꾸기 등의 과학교육을 통해서 대근육 운동 기술이 증진될 수 있으며, 가위로 자르기, 밀가루 반죽하기, 찰흙으로 만들기, 특징에 따라 씨앗 분류하기 등의 과학교육을

통해서 소근육 운동 기술이 정교해질 수 있다(최인숙, 2000).

또한 영유아는 과학교육에 사용되는 도구를 조작해 보면서 눈과 손의 협응력을 기르고, 오감각을 사용하여 사물을 탐색하는 과정을 통해 감각 기능이 정교해질 수 있다. 우리 몸에는 30가지 감각이 있으며, 촉각에만도 다음과 같이 다양한 감각이 포함되어 있는 것으로 알려져 있다. 예를 들어, 암석을 만질 때 영유아는 피부의 말초신경조직을 통하여 암석이 '거칠고'(질감), 근육감각을 통하여 암석이 '무겁고'(무게감), 온도 관련 말초신경조직을 통하여 암석이 '차갑다'(온도)는 사실을 알게 된다. 여러 가지 감각양식 중 교사는 자신이 편안해하거나 우세한 감각양식이 무엇인지 인식해야 한다. 교사가 자신이 우세한 한 가지 감각 양식만 편중하여 사용할 경우에는 이와 다른 감각 양식이 우세한 영유아는 학습효과가 떨어지게 되기 때문이다. 따라서 교사 자신이 다양한 감각 양식을 사용함으로써 영유아 역시 우세한 감각 양식을 통해 학습함과 동시에 그 외의 감각양식들도 사용하도록 자극하는 것이 바람직하다(Dunn, 1990; Martin, 1999).

3. 디지털 사회에서의 영유아와 과학교육

제4차 산업혁명으로 일컬어지는 미래사회에서는 테크놀로지의 발달에 따라 직업의 변화 및 고용의 문제로 커다란 사회변혁이 일어날 것이다. 사람이 했던 많은 일자리를 기계, 즉 인공지능이 대신할 것이다. 인공지능의 개발과 활용에 힘 쏟는 것만큼 인공지능을 통한 직업의 역습에 대비해야 한다. 이러한 변화는 영유아의 일상생활과 영유아교육현장에도 영향을 미치고 있으며, 전통적인 교육방식과 교사의 역할에 대한 도전을 제기하고 있다.

1) 영유아와 디지털 테크놀로지에 대한 인식 및 실태

2000년도 초반만 해도 우리나라는 물론이고 북유럽과 같은 IT 강국에서도 디지털 테크놀로지는 영유아의 자연스러운 삶의 일부분으로 여겨지지 않았다. 이유는 디지털 테크놀로지가 영유아의 발달과 학습에 부정적인 영향을 미친다는 인식 때문이었다. 예를 들어, 디지털 테크놀로지는 시력이나 대근육 발달 등 신체발달 측면에서 부정적일 뿐 아니라 또래 간의 사회적 상호작용을 방해할 수 있다는 것이다. 또한 어릴 적부터 컴퓨터와 같은 자극적인 디지털 매체를 경험하면 책과 같은 밋밋한 매체를 접하려고 하지 않을 것이라는 우려도 있었다. 이와 같이 영유아 시기의 디지털 기기 노출에 대한 걱정, 영유아의 과몰입에 대한 염려, 구체물을 통한 양방향 직접 경험을 중요시하는 교육신념 등으로 인해 영유아기에는 멀티미디어보다는 자연물(예 꽃, 돌멩이)이나 구체물(예 공, 블록)을 제공하는 것이 적합한 것으로 인식되었고, 이에 따라 가정이나 영유아교육기관에서도 영유아에게 컴퓨터를 제공하는 경우가 별로 없었다(한유미, 2021).

그러나 제4차 산업혁명과 더불어 우리 사회 모든 영역에서 디지털 환경으로의 전환이 이루어지면서 과거 영유아의 미디어 노출과 디지털 기술 활용에 대해 부정적으로 보던 입장에서 영유아를 태어나면서부터 이미 자연스럽게 테크놀로지를 접하며 자라나는 디지털 네이티브로 보는 긍정적 관점(Prensky, 2001)으로 변화하는 추세이다. 몇몇 연구에 의하면 부모와 교사들은 영유아가 디지털 테크놀로지를 사용하거나 학습하는 것에 대해 낙관적으로 생각하고 있다. 특히 디지털 테크놀로지는 특수교육이 필요한 영유아나 기억력에 문제가 있는 영유아에게 도움이 될 수 있다는 것이다. 예를 들어, 태블릿은 놀이, 탐색 및 실험에 좋은 환경을 조성할 수 있다. 또한 교수법에 디지털 테크놀로지를 포함시키면 읽기와 쓰기 능력, 수학 능력 및 사회적 활동도 지원할 수 있는 것으로 밝혀졌다. 이에 자연친화교육을 중시하던 스웨덴과 같은 나라에서조차 디지털 매체를 이용한 교육방식이 영유아교육현장에 급속히 도입되고 있는 실정이다(한유미, 오연주, 지혜영, 2021). 우리나라에서도 지난 3년간 코로나로 원격수업을 경험한 영유아교사들이 디지털화를 몸소 체험했으며, 이를 시작으로 영유아에게 적합한 디지털 매체를 이용한 교육 방향과 안전한 디지털 환경에 대한 관심과 요구가 증가하고 있다.

· · 사례 · · 디지털을 이용한 환경교육

고래들의 산책(디지털 동화)			
생활주제	환경과 생활	연령	5세
누리과정 관련 요소	• 자연탐구 〉 자연과 더불어 살기 〉 생명과 자연환경을 소중히 여긴다. • 예술경험 〉 창의적으로 표현하기 〉 다양한 미술 재료와 도구로 자신의 생각과 느낌을 표현한다. • 사회관계 〉 사회에 관심 가지기 〉 다양한 문화에 관심을 가진다.		
활동목표	• 해양 오염에 대해 관심을 가진다. • 디지털 기기를 통해 그림을 그리고 설명할 수 있다. • 우리가 사는 사회와 다양한 문화에 관심을 가진다.		
디지털 교수매체	그림책 『고래들의 산책』(글 · 그림: 닉 블랜드, 출판사: 웅진주니어), 태블릿, 노트북, 전자펜, 모바일 그리기 앱(Sketchbook)		
디지털 동화 제작과정		동화의 각 장면을 스캔하여 파일로 저장한다.	
		PPT의 애니메이션 및 전환 효과 등을 설정한다. 장면에 알맞은 효과음을 정해야 한다.	
	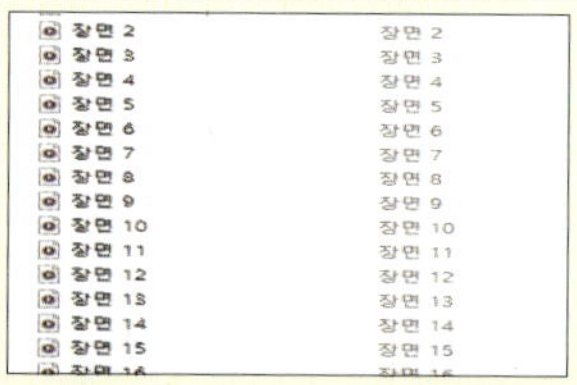	동화 내용을 직접 더빙한 뒤 PPT 동화에 추가한다. 더빙의 속도와 높낮이가 적절해야 한다.	
		PPT의 녹화 기능을 이용하여 PPT 동화를 동영상의 형태로 저장한다.	

디지털 동화 제작과정	 완성본: 디지털 동화 [고래들의 산책]	▶ QR코드
활동방법	   	**〈도입〉** – 해양 오염에 대해 이야기 나누기 **〈전개〉** – 동화를 감상하고 동화를 회상하면서 그리고 싶은 장면 정하기 – 그림 그리기 앱(SketchBook)의 사용법을 익히고 그리기 **〈마무리〉** – 활동 소감 이야기하기 – 그림을 친구들에게 소개하기 – 디지털 기기에 대해 평가하기 **〈유의점〉** • 영유아들이 놀이할 수 있는 충분한 태블릿이 준비되면 좋다. • 태블릿 기기 및 앱의 사용법을 충분히 연습한다. • 태블릿을 통하여 장면을 그릴 때 교사의 지원이 필요하다.
확장활동 및 가정연계	• 오토드로우, 퀵드로우 등 디지털 자료를 활용하여 그림 그려 보기 • 교실에 영유아의 작품 전시하고 친구들 작품 감상하기 • 페트병 안에 작은 바다 만들기 • 고래와 같은 해양 생물에게 편지 쓰기	

출처: 한유미 · 주안나 · 김정연 · 최경화(2023).

2) 디지털 리터러시

이와 같이 디지털 가전, 디지털 소품, 디지털 놀잇감 등 이미 디지털과의 생활이 일상화된 영유아에게 디지털과의 소통은 매우 자연스러운 현상이다. 따라서 미래사회를 이끌어 갈 영유아에게 디지털로 세상을 바라보고, 새로운 가치를 창조할 수 있는 디지털 리터러시 교육이 필요하게 되었다. 또한 영유아기는 모든 발달의 기초가 형성되는 결정적 시기이므로 디지털에 대한 올바른 이해와 활용 능력 및 태도를 함양할 수 있도록 지도해야 한다. 영유아기의 디지털 교육은 영유아중심, 놀이중심의 개정 누리과정의 핵심 개념과 맥을 같이한다. 디지털 매체를 단순 조작하고 그 결과를 수용하는 것이 아니라 영유아가 주도적으로 디지털을 경험하고 놀이하며 기존의 놀이와는 또 다른 깊이와 경로로 사고하고 배우게 되기 때문이다. 특히 자유롭게 실시되는 디지털 기반 놀이를 통해서 영유아가 디지털 및 에듀테크를 활용하여 주도적으로 놀이함으로써 언플러그드 놀이와는 다른 차원의 놀이법, 문제해결, 놀이에 접근하는 사고 등을 경험하게 되며, 이러한 놀이 과정에서 영유아는 다양한 디지털 테크놀로지를 경험하며 누리과정의 자연탐구영역에서의 배움으로 자연스럽게 연결될 수 있다(김연희 · 이경진 · 고은주 · 이송이 · 이아라, 2023).

2020년 8월 방송통신위원회와 문화체육관광부는 <디지털 미디어 소통역량 강화 종합계획>을 발표하면서 '유아 대상 미디어 교육'을 별도로 명시하여 영유아를 위한 디지털 리터러시 및 미디어 교육에 대한 의지를 밝혔다. 또한 교육부는 「디지털 기반의 원격교육 활성화 기본법」을 제정하여 디지털 미디어에 대한 접근 및 활용, 디지털 미디어에 대한 이해와 비판, 디지털 미디어를 통한 사회참여, 디지털 미디어를 통한 소통에 대한 내용을 명시하였다(김창숙 · 김은아, 2022). 이와 같이 오늘날의 영유아에게는 단순히 문자를 해독하여 이해하는 기본적인 리터러시(literacy)뿐 아니라 미디어를 통해 들어오는 다양한 종류의 정보와 메시지를 선별적이고 비판적으로 분별할 수 있는 주체적 사고 능력을 포함한 미디어 리터러시(media literacy), 더 나아가 정보의 참과 거짓을 밝힐 수 있는 안목과 스스로 올바른 콘텐츠를 만들고 공유할 수 있는 능력까지 포함한 디지털 리터러시(digital literacy)가 필요하게 되었다. 버니 트릴링과 찰스 파델(Bernie Trilling & Charles Fadel)은 디지털 리터러시를 갖추기 위한 역량을 다음과 같이 제시하고 있다.

〈표 1-1〉 영유아교사의 디지털 역량의 구성요소

영유아의 배움	디지털 기기 및 자료 활용	디지털 기기 및 자료에 관심으로 각 매체의 유형과 특징을 이해하며, 일상생활 속에서 디지털 기기 및 자료를 적극적으로 활용할 수 있는 능력
	디지털 기반 교수학습	디지털 매체의 교육적 활용 가치를 인식하고 영유아의 놀이, 일상생활, 활동을 지원하기 위해 적절한 매체를 선정, 활용 제작할 수 있는 능력
	디지털 기반 영유아 이해 및 지원	디지털을 기반으로 영유아의 놀이, 일상생활, 활동을 관찰, 기록, 평가하여 영유아에 대한 이해를 도모하고 교육과정의 질을 높일 수 있는 능력
업무 수행	디지털 의사소통 및 협력	디지털 매체를 활용하여 학부모, 동료 교원 등 교육공동체 구성원들과 적극적으로 소통하고, 상호 이해하며 협력할 수 있는 능력
일상	디지털 시민의식	디지털 시민으로서 저작권이나 개인정보보호 등 관련 규정과 예절을 준수하고, 비판적으로 사고하여 올바를 정보를 습득하고 생성하며, 디지털 매체를 통해 사회적 문제와 의사결정 과정에 적극적으로 참여하는 능력
	디지털 문제해결	디지털 매체를 활용하는 과정에 발생하는 문제를 적극적으로 해결하고, 교육 관련 다양한 문제 및 갈등 상황을 디지털 매체를 활용하여 효과적으로 해결할 수 있는 능력

출처: 김인영(2022)

심층 탐구 유아교사의 디지털 역량 자가진단

유치원 교사의 디지털 역량 자가 진단			
진단문항		그런 편이다	아닌 편이다
1	나는 평소에 유아의 놀이, 일상생활, 활동을 지원하기 위한 디지털 기기에 관심이 있다.		
2	나는 디지털 프로그램을 이용하여 유아의 놀이, 일상생활, 활동을 지원하는 자료를 제작하는 것이 즐겁다.		
3	나는 유아 디지털 역량의 중요성을 인식하고 있다.		
4	나는 실시간 온라인 소통 플랫폼을 이용하여 비대면 쌍방향 소통을 할 수 있다.		
5	나는 유치원에서 교육용 콘텐츠를 활용하거나 사용할 때 필요한 저작물과 관련된 조항들을 알고 있다.		
6	나는 4차 산업혁명 또는 새로운 디지털 시대에 필요한 지식 및 기술 등에 대해 심화 학습하고자 노력한다.		
7	나는 유아의 놀이, 일상생활, 활동을 지원하는 데 필요한 디지털 프로그램의 사용 방법을 알고 활용할 수 있다.		
8	나는 유아의 놀이, 일상생활, 활동을 지원하기 위해 필요한 콘텐츠를 인터넷을 통해서 검색하고 수집한다.		
9	나는 학급에서 유아의 디지털 역량을 증진하기 위한 디지털 환경을 조성하고 있다.		
10	나는 클라우드 시스템에 자료(문서, 사진, 동영상 등)를 탑재하거나 삭제, 공유할 수 있다.		
11	나는 유치원에서 폰트, 음원, 이미지 등의 교육용 콘텐츠를 저작권을 위배하지 않는 범위에서 사용할 수 있다.		
12	나는 일상생활 또는 유치원에서 발생하는 디지털 기기 문제(예: 스마트폰/PC의 저장용량 부족 현상)를 스스로 또는 인터넷을 통해 해결한다.		
13	나는 디지털 기기를 활용하여 글, 사진, 동영상, 음성파일 등의 다양한 형태로 유아의 놀이를 기록하고 이를 다른 디지털 기기(예: PC 또는 스마트폰 등)에 연동하여 활용할 수 있다.		
14	나는 유아의 놀이, 일상생활, 활동 지원과 관련된 타인의 콘텐츠를 활용하여 새로운 콘텐츠를 만들 수 있다.		
15	나는 유아의 디지털 활용 능력을 지원하기 위해 유아들에게 적합한 디지털 매체를 선택할 수 있다.		

	진단문항	그런 편이다	아닌 편이다
16	나는 필요에 따라 QR코드를 생성하여 다양한 방면에 활용할 수 있다		
17	나는 누군가의 자료를 사용할 때 출처를 정확하게 밝히려고 노력한다.		
18	나는 공동체 구성원들의 다양한 의견을 파악하기 위하여 디지털 플랫폼(예: 구글 설문/ 네이버 설문 등)을 이용하여 자료를 수집 및 분석할 수 있다.		
19	나는 실시간 쌍방향 원격수업에 필요한 디지털 기기와 프로그램에 대해 알고 사용할 수 있다.		
20	나는 유아의 놀이, 일상생활, 활동 지원과 관련된 새로운 콘텐츠를 기획하고, 내가 원하는 형태(사진, 영상 등)로 제작할 수 있다.		
21	나는 유아의 흥미와 발달에 적합한 가상/증강현실의 콘텐츠를 추천할 수 있다		
22	나는 메타버스(게더타운, 제페토, 이프랜드 등)에 대한 이해도는 높지 않지만, 알아보려고 한다.		
23	나는 내가 속한 온라인 커뮤니티의 규칙과 절차를 잘 따르며, 온라인에서의 예절을 지키려고 노력한다.		
24	나는 프로그래밍 언어나 프로그래밍 알고리즘에 대한 분야에 관심이 있다.		
25	나는 가상/증강현실 기반 콘텐츠를 경험한 적이 있다.		
26	나는 디지털 프로그램의 기능을 활용하여 놀이기록을 효과적으로 처리(편집, 검색, 복제, 정렬 등)할 수 있다.		
27	나는 유아들과 디지털을 활용하여 생활하는 것이 즐겁고 그 과정이 의미 있다고 생각한다.		
28	나는 SNS상에 게시글 및 영상을 공유할 때 공개범위를 설정할 수 있다.		
29	나는 유아와 학부모에게 온라인에서의 개인정보보호 및 네티켓에 대해 교육한다.		
30	나는 검색 시, 고급검색기능(파일형식 및 기간설정)과 다양한 전문검색방법(사전, 인명, 학술검색 등)을 이용할 수 있다.		

디지털 역량 요소	문항번호
디지털 기기 및 자료 활용	1, 7, 13, 19, 25
디지털 기반 교수학습	2, 8, 14, 20, 26
디지털 기반 유아 이해 및 지원	3, 9, 15, 21, 27
디지털 의사소통 및 협력	4, 10, 16, 22, 28
디지털 시민의식	5, 11, 17, 23, 29
디지털 문제해결	6, 12, 18, 24, 30

출처: 교육부(2021).

14쪽 심층탐구 정답

A: 토머스 에디슨 / B: 알버트 아인슈타인

A는 링컨, 루스벨트, 워싱턴, 프랭클린과 버금가는 위대한 미국인으로 추앙받는 발명왕 에디슨(Edison)이다. 에디슨은 축음기, 백열전구 등 총 1,093개의 특허를 낸 전대미문의 발명가로서, 2차 산업혁명의 선도하고 인류 문명 발전에 공헌하였다. B는 상대성 이론으로 유명한 아인슈타인(Einstein)이다. 아인슈타인은 10세기에 한 번 나타날까 말까 한 위대한 과학자로서 1921년에 노벨상을 타고 76세의 일생을 마칠 때까지 자연의 신비를 탐구하여 많은 이들의 존경을 받았다.

에디슨과 아인슈타인이 위대한 과학자로 성장하기까지는 이들을 사랑과 믿음으로 지켜보고 기다려 준 어머니가 있었다. 전직 교사였던 에디슨의 어머니는 아들이 학교에서 쫓겨날 때 "애가 저능아라니요. 선생님, 얘는 호기심이 많은 아이예요. 선생님은 내 아이를 가르칠 수 없습니다. 내가 가르치겠습니다."라고 했다. 그리고 에디슨에게는 "에디슨, 너는 호기심이 아주 많은 아이란다. 너는 그 호기심 때문에 훌륭한 발명가가 될 수 있단다. 엄마는 너를 사랑한다. 네가 자랑스럽다."라고 하면서 꼭 껴안아 주었다고 한다. 또한 에디슨이 창고에 불을 질러 동네 한 가운데에서 아버지에게 두들겨 맞을 때에도 에디슨을 꼭 안아 주면서 기를 꺾지 않으려고 했다. 아인슈타인의 어머니도 아들이 의사로부터 저능아라는 판정을 받았을 때에도, 학교 가기를 싫어해서 집 안에만 틀어박혀 있을 때에도, 심지어 고등학교에서 퇴학을 당했을 때에도 따뜻한 가슴으로 감싸안아 주면서 이해로 아들을 인정해 주고 격려해 주었다.

2장 과학의 구성요소

과학은 정보를 얻는 과학과정기술, 과학과정기술을 통해 얻어진 과학지식, 그리고 과학 지식을 획득하기 위해 과학과정기술을 적용하는 과학태도로 구성된다. 이들 세 가지 요소를 구체적으로 살펴보면 다음과 같다.

1. 과학태도

태도는 어떤 행동이나 반응을 하려는 준비된 마음 또는 감정 상태로서 주로 대상에 대해 '좋고-나쁨' 또는 '긍정-부정'의 반응으로 나타난다. 이러한 태도는 경험이나 학습에 의해 형성되며, 그때그때 변화하기보다는 지속적이고 안정적인 특징을 갖고 있다. 과학태도란 과학적으로 사고하는 습관으로서 문제를 해결할 때 또는 아이디어나 정보를 평가할 때 취하는 특별한 접근방식을 뜻한다.

아직까지 과학교육에서 과학태도에 따른 목표 설정은 중요하게 다루어지지 않았다. 주로 목표 설정이 지식의 획득이나 결과에 초점이 맞추어져 있기 때문이었다. 그러나 영유아를 위한 과학교육에서는 지식과 이해의 결과적 측면뿐만 아니라 활동 자체에서 느끼는 내면적 태도도 중요하게 다루어져야 한다. 과학태도는 과학지식이나 과학과정기술 못지않게 중요한 과학능력이기 때문이다. 과학태도는 과학지식과 과학과정기술에 영향을 줌으로써 영유아의 과학능력을 신장시키는 데 기초가 된다. 예를 들어, 과학에 대해 긍정적인 태도를 가지고 있으면 과학과 관련된 현상이나 사물, 이론 등과 상호작용을 적극적으로 할 가능성이 높다. 한편 태도는 경험을 통해 변화될 수 있으므로 얼마든지 학습되고 조직화될 수 있으며, 그럼으로써 과학에서 성공적인 경험을 하게 되면 과학에 대한 긍정적인 태도가 길러질 수 있다. 과학태도를 구성하는 요소들은 학자에 따라 다소 차이가 있지만 주로 다음과 같은 것들이 제시되고 있다(민순영, 2003; 이경민, 2004; Harlan & Rivkin, 2004).

1) 호기심

"영유아가 있는 곳에는 호기심이 있고, 호기심이 있는 곳에는 과학이 있다."라는 말처럼 영유아는 끊임없이 과학 활동에 참여한다(Campbell, Jobling, & Howitt, 2017). 호기심(curiosity)은 영유아가 가진 본연적인 특성으로서, 어떤 것에 대해 알거나 학습하고자 하는 바람으로 정의된다. 호기심은 환경을 탐색하는 데 필요한 선행요인으로서 학습이나 문제해결의 동기로 작용한다. 호기심은 직접적인 탐구 경험을 통해 자연스럽게 일어나며, 호기심을 유발한 대상에 대해 알아보고자 하는 욕구가 지속되면 흥미로 발전한다. 따라서 호기심은 일을 추진하는 에너지라고 불리기도 한다. 호기심을 길러 주기 위해서는 흥미진진한 분위기 속에서 지속적으로 탐구할 수 있는 활동을 제공해야 하며, 영유아 스스로 문제를 제기하고 해결하도록 격려해 주어야 한다. 호기심은 다음과 같은 행동으로 나타난다.

[그림 2-1] 자연환경에 호기심을 가진 영유아

- 새로운 대상에 관심 기울이기
- 문제가 있을 때 원인을 찾으려고 노력하기
- 과학 주제나 내용에 대한 질문 자주 하기

2) 적극성

적극성(active participation)은 실험이나 문제해결에 자진해서 참여하고 적극적으로 활동하려는 태도이다. 또한 적극성은 영유아가 문제해결에 적극적이게 하며, 주어진 문제 이외의 문제에도 자진해서 임하도록 한다. 적극성과 관련된 행동은 다음과 같다.

- 새로운 실험이나 활동에 스스로 참여하기
- 문제해결에 적극적으로 임하기
- 의문 나는 점을 해결하려고 시도하기
- 주어진 과제 이외의 문제점도 해결하려고 시도하기
- 과학과 관련된 책이나 비디오를 열심히 보기

[그림 2-2] 활동에 적극적으로 참여하고 있는 영유아

3) 솔직성

과학자는 자신이 관찰한 모든 것을 진실 되고 양심적으로 보고할 수 있어야 한다. 솔직성(honesty)은 자신이 예상한 점이나 관찰한 점, 어려운 점에 대해 솔직히 말로 표현하는 태도를 말하는 것으로, 관찰이나 실험결과를 왜곡하거나 선택적으로 취하지 않고, 관찰 사실을 진실 되고 양심적으로 보고하게 해 준다. 솔직성을 기르기 위해서는 영유아가 먼저 자기 생각이 옳든 그르든 표현하는 기회를 자주 갖는 것이 중요하며, 영유아가 잘못된 절차나 의견을 내놓았을 때 교사는 이를 비난하지 않도록 주의해야 한다. 솔직성을 나타내는 행동은 다음과 같다.

- 자신이 예상한 점이나 관찰한 점을 그대로 나타내기
- 어려운 점이나 안 되는 점을 그대로 나타내기
- 활동 결과를 그대로 나타내기

4) 객관성

과학적 탐구를 실시하는 동안 과학자는 특정인의 의견이나 판단에 간섭받아서는 안 되며, 자신의 객관성을 살려 편견 없는 연구를 해야 한다. 객관성(objective)은 주관적인 생각이나 가설에 치우치지 않고 상반되는 증거도 수집하며, 결론을 내리기 전에 가능한 한 많은 자료를 수집하여 객관적인 결론을 내리려는 태도를 말한다. 객관성을 나타내는 행동에는 다음과 같은 것이 있다.

- 실험결과를 근거로 결론 내리기
- 문제해결 시 몇 가지 가능한 해결책을 고려하기
- 사물을 자기가 본 그대로 표현하기

5) 개방성

개방성(open-mindedness)은 문제를 해결할 때 가능한 한 긍정적 측면과 부정적 측면을 모두 고려하고, 자신이 발견한 사실을 편견 없이 다른 사람에게 알려주는 성향이다. 개방성을 통해 영유아는 자신의 예측을 뒤엎는 새로운 결과를 경험할 수 있게 된다. 개방성을 기르기 위해서는 스스로 가설을 설정하고 검증해 보는 기회를 가져 새로운 문제해결방법을 찾아보도록 하는 것이 좋다. 개방성을 나타내는 구체적인 행동은 다음과 같다.

- 자기주장에 대한 비판을 수용하기
- 실패한 실험결과를 인정하기
- 여러 사람의 의견을 듣고 수용하기

6) 비판성

비판성(checking evidence critically)은 다른 사람의 결론이나 설명에 대해 증거를 요구하여 단순히 결과적인 지식만을 얻으려 하지 않고, 지식의 근원과 신뢰성을 밝히려는 태도를 말한다. 각종 정보가 넘치는 현대 사회에서는 어떤 지식이나 정보를 접했을 때 그것을 비판적으로 대할 수 있는 자세가 필요하다. 이런 태도를 기르기 위해 교사는 영유아의 질문에 대해 직접적인 설명을 해 주기보다는 영유아 각자의 근거에 의해 입장을 정리해 볼 수 있는 기회를 주도록 할 수 있다. 비판성은 다음과 같은 행동으로 나타난다.

- 다른 사람의 의견에 대해 증거를 요구하거나 토론하기
- 결론을 내릴 때 신중하기
- 어떤 주장에 대한 대안을 제시하기

7) 판단유보

과학자는 불충분한 증거를 두고 일반화한 것에 이의를 제기하며, 일반화에 있어 매우 신중을 기한다. 판단유보(judgement reservation)는 성급한 판단이나 결론을 내리지 않고 확실한 증거에 의해 지지될 때까지 사실로 받아들이지 않는 태도이다. 가설은 일시적이고 잠정적인 것이며, 지식은 끊임없이 수정되고 있으므로 충분한 증거를 가지고 판단해야 하기 때문이다. 판단유보 자세를 기르기 위해서는 최종 판단을 내리는 데 도움이 될 만한 보충 증거를 계속 수집해 보도록 하는 것이 좋다. 판단유보와 관련된 행동은 다음과 같다.

- 결론을 내리기 전에 많은 자료 찾기
- 신중하게 결론 내리기
- 확실한 증거에 의해서 지지가 되지 않는 것은 다시 한번 생각해 보기

8) 협동성

[그림 2-3] 협동하여 과학 활동을 하는 영유아들

협동성(cooperation with others)은 두 명 이상이 요구되는 활동을 할 때 협력하는 태도로서 개인보다는 집단의 이익을 먼저 생각하고 행동하며, 이견이 있을 때 서로 협의하는 성향을 말한다. 협동성은 새로운 아이디어를 창출하고, 문제를 해결하며, 서로로부터 효과적으로 배울 수 있게 해 준다. 특히 현대 과학에서는 개별적인 연구에 비해 양적 · 질적으로 엄청난 상승효과를 가져올 수 있다는 점에서 협동 연구가 더욱 강조되고 있다. 협동성을 기르기 위해서는 팀을 구성하여 문제를 해결하는 기회를 주는 것이 도움이 된다. 협동성에 해당하는 행동은 다음과 같다.

- 집단 과학 활동 시 이견을 서로 협의하기
- 실험도구를 나누어 사용하기
- 실험 후 정리 정돈을 함께 하기
- 집단 전체의 생각을 따르기
- 과학 활동에서 역할 분담하기

9) 끈기성

끈기성(perseverance)은 어려운 문제를 쉽게 포기하지 않고 끝까지 해결하려고 노력하는 태도를 말하는 것으로서 구체적으로 목적에 올인하는 성향, 악착스러움, 집요함, 참을성, 불굴의 노력 등과 같은 특성들로 이루어진다. 끈기성은 실험 도중 실패했더라도 그 실험을 반복해서 결과를 얻으려고 노력하고, 다른 영유아가 실험을 일찍 끝냈더라도 실험을 계속해서 결과를 얻을 때까지 완결하게 해 준다. 끈기성을 나타내는 행동은 다음과 같다.

- 실험에 실패하더라도 결과를 얻기 위해 계속적인 시도를 하기
- 해결되지 않은 문제를 계속해서 해결하려고 노력하기
- 한 문제가 해결되면 또 다른 문제를 해결하려고 노력하기

사례 과학태도

5세 유아들의 빛에 대한 탐구활동에 대한 연구(김경아, 2002)에서 개방성과 판단유보 태도는 나타나지 않았고, 다음과 같이 호기심, 적극성, 솔직성, 객관성, 협동성, 끈기성 등의 태도가 발견되었다.

호기심	교사 : 빛에 대해서 어떤 것들을 알고 싶니? 영유아 5 : 왜 빛이 있는지 궁금해요. 교사 : 그래, 빛은 도대체 왜 있는 걸까? 영유아 5 : 빛이 없으면 어떻게 될지도 궁금해요 영유아 2 : 저는 저것(프리즘)이 궁금해요. 영유아 3 : 무지개를 알아봤으면 좋겠어요.
적극성	영유아 8이 가서 하얀 것들을 만져 보고 온다. 영유아 6 : 어때? 영유아 8 : 아무렇지도 않아. 영유아들이 서로 뛰어가서 만져 보고 온다. 영유아 2 : 야, 내가 가서 서 있을 테니까 나한테도 보내 봐.
솔직성	교사 : 그럼, 햇빛을 본 것은 그저께 싹이 났는데 이건 싹이 났을까? 영유아 1 : 났을 것 같아요. 영유아 7 : 저도 지금은 났을 것 같아요. 영유아 5 : 아직일 것 같아요. 〈중략〉. 교사 : 어떻게 달라졌니? 영유아 5 : 씨앗이 모양도 달라지고… 너무 작아서 잘 볼 수가 없어요.
객관성	교사 : 그럼 똑같이 하려면 어떻게 해야 할까? 영유아 6 : 물감으로 해 봐요. 교사 : 물감으로 하면 똑같이 될까? 영유아 1 : 48색 크레파스로 해 봐요. 〈중략〉 교사 : 다 하려면 좀 어렵지 않을까? 영유아 5 : 그 말한 사람이 해 보면 되잖아요. 영유아 7 : 그래요. 몇 명씩 나눠서 해 봐요. 영유아 5 : 여러 가지로 해 보면 그 비슷한 것이 나올 것 같아요.

비판성	교사 : 옛날에도 빛으로 신호하는 게 있었을까? 영유아 5 : 거울로 신호하는 거요. 교사 : 어떻게? 영유아 5 : 감옥에서 거울로 신호해요. 밖에 있는 사람들한테. 영유아 7 : 봉화 있잖아. 영유아 4 : 그건 연기잖아. 영유아 7 : 아니야.
협동성	교사 : 그럼 빛의 힘을 알아보는 실험을 해 보자. 영유아 2 : 제가 버터 할게요. 영유아 1 : 같이 해. 영유아 7 : 그럼 나는 얼음! 〈중략〉 영유아 5: 차례로 실험하면서 다른 사람들이 잘 볼 수 있게 해 주면 되잖아.
끈기성	영유아 7 : 좀 다르다. 영유아 4 : 그래도 좀 비슷해. 영유아 6 : 내가 해 볼래…… 어, 잘 안 되네. 영유아 2 : 어렵다. 교사 : 그냥 비슷하게만 만들면 돼. 영유아 5 : 여기에 해 보자. 영유아 3 : 이쪽으로~ 교사 : 그래, 좀 비슷하게 된 것 같다.

2. 과학과정기술

과학에서 사고하고, 탐구하며 문제를 해결하기 위하여 사용하는 모든 것을 과학과정기술이라고 말한다. 영유아는 과학과정기술을 적용함으로써 과학사실을 발견한다. 즉, 과학과정기술은 구체적인 경험을 통하여 새로운 정보를 습득하게 해 준다(최인숙, 2000). 따라서 과학과정기술은 과학적 탐구의 버팀목이라고 할 수 있다. 특히 과학에 대해 가르치기보다 어떻게 과학을 할 것인지를 가르치는 것을 목표로 하는 최근의 영유아 과학교육의 추세에 따라 과학과정기술의 중요성은 더욱 강조되고 있다.

과학과정기술에는 여러 가지가 있으며 학자마다 보고하고 있는 내용도 다르다. 예를 들어, 미국 과학학회에서는 관찰, 측정, 분류, 양화, 추론, 예측, 관계, 의사소통 등은 저학년 이하의 영유아에게 적합한 기본적 기술(basic science process skill)로, 데이터 해석, 변인조작, 조작적 정의, 가설설정, 실험 등은 고학년 이상의 아동에게 해당하는 통합적 기술(integrated science process)로 제시하고 있다. 린드(Lind, 2000)는 영유아와 초등학교 저학년에게 적합한 기본 기술(basic science process skill)로 관찰, 비교, 분류, 측정, 의사소통 등을 들면서 이는 미래의 과학 학습뿐 아니라 일상생활의 적응에 필수적이라고 하였다. 또한 그는 중급 기술(inter-mediate skill)로는 추론과 예측, 고급 기술(advanced skill)로는 가설과 변인 정의 및 통제를 들고 있다. 영유아 과학교육에서 일반적으로 사용되는 주요 과학과정기술을 구체적으로 살펴보면 다음과 같다(Howe & Jones, 1993; Jinks, 1997; Lind, 2000; Martin, 2001; Ward, Roden, Hewlett, & Foreman, 2005).

1) 관찰

정보를 얻기 위해 감각을 사용하는 관찰(observing)은 과학과정기술 중 가장 기본적인 것으로서 과학과정기술의 '여왕'으로 불린다. 관찰은 시각 · 청각 · 후각 · 미각 · 촉각 등의 오감 중 하나 혹은 두 가지 이상의 감각을 함께 사용해서 어떤 물체나 사건의 특징을 파악하는 것으로 정의된다. 세밀하고 정확한 관찰은 과학적 탐구의 선행요인이므로 주의를 집중해서 사물의 여러 측면을 세밀하게 살펴야 한다(Campbell et al., 2017). 첫 번째 관찰 원리는 상황에 적절한 감각을 가능한 한 많이 사용하는 것이다. 두 번째는 비교를 하는 것이다. 예를 들어, '어떤 물체가 나의 손보다 크다'는 것은 단순히 '어떤 물체가 크다'고 하는 것보다 훨씬 많은 정보를 담고 있다. 셋째, 시간에 따라 관찰을 반복하고 그 변화를 파악하는 것이다.

관찰이 효과적이려면 관찰 목적이 분명해야 하며 10분 이내에 관찰을 마쳐야 한다. 연관성 없는 관찰은 개념 형성에 도움이 되지 않는다. 예를 들어, 크기가 다른 두 촛불이 있을 때 단순히 촛불 두 개를 보라고 하면 영유아는 몇 분 후 흥미를 잃어버린다. 그러나 두 촛불의 차이를 발견하라고 하면 영유아는 흥미를 갖고 관찰하여 두 촛불의 크기가 다르다는 사실을 발견할 것이다.

또한 교사는 관찰을 장려하기 위해서 "~가 어떻게 생겼는지 살펴보자.", "무슨 소리를 들었니?", "촉감은 어떠니?" 등과 같은 질문을 할 수 있다. 보다 정확한 관찰을 위해서는 돋보기나 현미경, 사진기 등과 같은 도구를 이용할 수도 있다. 이와 같이 이루어진 관찰은 환경을 이해하는 가장 초보적이고 직접적인 수단일 뿐 아니라 이론이 생산되는 첫 단계가 된다.

[그림 2-4] 돋보기로 관찰한 나뭇잎 잎맥

2) 분류

분류(classifying)는 관찰을 통해 수집한 자료나 정보를 유사점과 차이점에 따라 나누는 과정을 말한다. 어떠한 특성을 공유하는 물체들은 분류 과정을 통해 한 집단에 속하게 된다. 분류 기준에는 여러 가지가 있으며 어떠한 특성에 따라 분류할 것인지는 임의로 선택할 수 있지만, 주어진 대상들을 가장 잘 표현할 수 있는 핵심적인 특성에 따라 분류하는 것이 일반적이다. 따라서 분류 기술은 먼저 물체의 여러 가지 특징들을 추출한 다음 그중에서 그 물체의 본질과 관련된 독특한 특징을 선택하는 과정으로 이루어진다고 할 수 있다.

[그림 2-5] 검은색 토끼의 분류

영유아는 처음에는 크기나 색깔, 모양 등 한 가지 속성에 따라 분류를 하며, 성장하면서 점차 두 개 혹은 그 이상의 속성에 따라 분류할 수 있게 된다. 예를 들어, 검은색 토끼는 메기, 까마귀, 바퀴벌레 등과 같이 '검은색 동물'에 속할 수 있으며, 얼룩말, 호랑이, 흰토끼 등과 같이 '네발 동물'에 포함될 수 있고, '네발 달린 검은색 동물'로 분류될 수 있다.

교사는 "같은 것에 속하는 동물들을 모아 보자.", "다른 방법으로 분류할 수 있겠니?", "이 동물들을 어떻게 분류했니?" 등과 같은 질문을 통해 영유아의 분류 기술의 발달을 촉진할 수 있다. 또한 영유아에게 어떤 기준에 따라 물체를 두세 가지 집단으로 분류하도록 요구할 뿐 아니라 역으로 교사가 미리 물체를 분류해 놓은 다음 영유아에게 어떤 기준으로 분류되었는지 이야기해 보도록 하는 것도 효과적이다. 분류 활동은 분류 능력 자체를 촉진시킬 뿐 아니라 물체를 상세히 살펴보게 하므로 관찰 기술을 발달시키는 데에도 도움이 된다.

·· 사례 ·· 예비영유아교사들의 나뭇잎 분류하기

1. 나뭇잎의 관찰

이름	종류(목)	잎 종류(구조)	잎의 달리기	가장자리와 갈라지기	잎의 모양	잎맥	기타
소나무	침엽교목	단엽, 안갖춘잎	뭉쳐나기	밋밋하다	길고 바늘형	나란히맥	표면이 약간 광택, 약간 매끈하다
상수리나무	낙엽교목	단엽, 안갖춘잎	어긋나기	가시 달린 톱니	긴 타원형	그물맥	무광택, 거칠다
사철나무	상록관목	단엽, 안갖춘잎	마주나기	잔 톱니	타원형	그물맥	광택, 털이 없다, 매끈하다
단풍나무	낙엽교목	단엽, 안갖춘잎	어긋나기	7개로 갈라짐, 잔 톱니	손바닥 모양	그물맥	무광택, 약간 부드럽다
은행나무	낙엽교목	단엽, 안갖춘잎	뭉쳐나기 (4~5개)	2개로 갈라짐, 물결모양	부채형	나란히맥	무광택, 거칠다
등나무	덩굴목본	홀수 우상복엽, 갖춘잎	어긋나기	밋밋하다	타원형	그물맥	무광택, 약간 부드럽다

2. 한 가지 준거에 의한 분류 예 : 잎의 달리기

항목	마주나기	어긋나기	뭉쳐나기
이름	사철, 단풍	상수리, 등나무	소나무, 단풍

3. 두 가지 준거에 의한 분류 예 : 표면에 따라

항목	무광택		광택 있고 털이 없는 것	
	부드러운 것	상수리, 등나무	광택이 강한 것	광택이 약한 것
이름	단풍, 등나무	상수리, 은행	사철	소나무

4. 유목포함

- 수목
  - 침엽수
    - 소나무
  - 활엽수
    - 상록
      - 사철, 상수리
    - 낙엽
      - 은행, 단풍
    - 덩쿨
      - 등나무

출처: 김미경(2003)

3) 측정

측정(measuring)은 대상의 어떠한 속성을 정량적으로 관찰하는 기술을 말한다. 영유아과학교육에서는 측정은 여러 가지 물체들을 순서대로 놓는 것(서열화)을 포함하며, 주로 길이, 부피, 무게, 온도, 시간 등 5가지 기본적인 속성을 측정한다. 측정은 오감각을 통해 이루어질 수 있지만 측정하고자 하는 속성에 적합한 표준 도구나 비표준 도구를 이용하여 이루어질 수도 있다.

측정을 하기 위해서는 먼저 측정하려는 물체의 속성(예 식물의 키)과 관련 있는 측정 유형(예 길이)과 측정 단위(예 cm)를 선택해야 하고, 적합한 측정도구(예 자)를 사용하는 기술(예 눈금 읽는 법)이 요구된다. 측정은 관찰, 분류, 의사소통에 정확성을 더해 주며, 관찰 결과를 구체화해 준다. 예를 들어 물체의 길이는 미터로, 무게는 그램과 같은 단위로 표현된다. 교사는 "이것의 길이는 어느 정도일까?", "이것을 어떻게 잴 수 있을까?", "어떤 게 더 무거울 것 같니?" 등과 같은 질문을 통해 측정 기술의 발달을 촉진할 수 있다.

〈표 2-1〉 비표준 측정도구의 예

	표준단위	비표준 측정도구
길이	cm m km	뼘, 발 길이, 클립, 깎지 않은 연필, 이쑤시개, 눈금 없는 자, 끈
넓이	cm^2 m^2	타일, 디스켓, 색종이, 책, 일정한 크기로 자른 종이
부피	cm^3 m^3 cc ml l	종이컵, 컵, 우유팩, 페트병, 주전자, 양동이, 상자
무게	g kg	양팔저울, 동전, 바둑알

4) 의사소통

의사소통(communicating)은 현상을 체계적으로 설명 또는 보고하는 기술을 말한다. 두 사람 이상이 포함된 모든 활동에서 명확하고 효율적인 의사소통이 이루어질 필요가 있다. 그런데 지식이 많은 사람이 반드시 의사소통을 잘하는 것은 아니다. 의사소통을 잘하기 위해서는 적절한 어휘를 알고 있어야 하며, 자신의 관점과 상대방의 관점을 조화를 이룰 수 있는 능력이 요구된다.

과학교육에서 의사소통은 영유아가 과학 활동을 하면서 또래나 교사와 생각을 주고받거나 질문하는 과정으로서, 구체적으로 정보교환하기, 질문하기, 행동적 도움 구하기, 동의 구하기, 제안하기, 특징이나 방법 설명하기, 조사를 마친 후 해석하기, 비교급 용어 사용하기, 단위 사용하기 등을 포함한다. 또한 의사소통은 음성 언어에 국한된 것이 아니라 문자 언어, 표, 그림, 그래프 등 다양한 형태로 이루어질 수 있다.

의사소통은 실험 주제를 결정하기 위한 토의에서부터 실험 준비 및 절차 계획, 실험 과정 중의 상호작용, 실험 후 결론을 도출하는 단계에까지 폭넓게 일어난다. 따라서 의사소통은 과학 학습의 각 단계를 이어주는 매개체와 같은 역할을 하며, 영유아는 각 단계에서 원활한 의사소통을 통해 보다 나은 과학 활동을 경험하며 자신의 과학적 사고를 명확하게 정리할 수 있게 된다. 의사소통 기술을 촉진하기 위해 교사는 "어떻게 했는지 순서대로 말해 볼래?", "네 생각은 친구의 생각과 어떻게 다르니?"와 같은 질문을 할 수 있다.

5) 예측

예측(predicting)은 이미 알고 있는 지식이나 경험을 토대로 하여 앞으로 일어날 일을 예상하는 기술이다. 어떤 대상을 실제 측정하기 전에 흔히 행하는 어림하기(estimate)도 예측의 일종이라고 할 수 있다. 그러나 단순히 어떤 일이 일어나게 될지 생각나는 대로 미리 말해 보는 것은 예측이 아니다. 즉, 예측은 검증할 수 있어야 한다는 점에서 단순한 추측(guess)과는 다르다.

예측이 옳았는지 틀렸는지는 관찰이나 실험을 통해서 결정되지만 예측의 진위 자체는 별로 중요하지 않으며, 오히려 예측이 틀린 경우가 교육적으로 더 가치 있을 수도 있다. 따라서 교사는 영유아가 예측한 대로 결과가 나와야 한다고 생각해서는 안 되며, 영유아가 자유롭게 탐색과 실험을 할 수 있도록 허용해야 한다. 또한 예측은 영유아의 학습동기를 부여하기 위해서도 사용될 수 있다. 교사는 실험도구를 사용하거나 활동을 시작하기 전에 "~하면 어떻게 될까?"라고 질문함으로써 영유아의 예측을 촉진하고 탐구 대상을 좀 더 자세히 관찰하게 할 수 있다. 한편 어린 영유아의 경우에는 교사가 예측을 하라고 하면 "몰라요."라고 답하기도 한다. 예를 들어, 경사로에서 어떤 자동차가 빨리 굴러갈 것인지 예측하라고 할 때 "파란색 차가 좋아요. 파란색은 내가 제일 좋아하는 색이에요." 라면서 자기가 좋아하는 색깔의 차를 고른다. 이와 같이 사전 경험이나 지식이 없는 상황에서 형식적 방법으로 예측을 요구하는 것은 영유아를 당황하게 만들 수 있으므로 유의해야 한다.

6) 추론

추론(inferring)은 인과관계를 직접적으로 관찰할 수 없는 상황에서 사건의 원인을 알아내는 기술을 말한다. 즉, 추론은 간접적 방법을 통해 결론에 도달하는 것이다. 예를 들어, 우리는 창문을 통해 나뭇잎이 움직이는 것을 보았을 때 '바람이 분다.'는 것을 추론할 수 있다. 우리는 바람을 직접 경험하지는 않았지만, 관찰과 사전 지식 및 경험에 의해 바람이 분다는 것을 알 수 있다. 또한 밖으로 나가 걸어봄으로써 바람이 분다는 자신의 추론이 맞았는지 확인할 수 있다.

일상생활에서 우리는 종종 관찰과 추론을 혼동하지만 둘 사이에는 뚜렷한 차이가 있다. 관찰이 감각을 통해 어떤 대상을 단순히 기술(description)하는 것이라면, 추론은 설명(explanation)을 제공하는 것이라고 할 수 있다. 즉, 추론은 증거에 기초해서 결론을 내는 기술로서, 대부분의 경우 추상적인 사고를 요한다.

또한 예측이 아직 일어나지 않은 사건을 대상으로 하는 데 비하여 추론은 이미 일어난 일의 원인을 설명한다는 점에서 예측과 차이가 있다. 또한 예측의 경우 '~할 것이다'와 '~하지 않을 것이다'로 단순한 대답이 가능하고 진위가 쉽게 확인되지만, 추론은 진위를 판명하는 것이 어렵고 심지어 불가능할 수도 있다. 따라서 "왜 그렇게 된 것 같니?", "~의 원인은 무엇일까?"와 같이 추론을 요하는

심화학습 추론하기

바닷가에서 다음과 같은 발자국이 발견되었다. 각 그림을 관찰하고, 이를 바탕으로 추론을 해 보자. 관찰 내용과 추론 내용을 종이에 적은 후(한 가지 관찰 내용에서 하나 이상의 추론이 도출될 수 있음) 친구들과 비교해 본다.

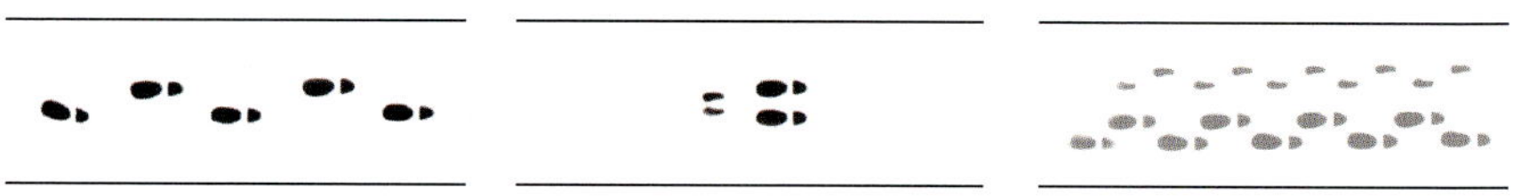

그림1 그림2 그림3

풀이 예:

	관찰	추론
그림1	· 발자국은 남자의 구두처럼 보인다. · 발자국이 모래 깊이 찍혔다.	· 점심 후 쉬면서 바닷가를 걷고 있다. · 남자 구두를 신은 여자가 바닷가를 걷고 있다. · 뚱뚱한 사람이다.
그림2	· 왼쪽 발자국과 오른쪽 발자국이 마주 보고 있다. · 작은 발자국도 두 개가 마주보고 있다.	· 사람이 걸음을 멈추었다. · 사람이 발을 다쳤다. · 어른이 아이를 안고 가다가 바닥에 내려놓았다.
그림3	· 큰 발자국과 작은 발자국 두 쌍이 왼쪽을 향하고 있다. · 이전 장면(1이나 2)보다 큰 발자국이 깊지 않다.	· 어른 1명과 아이 1명이 함께 걸어갔다. · 두 사람이 같은 길을 서로 다른 시간에 걸어갔다. · 어른이 더 이상 아이를 안고 있지 않았다. · 그림 1보다 모래가 단단하다. · 발이 아프다. · 1이나 2에서보다 천천히 걷고 있다.

출처: Howe & Jones(1993)

질문은 영유아에게 어려울 수 있으므로, 영유아가 사전 경험을 많이 했거나 진위를 즉시 확인할 수 있는 것에 관해 추론하도록 하는 것이 바람직하다. 예를 들어, 깡통 속에 모래, 돌, 클립 등 다양한 물체를 채운 후 뚜껑을 덮고 영유아에게 "깡통 속에 무엇이 있을까?", "무엇을 보고 그렇게 생각하게 되었니?", "깡통 안에 뭐가 또 있을 수 있을까?", "어떻게 알았지?" 등의 질문을 할 수 있다.

7) 실험

실험(experiment)은 예측한 것을 직접 조작해 보기 위한 것으로서, 가설과 변인 통제를 포함하는 조사를 말한다. 가설은 두 변인 사이에 존재할 수 있는 관

사례 물에 뜨고 가라앉는 것 활동에서 나타난 과학과정기술

관찰	"여기 이렇게 동그랗게 되어 있고 빵꾸났어요." "떴다! 앗싸~!."
분류	"(숟가락이랑 납작 장난감) 여기(숟가락 손잡이)가 길쭉한 거랑 여기(숟가락 머리 부분)가 네모고 여기(납작 장난감)도 네모고, 이거(나무 블록과 나무 젓가락)는 길쭉하니까 똑같고, 이건(레고, 파란 작은 돌) 다 딱딱하고, 이건(돌멩이, 열쇠) 다 작아요."
측정	(유리그릇은 240g, 껌 통은 150g, 필름 통은 40g의 물이 담겨 있음) "(하나씩 물에 넣으며) 이게(유리그릇) 제일 무겁고 그다음 이거(껌통), 다음 이거(필름 통)……."
의사소통	"어, 나랑 똑같은 생각이네. 거기 속에다 넣어." "내가 농구공에 앉아 있었더니 공기가 조금씩 새가지고요, 찼더니 잘 안됐어요."
예측	"나도 요게 뜨고, 요건 가라앉을 거 같아요."
추론	"알았다. 여기 큰 구멍이 있으니까 물이 이렇게 올라오게 해 주니까 뜨잖아." "아니야, 그거 넓적해서 가라앉은 거야. 넓적한 거는 원래 다 가라 앉는 거예요. 저번에도 그랬어요."
실험	교사: "크다고 다 뜨는 것도 아닌가 봐." 영유아: "선생님, 우리 이번에는 큰 것부터 넣어 봐서 정말 그런지 알아 봐요."

출처: 김민정(2003)

계를 진술하는 것으로 전형적으로 "만약 ~이면 ~일 것이다"의 형태를 취한다(예 물이 없으면 식물은 성장하지 못할 것이다). 그러나 가설은 영유아에게 "만약 ~이 된다면 어떻게 될까?"와 같은 질문의 형태로 제시될 수도 있다(예 물이 없으면 식물은 어떻게 될까?). 변인의 통제는 형식적 조작 사고(formal operational thinking)가 필요하므로 나이 든 아동에게 적합하다고 알려졌다. 그러나 영유아도 교사의 세심한 배려와 도움을 통해 변인의 통제에 대한 생각을 시작할 수 있다는 입장도 있다. 예를 들어, 가벼운 추와 무거운 추의 움직임을 실험하기 위해서는 추의 무게 외의 다른 변인들, 즉 실의 종류나 길이, 미는 힘 등을 같은 조건으로 통제해야 한다.

3. 과학지식

과학의 마지막 요소는 과학지식이다. 과학지식이 습득되면 영유아는 자신이 아는 것이 무엇인지를 의식적으로 인식하게 되며, 언어적 정의와 함께 자신이 이해한 것을 명확하게 표현할 수 있게 된다. 앞서 소개한 과학태도나 과학과정기술이 영유아과학교육의 중요한 요소이지만, 바람직한 과학교육은 과학적 과정뿐 아니라 내용도 포함해야 한다. 과학지식은 교육을 통해 습득되고 명료화되기 때문이다. 과학지식의 유형 및 특성과 영유아과학교육에서 과학지식의 의미를 살펴보면 다음과 같다.

1) 과학지식의 유형 및 특성

과학지식은 다음과 같은 과학 사실 · 개념 · 법칙 · 이론 · 모형 등으로 나누어 볼 수 있다(Harding, 1999).

(1) 과학사실

과학사실(scientific fact)은 관찰과 측정을 통해 얻어진 구체적이고 검증이 가능한 정보이다. 과학사실은 과학개념이나 과학법칙, 과학이론의 바탕이 된다. 예를 들면, '저기 검은색 배 한 척이 물에 떠 있다.'는 관찰을 통한 과학사실이고, '배는 물에 뜬다.'는 규칙성을 나타낸 법칙이다. 이와 같이 과학사실은 감각을 통해 지각할 수 있는 것들로서, 일반적으로 참(true)으로 간주되지만, 관찰이나 측정이 부정확할 수 있기 때문에 절대적으로 완벽한 참이라고는 하기 어려울 수 있다. 예를 들어, 동전을 손에서 놓으면 바닥에 떨어지겠지만(과학사실), 지구가 아닌 달나라에서라면 결과는 달라질 수 있다.

(2) 과학개념

과학사실을 기술하기 위해서는 인지적 표상에 따른 어휘가 필요한데, 이것이 바로 과학개념(scientific concept)이다. 즉, 과학개념은 사물 · 사건 등에 대한 일반적 · 추상적인 관념이나 생각으로서, 용어나 부호로 나타내어진 것을 말한다. 예를 들어, '나무는 쇠보다 가볍다'의 경우 '무게'가 개념이 된다. 과학개념을 학습하는 것은 구체적으로 명칭, 정의, 속성, 실례 등을 학습하는 것이다. 예를 들어, '동물'이라는 개념의 경우 명칭은 동물이며, 정의는 생물을 크게 둘로 구분했을 때 그중의 하나로, 길짐승, 날짐승, 사람, 벌레 따위를 통틀어 이르는 말이며, 속성은 '스스로 이동', '먹이를 찾아서 영양분을 조달' 등이며, 실례는 토끼, 개, 소 등이다. 과학개념은 과학사실을 기술할 수 있는 어휘를 제공하며, 이로 인해 관찰자가 사실에 대한 개념을 형성하고, 여러 사실에 비롯된 자료를 토대로 이론을 형성하는 데 중요한 기능을 한다.

(3) 과학법칙

과학법칙(scientific law) 은 과학사실들 간에 규칙성을 발견하고 수학적으로 정밀하게 진술한 것으로, 너무 확실하여 그것이 참임을 부정할 수 없는 지식을 말한다. 그러나 과학법칙은 관찰된 현상을 기술(description)하지만 현상의 원인에 대한 설명을 다루지는 않는다. 예를 들어, 케플러의 행성운동의 법칙은 달이 특정 행성에 가까이 있을 때 어떻게 움직이는지 혹은 행성에서 멀리 있을 때 어떻게 움직일 것인지 예측할 수 있게 해 주지만, 행성들이 왜 그러한 방식으로 운동하는지는 설명하지 못한다. 즉, 과학법칙은 '어떻게'에 관해서는 말해 주지만 '왜'에 대해서는 알려 주지 못한다.

(4) 과학이론

과학이론(scientific theory)은 관찰된 현상을 과학적으로 설명(explanation)하는 것으로서 궁극적으로 과학이 추구하는 바이다. 과학법칙과 달리 사물이 왜 그러한 현상을 나타내는지를 설명해 준다. 또한 과학이론은 기존의 과학사실과 과학법칙을 통합할 뿐 아니라 새로운 사실과 법칙을 예측할 수 있게 해 주는 수단이 된다. 예를 들면, 코페르니쿠스의 지동설은 태양을 비롯한 행성들의 상대적인 위치와 운동 속도를 기본적으로 가정함으로써 태양과 행성들의 운동과 위치를 설명하고 예측하는 근거가 되었다. 따라서 과학이론은 과학지식의 끝판왕으로 우리가 제기할 수 있는 가장 어려운 테스트를 모두 통과한 경우이다.

이론은 100% 확실하지는 않지만 어느 정도 확인된 가설(hypothesis)로 이루어진다. 가설은 처음에 도출된 불안정한 결론 또는 아직 검증되지 못한 잠정적인 가정을 말하는데, 가정이 귀납법, 연역법 등의 논리적 방법의 검증 절차를 거쳐 보편타당한 진술이 이루어지면 이론이 된다.

사례 과학지식의 유형

다음 각 내용이 과학사실, 개념, 법칙, 이론 중 무엇에 해당하는지 생각해 보시오.

- 매년 추수할 때마다 둥근 씨와 주름진 씨가 대략 3:1의 비로 나타난다.
- 완두의 둥근 씨가 5,474개, 주름진 씨가 1,850개이다.
- 우성, 열성, 유전인자
- 한 형질에 대하여 한 쌍의 유전자가 있으며, 생식을 할 때 분리되어 각 배우자에게 한 개씩 들어가고, 자손에게 다시 쌍을 이룬다.

2) 영유아교사와 과학지식

지식은 다양한 사물에서 공통적인 속성을 나타내는 정신적 표상으로, 개인적이고 주관적인 속성과 사회적이고 객관적인 속성을 갖고 있다. 과학지식 역시 단순히 여러 가지 사실이나 관찰에서 얻은 지식이 누적된 것이 아니라 인간에 의해 창조되고 구성되는 것이다. 또한 과학지식은 불변의 진리로 생각하기 쉬우나 실제로는 새로운 이론의 등장으로 인해 끊임없이 변화되고 수정되면서 진화하는 특징을 갖고 있다. 예를 들어, 혀의 부위에 따라 단맛(끝), 짠맛(중간), 신맛(양옆), 쓴맛(맨 안쪽) 등 각기 다른 맛을 느낀다는 것이 얼마 전까지만 해도 의학 상식으로 알려져 교과서에 실렸지만 최근에는 혀의 모든 부위에서 대부분의 맛을 느낄 수 있다는 것으로 수정되었다(Evers, 2003). 따라서 오늘날 진실이라고 믿고 있는 과학지식도 언젠가 새로운 지식이 발견되면 폐기될 수 있다. 이러한 사실은 학습자들을 혼란에 빠지게 할 수 있다. 즉, 뉴턴의 법칙이나 진화론 등이 미래에 다른 이론으로 대체될 것이라면 왜 그러한 지식들을 힘들여 학습해야 하냐고 반문할 수 있을 것이다. 그러나 과학지식이 훗날 다른 지식으로 대체된다고 할지라도 오늘날의 과학지식을 학습하는 것을 무의미하다고 할 수는 없다. 한 시대에 학습해야 할 과학지식은 당시 과학자들이 입수 가능한 증거에 기초하여 설명한 최선의 것이기 때문이다. 예를 들면, 코페르니쿠스가 새로운 천문학 이론을 내놓기 전 4반세기 동안은 프톨레미의 이론을 항해에 사용하는 것이 최선이었던 것과 같다(최인숙, 2000).

일반적으로 교육활동을 계획할 때 교사는 무엇을 가르쳐야 하는지에 제일 먼저 초점을 두는데, 이러한 교육 내용은 바로 교사가 갖고 있는 교과내용에 관한 지식에 의해 결정된다. 따라서 영유아 과학교육의 내용 선정도 역시 교사의 과학지식으로부터 나온다고 할 수 있다. 교과에 대한 지식을 적게 갖고 있는 교사는 교과서에만 의존하고 그대로 따르는 데 비해 교과 지식이 많은 교사는 교과서뿐 아니라 자신의 지식과 신념에 기초하여 교육 내용을 결정하는 경향이 있다. 또한 과학적 지식이 많은 교사일수록 효과적인 과학 교수방법을 사용하는 것으로 보고된다. 이와 같은 의미에서 교사의 정확하고 풍부한 과학지식은 영유아 과학교육에 필수적이라고 할 수 있다(안부금, 2002).

그러나 오늘날에는 과거 그 어느 때보다 빠른 속도로 과학 지식이 증가하고 있다. 스티븐 호킹(Steven Hawking)에 의하면, 현재의 속도로 지식이 증가한다면 2600년에는 이론 물리학 분야에서만 1초당 10개의 논문이 나올 추세이다. 따라서 모든 과학지식을 안다는 것은 교사뿐 아니라 그 누구에게도 불가능하다. 그럼에도 불구하고 많은 교사들은 영유아의 질문에 즉각적으로 대답하기 어려울 때 매우 당황하며, 심지어 죄의식을 느끼기까지 한다. 지난 수십 년간 과학자와 과학교육자들은 영유아교사가 어떠한 과학적 지식을 얼마만큼 알고 있어야 하는지에 관해 논쟁을 벌여 왔다. 이들의 결론은 영유아교사는 폭넓은 과학적 지식을 갖고 있어야 하지만 영유아의 모든 질문에 답할 수 있을 만큼 충분한 과학적 지식을 갖고 있을 수는 없다는 것이다. 오히려 영유아교사는 영유아가 어떻게 탐구할지, 어떻게 발견할지, 어떻게 과학적 질문을 조사할지를 알아야 할 필요가 있으며, 방대한 과학지식을 축적하는 것보다는 탐구 방법을 학습하는 것이 훨씬 중요하다(Martin, 2001).

3) 영유아의 오개념

과거에는 영유아는 과학적 현상을 이해할 수 없다고 여겼기 때문에 영유아의 과학개념을 측정하려는 시도도 이루어지지 않았다. 그러나 뇌 과학의 발달 결과 생후 첫 일 년 동안 뇌 발달이 급속도로 이루어짐이 밝혀졌다. 예를 들어, 생후 18개월에는 분당 500,000개의 속도로 뉴런이 만들어지며, 이러한 뉴런들은 신경아교세포를 따라 예정된 목적지로 이동하면서, 경험을 통한 학습에 관여하는 신경 연결을 생성한다는 연구 등으로 인해 개념의 학습과 개념의 변화를 영유아 과학학습의 중심에 두기 시작했다. 과학개념은 사물이나 사건의 공통적인 속성에 대한 일반적인 생각으로서, 영유아가 자신을 둘러싼 자연 세계 및 물리적 세계를 이해하는 데 도움을 준다. 이러한 과학개념은 사전 경험의 결과로 형성되며, 또 영유아의 과학 학습에 영향을 미친다. 놀이는 물론이고 언어적 상호작용, 기술 시연, TV, 책, 박물관 방문 등 영유아의 환경 안에서 공유되는 정보를 통해 영유아는 과학을 학습하게 된다. 예를 들어, 놀이터에서 시소를 탐색할 때 영유아는 비록 물리학 용어로 자신의 생각을 표현하지는 못하지만, 시소의 한쪽 끝을 내리면 반대쪽이 올라간다는 것을 경험한다. 또한 장난감을 물속에 넣을 때 어떤 것은 가라앉고 어떤 것은 다시 물 위로 뜨는 것을 경험할 수 있으므로 목욕 시간도 과학학습의 촉매제가 될 수 있다. 영유아는 경험을 이용하여 개념을 발전시킨 다음 하위 개념으로 나누어 좀 더 구체화한다. 이렇게 개발된 개념과 하위 개념을 사용하여 영유아는 물체가 만들어지거나 작동하는 방식 사이의 패턴과 관계를 식별하게 된다(예 물: 액체, 기체, 고체)(Silby & Watts, 2020).

한편 영유아는 성인이 가르쳐 주지 않아도 주변 세계에서 일어나는 사건과 현상을 통해 자신이 이미 지니고 있는 개념적 틀을 사용하여 지식을 구성하기도 한다. 예를 들어, 우리는 영유아가 “내가 걸어가면 해도 나를 따라와요.”라든가 “비가 오는 것은 농부를 도와주기 위해서예요.”라고 말하는 것을 종종 듣는다. 이는 자기중심적인 관점에서 비롯된 초보적이고 단편적인 것들로서 때로는 특정 현상에 대해서 서로 다른 의미를 구성하게 되어 개념 형성이 잘못된 경우도 있다. 이와 같이 과학에 대한 학습자의 선행지식 중 잘못된 지식을 오개념(misconception) 혹은 선개념(preconception)이라고 한다. 따라서 영유아가 갖고 있는 개인적이고 주관적인 개념 중에서 불완전하고 잘못된 개념을 사회적이고 객관적 속성을 갖는 과학자적인 개념으로 변화시키는 것을 과학교육의 목적 중 하나로 볼 수 있다(김경아, 2002). 그러나 이보다 더 중요한 것은 교사가 영유아의 오개념을 정상적인 것으로 받아들이는 것이다. 영유아가 갖고 있는 오개념은 영유아가 믿는 것이고, 영유아에게는 사실(real)이기 때문이다. 또한 영유아가 갖고 있는 오개념 중 어떤 것들은 과학적인 정개념으로 쉽게 변화되기도 하지만, 쉽게 교정되지 않고 인지적 성숙이 이루어질 때까지 기다려야 하는 것들도 있다. 따라서 교사는 영유아를 재촉해서는 안 된다(Lind, 2000).

교사는 영유아가 주제와 관련하여 사전에 구성한 개념이 어떠한지 확인하고,

다음 <표 2-2>와 영유아가 흔히 갖은 오개념을 이해할 필요가 있다.

〈표 2-2〉 영유아가 갖고 있는 오개념의 예

	정개념	오개념
피는 어떤 일을 할까?	영양분의 운반	다칠 때 피가 난다. 건강하게, 살게 해 준다. 돌아다녀요.
밤과 낮은 왜 생길까?	지구의 자전	해가 지고 달이 떠서. 잠을 자라고. 밤이라서(깜깜).
전구에는 어떻게 불이 켜질까?	필라멘트와 전기의 작용	스위치가 있어서. 건전지가 있어서. 어두워서. 전구이기 때문에.

4) 과학교육 영역별 과학지식

한편 바람직한 영유아과학교육은 과학 과정이나 과학 내용 중 어느 한 가지만으로 이루어질 수 없다. 과학교육의 효과가 과정이나 결과 어느 한쪽에서만 나타나는 것은 아니기 때문이다. 현대 과학교육에서는 과학 과정의 중요성이 강조되고 있지만, 과학개념을 비롯한 과학지식은 여전히 과학교육의 중요한 목표이다. 과학지식이 획득되면 영유아는 자신이 아는 것이 무엇인지를 의식하게 되며, 언어적 정의와 함께 자신의 이해를 명료하게 표현할 수 있게 된다. 또한 주변 현상을 설명, 예측, 조절할 수 있는 지식을 습득하게 되며, 이를 일상생활에 이용하게 될 뿐 아니라 주변 환경에서 점차 범위를 넓혀나가며 세계에 대한 관심과 흥미, 능력을 발달시켜 나가게 된다(이경민, 2000). 따라서 영유아 과학교육의 방향은 과정에 초점을 두면서 그 과정을 통해 영유아가 결국은 과학지식을 구성해 나가도록 하는 데 있다고 할 수 있다. 이러한 입장에서 과학교육 영역별로 영유아가 학습해야 할 과학지식으로 여러 학자가 공통으로 제시하고 있는 것들을 살펴보면 다음 <표 2-3>과 같다.

〈표 2-3〉 과학교육 영역에 따른 과학지식의 예

영역	과학지식
생명과학	• 식물(동물)은 여러 가지 종류가 있다. • 씨는 뿌리, 줄기, 잎과 꽃을 가진 식물로 성장한다. • 살아 있는 것은 물, 공기, 영양분, 적당한 온도가 필요하다. • 살아 있는 것은 성장하고 변화한다. • 살아 있는 것은 서로에게 영향을 주고받는다.
물상과학	• 물리적 변화는 외관은 변하지만 물질 자체는 같은 상태이다. • 화학적 변화는 속성까지 변하여 새로운 물질이 형성된다. • 우리가 살고 있는 이 세계에는 다양한 형태의 에너지가 존재한다. • 기계는 다양한 기능을 가지고 있고 분해와 조립이 가능하다. • 기계는 물건을 쉽게 이동할 수 있게 만든다.
지구과학	• 지구의 주된 물질은 물과 흙, 화석 연료 등이다. • 지구의 물질(예 물)은 다른 방식으로 사용될 수 있는 속성을 가지고 있다. • 물이 물체를 위로 받치는 힘과 물체와 물의 무게의 관계에 의해 물체가 뜨거나 가라앉는다. • 물이 다른 물질을 녹일 수 있다. • 물의 형태는 액체나 조건에 따라 변할 수 있다.

출처: 안경숙(2003)

또한 최근 영유아교사의 전문성에 대한 논의가 활발해지면서 교사의 전문적 지식의 형성 및 발달이 강조되고 있다. 과학교육의 경우에도 교사의 지식은 영유아를 위한 과학교육 내용 선정의 근거가 될 뿐 아니라 영유아의 과학 태도 및 능력을 길러 주기 위한 교사의 역할을 성공적으로 수행하기 위해 전제조건이 된다. 따라서 교사의 정확하고 풍부한 과학 개념은 영유아 과학교육에서 필수적인 요소라고 할 수 있다(안부금, 2002).

3장 영유아 과학교육의 역사적 배경

영유아 과학교육의 역사를 살펴보는 것은 현대 영유아 과학교육의 추세와 전망을 이해하는 데 도움이 된다. 먼저 영유아 과학교육 사상의 흐름을 살펴본 후 미국과 우리나라의 영유아 과학교육의 발달 과정을 알아보기로 한다.

1. 영유아 과학교육의 사상

1) 근대(19세기 이전)

근대 과학교육의 발전은 과학의 방법을 교육과 생활에 적용해야 한다고 보았던 17세기 과학적 실학주의(science realism)에 의해 시작되었다. 코메니우스(Comenius, 1592~1670)는 과학적 실학주의의 대표자로서, 영유아의 이해를 촉진하기 위해 문자뿐 아니라 그림으로 설명하는 세계 최초의 그림책 교과서인 『세계도회(Orbis Sensualium Pictus)』(1658)를 제작한 것으로 유명하다. 또한 그는 『대교수학(The Great Didactics)』(1682)에서 자연과학을 새로운 교과목으로 언급하면서 감각을 통한 교육의 중요성을 주장했으며, 과학과 관련된 교육 내용을 다음과 같이 제시했다.

- 자연과학: 물, 흙, 공기, 불, 눈, 서리, 돌, 쇠, 나무, 풀, 새, 물고기, 소 등을 알게 하고 신체 부위의 이름과 사용을 학습하게 한다.
- 광학: 빛, 어두움, 그림자를 구별하고 이름을 알며, 흰색, 검은색, 빨간색 등 주요 색들을 구별하게 한다.
- 천문학: 하늘, 태양, 달, 별 등의 의미를 알며, 해와 달은 매일 뜨고 짐을 알게 한다.
- 기계학: 손으로 행하도록 실제로 가르치거나 허락한다.

[그림 3-1] 세계도회

17~19세기에 걸친 문예부흥 시기에 로크(Locke, 1632~1704)는 인간이 백지와 같은 상태로 태어난다는 백지설(Tabula Lasa)을 주창하였다. 그는 외부세계의 자극들을 지각하고 받아들임으로써 지식이 획득된다고 보았으며, 영유아의 모든 감각들을 개발시키는 교육방법을 제시하였다. 여기에는 읽기 활동뿐만 아니라 보고, 듣고, 맛보고, 냄새 맡고, 만져 보는 등의 오감을 통한 활동들이 포함된다. 자연히 로크의 사상은 여러 가지 인간발달 영역 중에서 오감을 소지한 신체 발달에 역점을 두게 되었다. 또한 그는 영유아의 흥미를 유발하기 위하여 글자가 적힌 주사위나 장난감을 학습에 최초로 도입하였다.

[그림 3-2] Emile as a gardner

루소(Rousseau, 1712~1778)는 주사위로 읽기를 가르치는 것은 무익하며, 글을 알고 싶어하는 욕구를 갖게 하는 것이 중요하다고 보았다. 이와 같이 로크보다 더 자연주의를 제창한 사상가인 루소(Rousseau, 1712~1778)는 '자연으로 돌아가라'는 주장과 더불어 영유아의 흥미를 고려한 자연주의적 경험의 중요성을 강조하였다. 그는 저서 『에밀(Emile)』(1762)에서 실물의 양을 재고 수를 계측하고 무게를 비교할 수 있도록 주의, 기억, 사고의 토대인 오감의 발달과 감각기관의 훈련에 힘써야 한다고 밝혔다. 또한 그는 "아이가 12세가 되었을 때 아직 오른손과 왼손을 구별할 줄 몰라도 건전한 감각만 갖고 있으면 머지않아 이성의 꽃이 필 것이다"라고 하여 암기에 의한 지식 교육은 효과가 없음을 지적하였으며, 실수를 통해 배울 수 있도록 해 주어야 한다고 주장했다.

이와 같은 학자들의 사상은 현대 과학교육의 이론적 토대를 이루었다. 그러나 19세기 초까지 학교에서 과학이라는 인식은 극히 미미했다. 학교 교과에 과학을 포함시키는 데 약간의 압력도 따랐으며, 과학 기금도 조성되지 못했다. 최초의 교실에서의 실물교육(Object Teaching)은 페스탈로치(Pestalozzi, 1746~1827)에 의해 제안되었다. 언어적 교수방법과 달리 실물교육에서는 영유아의 직접적인 경험을 강조하여 사물을 세심히 관찰하고, 단순 기억보다는 감각을 동원하거나 생각을 하도록 격려한다(권영례, 2000). 또한 그는 실물교육은 직관주의(intuitionism)에 의거한다고 하였다. 직관주의란 모든 인식은 직관에서부터 출발하며, 모든 직관의 기초로서의 수 · 형 · 언어를 중시해야 한다는 원리이다. 즉, 페스탈로치의 관점에서 직관은 외계의 인상을 결합하여 능동적으로 개념을 구성하는 과정으로서 영유아는

[그림 3-3] 페스탈로치

구체적인 경험이 있을 때 보다 명백한 직관을 발달시킬 수 있다는 것이다.

루소와 페스탈로치의 영향을 받은 프뢰벨(Fröebel, 1782~1852)은 1840년 최초로 유치원(kindergarten)이라는 이름으로 영유아를 위한 교육시설을 설립함으로써 아동중심 교육과정과 과학 교육과정에 기여하였다. 그는 영유아의 개인차를 고려하여 교육과정을 계획해야 한다고 보았으며, 자연과학, 수학, 음악, 미술 등을 유치원 교육과정에 포함시켰다. 또한 은물(Gifts)이라는 교구를 제작하여 감각교육의 필요성을 주장하였다. 이 당시 영유아를 위한 과학교육은 주로 자연감상, 동식물 기르기 등 감각적 경험에 기초한 자연학습을 위주로 이루어졌다.

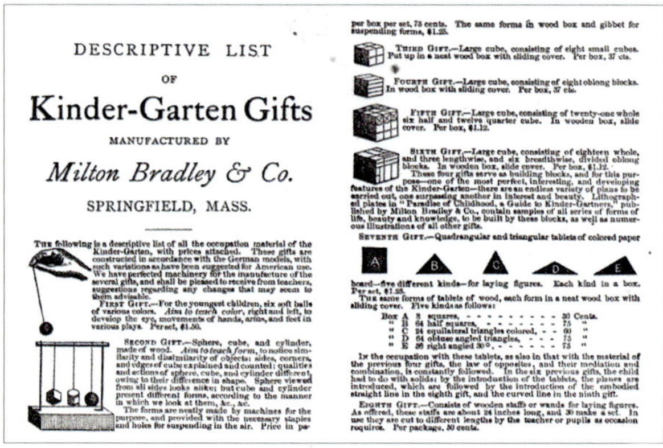

DESCRIPTIVE LIST

OF

Kinder-Garten Gifts

MANUFACTURED BY

Milton Bradley & Co.

SPRINGFIELD, MASS.

THE following is a descriptive list of all the occupation material of the Kinder-Garten, with prices attached. These gifts are constructed in accordance with the German models, with such variations as have been suggested for American use. We have perfected machinery for the manufacture of the several gifts, and shall be pleased to receive from teachers, suggestions regarding any changes that may seem to them advisable.

FIRST GIFT.—For the youngest children, six soft balls of various colors. *Aim to teach color*, right and left, to develop the eye, movements of hands, arms, and feet in various plays. Per set, $1.50.

SECOND GIFT.—Sphere, cube, and cylinder, made of wood. *Aim to teach form*, to notice similarity and dissimilarity of objects: sides, corners, and edges of cube explained and counted: qualities and actions of sphere, cube, and cylinder different, owing to their difference in shape. Sphere viewed from all sides looks alike; but cube and cylinder present different forms, according to the manner in which we look at them, &c., &c.

The forms are neatly made by machines for the purpose, and provided with the necessary staples and holes for suspending in the air. Price in paper box per set, 75 cents. The same forms in wood box and gibbet for suspending forms, $1.25.

THIRD GIFT.—Large cube, consisting of eight small cubes. Put up in a neat wood box with sliding cover. Per box, 37 cts.

FOURTH GIFT.—Large cube, consisting of eight oblong blocks. In wood box with sliding cover. Per box, 37 cts.

FIFTH GIFT.—Large cube, consisting of twenty-one whole six half and twelve quarter cube. In wooden box, slide cover. Per box, $1.12.

SIXTH GIFT.—Large cube, consisting of eighteen whole, and three lengthwise, and six breadthwise, divided oblong blocks. In wooden box, slide cover. Per box, $1.12.

These four gifts serve as building blocks, and for this purpose—one of the most perfect, interesting, and developing features of the Kinder-Garten—there are an endless variety of plans to be carried out, one surpassing another in interest and beauty. Lithographed plates in "Paradise of Childhood, a Guide to Kinder-Gartners," published by Milton Bradley & Co., contain samples of all series of forms of life, beauty and knowledge, to be built by these blocks, as well as numerous illustrations of all other gifts.

SEVENTH GIFT.—Quadrangular and triangular tablets of colored paper

A B C D E

board—five different kinds—for laying figures. Each kind in a box. Per set, $1.25.

THE same forms of tablets of wood, each form in a neat wood box with sliding cover. Five kinds as follows:

Box A 8 squares, - - - - - - - - - - - 30 Cents.
" B 64 half squares, - - - - - - - - - 75 "
" C 24 equilateral triangles colored, - - 60 "
" D 64 obtuse angled triangles, - - - - 75 "
" E 56 right angled 30°, - - - - - - - 75 "

IN the occupation with these tablets, as also in that with the material of the previous four gifts, the law of opposites, and their mediation and combination, is constantly followed. In the six previous gifts, the child had to do with solids; by the introduction of the tablets, the planes are introduced, which are followed by the introduction of the embodied straight line in the eighth gift, and the curved line in the ninth gift.

EIGHTH GIFT.—Consists of wooden staffs or wands for laying figures. As offered, these staffs are about 24 inches long, and 30 make a set. In use they are cut to different lengths by the teacher or pupils as occasion requires. Per package, 30 cents.

[그림 3-4] 프뢰벨의 은물

이상과 같이 과학교육에 대한 여러 학자들의 급진적인 생각에도 불구하고 19세기 과학교육은 체계적 실험이 아닌 설명적 교수방법을 벗어나지 못하고 있었다. 이는 영유아는 자연 현상을 이해하거나 추론을 할 수 없다는 영유아의 학습능력에 대한 불신 때문이다. 따라서 교사의 임무는 영유아가 얻기를 원하는 정보들을 가르치는 것 정도였고, 영유아는 이러한 교사의 설명을 기억하도록 기대되었다. 요컨대 이 시기 영유아 과학교육은 자연감상에 초점을 둔 소극적인 자연학습 수준으로서, 영유아의 과학적 개념 이해나 태도를 형성하기 위한 체계적인 교육에는 도달하지 못했다.

2) 현대(20세기 이후)

[그림 3-5] 몬테소리

20세기에 들어 몬테소리(Montessori, 1870~1952)는 감각교구를 통해 과학교육이 이루어지는 데 공헌하였다. 그는 영유아를 끊임없이 주변 환경으로부터 자극을 받고 정보를 얻으며 스스로 탐색하고 학습하는 자발적인 존재이며, 교사는 영유아의 요구와 흥미에 일차적으로 관심을 두어야 한다고 보았다. 또한 오감의 발달 중 특히 시각과 촉각의 발달이 인지적 성장과 추상적 개념의 이해에 기본적인 것임을 발견하고, 같은 과제를 반복하는 방법을 통해 감각발달을 도와주는 교수자료들을 고안, 제작하였다.

듀이(Dewey, 1869~1952)는 루소의 자연주의와 프뢰벨의 상징주의를 비판하면서 진보주의 교육사상을 제창하였다. 진보주의는 교육의 실용성을 강조하는 입장으로서, 교과중심 교육과정보다 아동의 흥미중심, 생활중심 교육과정을 표방한다. 또한 그는 초등교육과정에 과학교육이 통합되어야 한다고 주장했으며, 이에 따라 당시 학교에서는 과학교육 내용으로 영유아의 생활주변과 실생활에 유용한 주제 및 영유아의 경험 안에 있는 주제를 선정하였다.(이선경, 1995) 이외에도 듀이는 영유아의 과학교육 방법으로 과학자들이 사용하는 과정적 방법을 지지하였다. 영유아는 과학적 사실을 암기함으로써 과학적 사실이나 원리를 이해할 수 없는 반면, 과정적 방법은 과학 그 자체를 이해하기 위한 최선의 방법이며, 과학의 과정을 연습하는 것은 결국 사회 경제와 산업 문제를 이해하는 기초가 된다는 것이다(이경우 · 이정환, 1988).

오스벨(Ausbel, 1918~2008)은 당시 각광을 받던 발견학습이나 탐구학습이 의미 있는 학습을 꾀하는 데 적합하지 않다고 비판하면서, 여러 세대에 걸쳐 축적된 방대한 양의 지식을 후세에 전달하기 위해서는 설명식 교수방법이 가장 효율적이라고 주장했다. 그에 따르면, 학습은 연역적 과정에 의해 이루어지므로 영유아에게 일반적이고 추상적인 개념부터 가르친 후에 구체적인 개념을 가르쳐야 한다. 예를 들어, 소나무라는 특정 개념을 가르치기 전에 나무라는 일반 개념을 먼저 가르쳐야 한다는 것이다. 이외에도 그는 영유아는 학습할 준비가 되어 있을 때만 그 개념을 학습할 수 있으므로 새로운 학습을 받아들일 수 있는 안정된 인지구조를 마련하기 위해 실제 학습 자료를 제시하기 전에 영유아에게 미리 개념을 제공해야 한다고 하였다. 이는 선행조직자(advance organizer)로 불리는 것으로서, 예를 들어 양팔저울로 실험을 하기 전에 미리 '평형'이나 '무게'와 같은 과학 용어들을 읽거나 말해 보게 하는 것이다. 이러한 방식으로 오스벨은 과학교육 프로그램은 뚜렷한 목적과 위계적인 조직으로 구성되어서 체계적 단계를 통해 진행되어야 한다고 보았다(http://prof.snue.ac.kr/~wkang/Lec(A)/(A)05.html).

2. 미국 영유아 과학교육의 발달 과정

미국의 영유아 과학교육의 발달 과정을 현대 과학의 시작(1900~1930), 진보주의 교육과 과학교육(1930~1950), 과학교육의 황금기(1950~1977), 기초로의 회귀와 교과서 논쟁(1977~1983), A Nation at Risk(1980년대), 모두를 위한 과학(2000~) 등 6단계로 나누어 볼 수 있다(Blosser, 1984; http://scied.gsu.edu).

1) 현대 과학의 시작(1900~1930)

미국에서 현대 과학의 뿌리는 19세기 후반으로 거슬러 올라갈 수 있다. 이 시기 초등과학 교육과정에는 자연학습과 초등과학 등 두 가지 대립되는 접근방법이 있었다. 첫 번째, 자연학습은 자연에 대한 사랑을 발달할 수 있도록 돕는 것에 초점을 둔 아동중심적인 교수방법으로서 교육 내용은 식물, 동물, 생태학에 있었으며, 특히 지역사회 환경이 강조되었다. 자연학습운동(Nature Study Movement)은 진보주의 성향으로 인해 전인교육 개념과도 관련이 있었으며, 과학을 예술, 언어, 문학과 통합된 부분으로 간주하여 학제 간 접근을 하였다. 또한 자연학습은 오늘날의 환경교육 운동(Environmental Education Movement)과 같은 것으로 볼 수 있다. 1900년대 초 많은 초등학교에서 자연학습을 채택하였지만, 1930년대 들어 운동으로서의 자연학습이 쇠퇴하고, 초등과학이 교실 안에 들어오게 되었다.

[그림 3-6] 자연학습 운동의 일환으로 새를 관찰하기 위해 새집을 만든 아동들(Nature-Study Review 6, March, 1910).

두 번째, 초등과학 운동(Elementary Science Movement)은 초등과학 교과과정에 생명과학, 물리학 등 폭넓은 분야를 포함시켰다. 유치원에서 8학년까지 연속된 프로그램이 만들어졌으며, 초등과학의 내용은 부모와 교사 패널에 의해 각 학년에서 중요하다고 생각한 개념이나 원리들로 개발되었다. 아동의 직접적 경험을 중요시하는 자연학습에 비하여, 초등과학은 학년이 높아질수록 추상적인 내용을 다루고 있었다.

2) 진보주의 교육과 과학교육(1930~1950)

진보주의가 지배하던 이 시기에는 과학교육에 영향을 끼친 보고서가 몇 편 발간되었다. 그중 하나는 1932년 전국교육연구학회(National Society for the Study of Education)의 '과학교수 프로그램(A Program for Science Teaching)'이다. 이 보고서는 아동의 생활과 관련이 있는 것을 과학교육의 내용으로 선정해야 하며, 과학이 학생의 복지와 어떠한 관계가 있고 학생의 흥미를 어떻게 충족하느냐에 따라 교과목의 효용성을 평가해야 한다고 주장했다. 또한 '탐구'라는 용어가 사용되지는 않았지만 과학교수는 사실을 가르치는 것 이상의 것이며, 관찰, 실험, 가설설정 등에 학생을 참여시켜야 한다는 생각이 암묵적으로 존재했다.

둘째는 1938년 진보주의 교육연합(Progressive Education Association)이 출판한 '일반 교육에서의 과학(Science in General Education)'이다. 이 보고서 역시 아동의 욕구에 주목할 것을 강조하고, 학습자의 심리를 반영한 프로그램을 제안하였다. 또한 과학과 일상생활 간에 상관관계가 많음을 지적하면서 다음과 같이 과학의 목적을 열거하고 있었다.

- 과학을 정보와 구별하여 이해하게 하기
- 사고 능력을 개발하기
- 문제해결과 관련된 특정 기술이나 능력을 개발하기
- 문제해결에 유용한 태도나 성향을 개발하기

이와 같은 진보주의 교육운동이 지향하는 민주주의 가치와 인본주의적인 방법은 모든 교육 부분에 영향을 미쳤지만 과학교사들에게 특히 어필했던 부분은 아동중심 교육과정과 프로젝트 방법이었다. 진보주의 교육운동은 수많은 실험학교를 탄생시켰으며, 이러한 학교에서의 과학교육은 아동이 자연 현상을 직접 경험하고 과학을 아동의 정서적, 신체적 복지뿐 아니라 통합적인 교육과정에 연결시킬 수 있는 기회가 되었다.

[그림 3-7] 진보주의 시기 듀이의 실험학교: 교실에 모래상자가 있어서 지형과 화산에 대해 개별적으로 실험할 수 있었다.

3) 과학교육의 황금기(1950~1977)

1950년 설립된 미국과학재단(The National Science Foundation)은 과학기술 인력이 부족하고, 고등학교 과학 교육과정이 과학기술의 급속한 변화에 적합하지 않음을 지적하면서 진부한 교과서를 바꾸어야 하며, 과학교사에게 과학연수를 받게 하여 과학교수 방법을 향상시켜야 한다고 주장하였다. 이러한 배경에는 2차 세계대전 이후 과학기술은 엄청난 속도로 발전하였지만 미국은 이러한 요구를 충족할 만큼 과학자나 기술자를 충분히 배출하지 못하고 있다는 사회 전반의 우려가 있었다. 당시 미국은 공산주의 국가들과의 냉전 상황과 소련의 핵무기 개발 등으로 인해 엄청난 불안을 느끼고 있었지만 1950년대 초만 해도 재정적 한계 때문에 대학에만 집중 투자하고 고등학교에 과학교육을 지원하는 것은 꺼리는 경향이 있었다.

[그림 3-8] 1957년 10월 4일 세계 최초의 인공위성 발사

이러한 가운데 1957년 소련의 인공위성 발사는 20세기 그 어떤 사건보다 미국 내 과학교육의 개혁에 결정적인 영향을 미친 계기가 되었다. 듀이의 의도와 달리 생활중심 교육과정은 비체계적이라는 비판

을 받았고, 학문중심교육으로 과학교육의 개혁운동이 일어났다. 또한 과학교육학회가 설립되었고, 과학자, 교육학자, 심리학자, 교사 등이 교육과정 개발에 함께 참여하였다. 이들이 개발한 프로그램은 시범에 의한 실험보다는 직접적인 실험에 초점을 둔 활동으로 구성되었으며, 교사용 안내서를 함께 발간한 특징이 있다. 교육과정 개선 프로젝트와 더불어 수학 및 과학교사의 훈련에도 막대한 예산($117,000,000)이 투자되었다. 특히 종전과 달리 유 · 초등 과학교육에도 많은 재정적 지원이 이루어져 500여 종의 과학교육 프로그램이 개발되었다. 이러한 프로그램들은 대개 피아제(Piaget), 브루너(Bruner), 가네(Gagné) 등의 이론에 기초한 것으로 오늘날까지 사용되는 대표적인 것으로는 Science Curriculum Improvement Study(SCIS), Science · A Process Approach(SAPA), Elementary Science Study(ESS) 등이 있다.

〈표 3-1〉 과학교육 황금기의 영유아 및 초등 과학프로그램의 예

프로그램	연도	대상	내용	주요 특징
Science Curriculum Improvement Study (SCIS)	1961	K-6	물리과학과 생명과학	• Piaget의 인지이론에 기초 • ESS의 개방성과 SAPA의 위계성 간의 균형
Science-A Process Approach (SAPA)	1963	K-8	과학의 과정 (예 관찰, 측정, 분류, 추론, 변인통제)	• Gagné의 행동주의에 기초, 고도로 구조화된 위계형식
Elementary ScienceStudy (ESS)	1963	K-8	광범위한 과학 주제에 대한 단원	• Piaget, Bruner, Hawkins Hunt 등의 이론에 기초 • 구조화 최소, 융통성 최대 • 아동중심적

4) 기초로의 회귀와 교과서 논쟁 (1977~1983)

1970년대 중반 성취도 검사 점수 저하와 학업 능력 향상에 대한 부모들의 요구에 의해 과학교육 개선 프로젝트는 비판을 받게 되고, 기초로의 회귀 운동(back-to-basics)이 등장하였다. 그 결과 탐색적 학습에서 공식을 외워 풀거나 지필식(paper & pencil)의 50년대 이전 학습으로 회귀하는 결과가 생겨났다. 이 운동의 주창자들은 잡다한 선택 과목들이나 열등생의 자동 진급 문제를 지적했고, 이에 따라 학생들이 좋아하는 쉬운 과목들이 비판을 받고 어려운 교과목들이 강조되기 시작했다. 즉, 이 시기 교육의 초점은 '기초'에 있었고, 학교는 기초 기술에 집중해야 한다는 슬로건이 유행하였다. 그리하여 1960년대 교육과정에서와 같은 과학의 우선권은 사라지고, 읽기, 수학, 의사소통 등의 기초 기술을 가르치는 데 관심이 모아졌다. 따라서 이 시기에는 이전 단계에 비해 프로그램 개발에 많은 지원이 이루어지지 않았지만, 대표적인 영유아 과학교육 프로그램인 까미(Kamii)와 드브리스(DeVries)의 물리적 지식 활동 프로그램(Physical Knowledge Activities: PKA)[1)]이 1970년대 후반에 개발된 것은 주목할 일이다.

[그림 3-9] 기초로의 회귀

[그림 3-10] 아동들과 함께 활동하고 있는 까미와 피아제

1) PKA는 Kamii와 DeVries가 Piaget 이론을 적용한 것으로 물리적 세계에서 물체에 대한 영유아의 지식 발달과 논리·수학적 구조를 구성하는 것을 목적으로 한다. PKA에서는 영유아 스스로 지식을 구성해 갈 수 있는 활동을 내용으로 선정하며, 선택은 영유아의 흥미에 따라 유동적으로 할 수 있다. 교사는 권위자가 아닌 놀이의 참여자로서 역할을 한다.

당시 또 하나의 논쟁은 공립학교에서 진화론을 가르치는 것과 신념, 종교, 가치, 도덕과 관련된 과학개념(예 성, 생식, 피임)을 가르치는 문제였다. 교과서(특히, 생물학과 지구과학)에 대한 정밀한 검토 작업이 이루어졌고, 그 결과 진화론 교과서가 금지되지는 않았지만 진화론은 '사실(fact)'이 아니라 한낱 '이론(theory)'에 불과하다는 인식의 변화가 일어났다. 나아가 기독교 보수주의자들은 성경의 창세기를 토대로 창조론을 개발하기 시작했다. 창조론자들은 동일한 과학 주제에 대해 대립적인 관점을 제공하여 학생들이 이것들을 평가하고 자신의 입장을 형성하게 해야 한다고 주장하면서, 진화론 모델과 나란히 창조론 모델을 교과서에 제시했다. 한편 진화론을 다룬 교과서는 과학은 인류의 기원에 대해 답을 할 수 없을 뿐 아니라 진화론은 사실이 아니라 이론에 불과하다는 조항을 달음으로써 과학 교과서에 창조론의 내용을 제시하는 의무를 피해 갔다. 이와 같이 이 시기에는 과학 교과서에서 도그마적인 진술이 없어지고 조건적인 진술로 바뀌었다.

[그림 3-11] 진화론과 창조론
(http://proch.wordpress.com/2007/08/29/choose-your-way/)

5) A Nation at Risk(1980년대)

1983년은 소련이 인공위성을 발사한 1957년과 유사한 점을 갖고 있는 해이다. 1957년에는 미국의 과학자와 기술자들이 우주 시대에 대비할 능력이 없음을 우려하였다면, 1983년에는 세계 경제에 대한 경쟁력의 우려에 따라 'A Nation at Risk' 보고서가 제출되었다. 이 보고서는 미국이 과학, 기술, 상업, 공업 분야에서 다른 나라에 자리를 빼앗길 것임을 경고하고, 그 증거로 학업성취도 점수의 국제간 비교와 미국 학생들의 SAT 점수 하락 자료를 제시하였다. 이 보고서는 교육 일반, 특히 과학교육에 많은 영향을 미쳤다. 예를 들어, 많은 주에서 졸업을 하기 위해서 과학을 더 많이 이수해야 한다는 법이 통과되었고, 학생들은 과학 실험활동에 많은 시간을 보내게 되었다.

[그림 3-12] A Nation at Risk 보고서와 레이건 대통령
(http://acs.lbl.gov/Seaborg.talks/unframed/presidents/22.html)

과학교육과 관련된 또 다른 보고서는 국립과학위원회(National Science Board)가 제출한 'Educating Americans for the 21st Century'이다. 이 보고서는 과학박물관 등을 이용하여 부모와 자녀가 과학과 관련된 취미를 갖거나 주말 또는 저녁 프로그램에 참여하는 등 비형식적인 과학교육을 장려하는 동시에 학교에서 수학, 과학, 기술 수업 시간을 늘리고, K-6에 매일 최소 30분 이상 과학수업을 실시할 것을 제안하였다. 또한 모든 학교는 학생들이 자신의 능력의 한계에 도달할 때까지 과학적 기술을 발달시킬 기회를 제공하고, 수준별 강의를 제공할 것을 천명했다. 그러나 이 보고서는 지나치게 국수주의적이며, 과학의 사회적 시사점과 일반교육에서 과학교육이 갖는 중요성을 간과하고 있다는 비판을 받았다. 또한 '교육은 기초로 돌아가야 한다.'는 이들의 주장은 21세기의 기초에는 읽기, 쓰기, 셈하기뿐 아니라 의사소통, 고차원적인 문제해결 기술, 과학적 · 기술적 소양 등이 포함되어야 한다는 점에서 보아도 한계가 있다. 그러나 이러한 비판에도 불구하고 이 보고서는 새로운 교육과정을 만들고 기금을 조성하는 원리로 사용되는 등 영향력을 행사했다. K-12의 과학 교육과정의 개혁과 관련한 제안은 다음과 같다.

〈표 3-2〉 Educating Americans for the 21st Century가 제시한 과학교육과정

대상	내용
K-6 (유 · 초등)	• 생물현상과 물리현상 간의 균형을 이루면서 자연환경의 현상을 강조 • 타 과목과의 통합 • 조작활동
7-8 (중학교)	• 청소년의 개인적 욕구와 관련된 생물학적, 화학적, 물리적 측면에 초점 • 질적 분석 기술의 발달을 강조 • 실험, 과학교과서, 지역사회 자원 등이 활용
9-12 (고등학교)	• 생물학 : 사회/환경 맥락에서 제시 건강, 영양, 환경관리와 인간의 적응 등의 주제 탐구중심 윤리적 판단을 포함한 생물사회학적 맥락에서 문제를 선택 • 화학 : 화학이 사회 및 인간과 갖는 관련성 강조 • 물리학 : 다양한 학생들을 위해 설계 학생의 사전 경험에 토대 • 9-11학년은 과학과 기술의 적용을 강조, 11-12학년은 진로준비 과정 제공

6) 모두를 위한 과학(2000~)

21세기로 진입함에 따라 과학교육의 목표는 다음과 같은 몇 가지 요인에 의해 영향을 받게 될 것이다.

• 다문화 교육 프로그램(Multicultural Education Programs)

이미 몇몇 주에서 다문화 교육이 2~3개의 단원이 아니라 전체 교육과정에 포함되는 프로그램으로 개발되었고, 다문화 환경에서 과학교육 프로그램을 개발하는 것을 목적으로 하는 프로젝트가 NSF의 지원을 받고 이루어지고 있다.

• 범세계적인 환경 이슈와 문제(Global Environmental Issues and Problems)

많은 학술회의에서 환경에 대한 주제나 환경 문제가 각 나라에 미치는 경제적 영향에 관한 주제가 다루어졌다. 과학 프로그램에도 공기오염, 지구온난화, 오존층 파괴, 숲 파괴 등과 같은 환경 이슈 등이 포함될 것이다.

• 과학-기술-사회의 상호관계(Science-Technology-Society Interface)

'과학-기술-사회'(Science-Technology-Society)[2]는 과학과 기술, 사회의 상호관련성을 학습함으로써 과학과 기술이 개인에게 미치는 영향에 초점을 두는 것이다. 예를 들어, 인터넷 게임 중독이나 유전자 조작 식품 문제 등을 학습자의 이해수준에 적합한 활동을 통해 제시하고, 이러한 사회적 이슈에 대해 토의하고 대처방안 및 문제해결 방안을 찾아보는 것이다.

• 핵심 개념과 개념적 주제(Key Concepts and Conceptual Themes)

Project 2061[3]은 과학 교과의 내용을 줄이고, 축소된 개념적 주제에 따라 교과를 조직할 것을 제안했다. 주제는 학문의 경계를 뛰어넘어 학문 간의 내용을 연계하는 특징을 갖고 있으므로 과학을 수학, 역사학, 경제학, 정치학, 언어학, 문학 등과 같은 분야와 연계하는 데 도움이 된다는 것이다.

• 학제 간 사고 및 계획(Interdisciplinary Thinking and Planning)

학문 분야에 걸친 사고를 연계하기 위해서 핵심 개념과 개념적 주제가 요구된다. 특히 과학이 시사성 있는 이슈와 관련 있을 때 학제 간 사고는 학생들이 과학 내용의 관련성을 이해하는 데 도움을 준다. 예를 들어, 스포츠 심리학은 생물학, 건강, 물리학을 연결할 뿐 아니라 과학을 경제학, 경영학, 스포츠와 연결해 준다.

---

2) 영국 과학철학자 Ziman이 처음 사용한 용어로, 구체적으로 과학이 학생들에게 어떠한 관련성이 있는지, 건강한 생활과 환경에 과학이 어떻게 기여할 수 있는지, 인간과 환경의 관계는 무엇인지, 과학이 인간을 위해 어떻게 봉사할 수 있는지 등의 질문과 관련된 개념이다.

3) 이 프로젝트는 핼리혜성이 지구 근처에 접근했던 1985년 시작되었는데, 당시 학교에 다니던 아동들이 핼리혜성이 다시 돌아오는 것을 볼 때를 실감하기 위해 Project 2061이라고 명명되었다.

심화 학습 과학-기술-사회의 상호관계

다음 주제들 중 영유아가 과학-기술-사회의 상호관계를 이해하는 데 적절한 것들을 선택하고 영유아 과학교육에 적용할 수 있는 방안을 생각해 보시오.

과학-기술-사회의 상호관계 (S-T-S)에 적합한 과학교육의 주제

- 대기오염

- 수질오염

- 지구온난화

- 황사

- 새집증후군

- 인간복제

- 유전자 조작식품

- 인스턴트 음식

- 컴퓨터, 인터넷, 휴대폰

- 인터넷 중독

- 음주운전

- 안전벨트

- 재활용

- 날씨

- 놀이공원

- 지문

3. 우리나라 영유아 과학교육의 발달 과정

우리나라에서는 미국의 과학교육 개혁운동의 영향을 받아 교육과정에 대한 연구가 이루어지면서 1969년 2월 10일자 문교부령 제207호로 고지된 별도의 유치원 교육과정을 제정하게 되었다. 이로부터 최근 개정된 제7차 유치원 교육과정까지 우리나라 영유아 과학교육의 목표와 내용의 변화를 살펴보면 다음과 같다(교육과학기술부, 2008; 김선혜, 1987).

1) 제1차 유치원 교육과정

1969년 공포된 제1차 유치원 교육과정은 건강, 사회, 자연, 언어, 예능 등 다섯 가지 생활 영역에 따라 내용을 편제하였다. 미국의 진보주의 교육과정의 영향을 받은 이 교육과정은 아동중심, 경험중심, 흥미중심, 생활중심 교육의 특성을 갖고 있으며, 다섯 가지 생활 영역의 목표 모두 습관과 태도 형성을 강조하고 있었다. 과학교육은 자연생활 영역에서 다루어지고 있었으며, 자연생활 영역은 다음과 같은 목표를 갖고 있었다.

- 동식물을 사랑하고 보호하는 마음씨와 태도를 기른다.
- 자연의 모습에 흥미와 관심을 가지게 하며 스스로 보고, 생각하고, 활용하는 능력과 태도를 기른다.
- 일상생활에 필요한 간단한 기능을 익혀 생활에 적응할 수 있도록 한다.

이러한 자연생활 영역의 목표는 미국 진보주의에 바탕을 둔 생활과학의 철학을 반영하고 있다. 자연생활 영역의 중 과학교육에 해당하는 자연 현상과 과학 생활의 지도 내용은 <표 3-3>과 같다.

〈표 3-3〉 1차 유치원 교육과정의 과학교육 내용

	구체적인 지도내용	분야
자연생활	• 동식물을 즐겨 기르고 가꾸기 • 동식물을 여러모로 관찰하기 • 자연의 여러 모습을 관찰하기 • 자연의 여러 사물(꽃, 나뭇잎, 돌 등)을 수집하여 정리하기	생명과학
	• 천체의 여러 모양을 관찰하기 • 계절의 변화에 대하여 알기	지구과학
과학생활	• 생활필수품의 성질과 용도를 알고 활용하기	물리과학

<표 3-3>과 같이 과학교육 내용은 생물 분야가 많은 비중을 차지하고 있었다. 또한 형식적 교육과정에 따른 지식과 기능의 습득을 목적으로 하는 전통적 과학교육과 달리, 제1차 교육과정은 학습자의 흥미를 중요시하고 실제적인 경험이나 문제에서 교육 내용을 선정하는 생활과학에 바탕을 두고 있다. 그러나 이러한 생활중심 과학교육은 유아의 심리적 접근에는 성공했으나 학습 내용이 체계화되지 못하여 시간 낭비를 가져왔고, 학습이 경험중심만으로 이루어져 계통성을 형성하지 못하고 개개의 단편적인 경험의 축적에 그쳤던 것으로 평가된다.

2) 제2차 유치원 교육과정(1979)

소련의 인공위성 발사 이후 나타난 학문중심 교육과정[4]의 세계적 추세와 국민교육헌장 정신의 구현이라는 필요에 따라 1979년 제2차 유치원 교육과정이 발표되었다. 생활중심에서 학문중심 교육과정으로 전환한 제2차 교육과정에는 인지발달을 강조하는 피아제(Piaget)와 몬테소리(Montessori)의 사상이 도입되어 논리·수학적 개념 형성, 표상 능력 등의 인지적 개념들이 첨가되었다. 또한 교육과정의 조직도 5개 생활 영역에서 사회·정서발달 영역, 인지발달 영역, 언어발달 영역, 신체발달 및 건강 영역 등 네 가지 발달 영역으로 변화하였다.

4) 초·중등학교의 교육과정은 이미 1973년에 학문중심 교육과정으로 개정되었다.

인지발달 영역의 목표 중 과학교육에 해당하는 것은 “사물, 자연 및 자연 현상에 대해 직접적으로 활동하게 함으로써 이들에 대한 기본 개념의 형성을 촉진하도록 한다”이다. 이는 과학적 태도 습득과 적응 기능을 강조하는 제1차 교육과정과 달리, 기본개념 형성에 초점을 둔 학문중심 교육과정의 특징을 반영하고 있다. 인지발달 영역의 지도내용은 자연과 사회현상에 관한 개념, 논리 · 수학적 사고에 관한 개념, 표상 능력 등으로 구분되는데, 이 중 과학교육 내용에 해당하는 자연 현상에 관한 부분을 제시하면 다음 <표 3-4>와 같다.

〈표 3-4〉 2차 유치원 교육과정의 과학교육 내용

	내용	분야
자연 현상에 관한 개념	• 생물과 무생물 구별하기 • 동식물의 이름과 성질 알기	생명과학
	• 물체의 이름과 성질 알기 • 빛과 그림자 이해하기	물리과학
	• 밤과 낮 구별하기 • 날씨의 변화 관찰하기 • 계절의 변화 이해하기 • 지구, 해, 달 및 별에 관해 이해하기	지구과학

<표 3-4>에 의하면, 과학교육 내용에는 지구과학 분야가 많은 비중을 차지하고 있다. 한편 생물 분야에 제시된 ‘생물과 무생물 구별하기’는 물활론적 사고를 갖고 있는 유아에게 적합하지 않은 내용으로 지적되기도 하였다.

3) 제3차 유치원 교육과정(1981)

제2차 유치원 교육과정의 개정 2년 만에 다시 개정, 공포된 제3차 교육과정은 이전과 달리 유치원에 한해서 이루어진 것이 아니라 처음으로 초 · 중등학교 교육과정 개정에 맞추어 상호연계성 속에서 함께 개정되었고, 한국교육개발원을 주축으로 여러 전문가들이 개발에 참여한 연구 · 개발형 교육과정의 특성을 갖고 있다. 또한 제3차 유치원 교육과정 이후의 교육과정은 그 전처럼 듀이의 진보주의나 피아제의 인지이론 등 어느 한 가지 이론의 영향을 받기보다는 아동중심 교육이론들의 장점을 전반적으로 참고하고 있다.

제3차 교육과정은 제2차 교육과정과 마찬가지로 발달영역별 편제를 따르고 있으나 사회·정서 발달을 사회성 발달과 정서 발달로 분리하여 5가지 발달영역으로 구성하였다. 인지발달 영역 중 과학교육 목표는 “직접 경험을 통하여 자연현상에 관한 기본개념을 알게 한다”로서, 학문중심 교육과정의 영향을 받은 제2차 교육과정의 목표와 유사하다. 인지발달 영역 중 과학교육 내용에 해당하는 것은 다음과 같다.

〈표 3-5〉 3차 유치원 교육과정의 과학교육 내용

<table>
<tr><th></th><th>내용</th><th>분야</th></tr>
<tr><td rowspan="3">자연 현상에 관한 개념</td><td>• 우리 몸 각 부분의 이름과 기능 알기
• 동식물의 이름과 특징 알기
• 생물과 무생물 구별하기</td><td>생명과학</td></tr>
<tr><td>• 주변의 여러 가지 물체의 이름 알기
• 물체의 형태, 색깔, 질감 등의 성질 알기
• 물체의 운동 알기
• 빛과 그림자 알기</td><td>물리과학</td></tr>
<tr><td>• 낮과 밤 구별하기
• 계절과 날씨 알기
• 해, 달, 별 알기
• 들, 산, 강, 바다 알기</td><td>지구과학</td></tr>
</table>

<표 3-5>와 같이, 과학교육 내용은 종래와 달리 과학의 각 분야에서 많은 내용을 다루고 있고, 이는 특히 물리과학 분야에서 더욱 두드러진다. 한편 제2차 교육과정과 마찬가지로 생물 분야에서 유아의 인지발달에 적합하지 않은 내용(생물과 무생물 구별하기)이 있다. 전반적으로 제3차 교육과정에서 과학교육은 기본개념 형성과 탐구방법 습득을 강조한 학문중심 교육과정에서 벗어나고 있지 않다고 평가된다. 그러나 이러한 과학교육 내용이 초등학교 수준보다 높으

며, 포괄적으로 진술되어 있어서 일반 유치원에서 초등학교 고학년의 교육 내용까지 가르치는 사례가 있었고 연계성 문제가 지적되기도 하였다.

4) 제4차 유치원 교육과정(1987)

1987년의 제4차 유치원 교육과정은 주기적인 교육과정 개정의 필요와 시대적·사회적 변화에 따른 개정의 요구, 유치원 운영상 나타나는 문제점 등으로 인하여 이루어졌다. 이러한 요구들은 제3차 교육과정의 기본 입장이나 교육 목표 또는 체제 자체를 전부 바꿔야 할 정도는 아니었으므로 제4차 교육과정은 부분 개정의 성격을 갖고 있다. 그러나 기존과 같이 신체, 언어, 인지, 정서, 사회성 발달 영역으로 편성하고 있지만 영역별 목표에 내용영역을 제외하고 목표수준으로 전환시켰다는 점에서 차이가 있다. 이는 제3차 교육과정의 영역별 내용 명시가 통합적 구성에 대한 시사가 약하고 자칫 교과로 인식될 여지가 있다는 판단과 현장에 교육활동 선정에 대한 재량권을 부여하기 위함이었다. 인지발달 영역에서 과학교육에 해당하는 목표는 "구체적 경험을 통하여 자연 현상에 관한 기본 개념을 안다"이며, 과학교육 내용은 다음과 같다.

〈표 3-6〉 4차 유치원 교육과정의 과학교육 내용

하위 목표	분야
• 우리 몸 각 부분의 기능 알기 • 동식물의 특징과 생활 알기 • 생물과 무생물 구별하기	생명과학
• 주변의 여러 가지 물체의 성질 알기	물리과학
• 자연 현상을 관찰하고 그 변화 알기	지구과학

<표 3-6>과 같이 과학교육에 해당하는 하위목표는 생명과학, 물리과학, 지구과학 분야를 모두 다루고 있으나 포괄적이고 기본적인 목표만을 제시하여 현장의 재량권이 발휘될 수 있는 구체적인 학습활동은 교육과정 해설서에 의존할 수밖에 없었던 것으로 평가된다.

5) 제5차 유치원 교육과정(1993)

1993년의 제5차 유치원 교육과정은 한국유아교육학회가 개발의 책임을 맡았으며 이전보다 사회적 요구가 많이 반영된 것이 특징이다. 교육법 개정으로 1992년부터 만 3세 유아의 유치원 취원이 합법화되었고, 이에 따라 교육과정의 내용이 수준 Ⅰ과 Ⅱ로 구분되어 제시되었다. 교육과정 영역은 제2~4차 교육과정과 달리, 건강, 사회, 표현, 언어, 탐구 생활의 5개 생활 영역으로 편성되었다. 또한 인지발달 영역을 탐구생활 영역으로 표현하면서 '과학적 사고'를 하위 영역으로 처음 명시하였다. 탐구생활 영역은 '과학적 사고'와 '논리 · 수학적 사고', '창의적 사고' 등의 하위 영역으로 구성되며, 과학적 사고의 목표는 "주변 환경과 자연 현상에 대한 과학적 사고의 기초능력과 태도를 기르게 한다"이며, 내용은 다음과 같다.

〈표 3-7〉 5차 유치원 교육과정의 과학교육 내용

	내용	분야
과학적 사고	• 물체의 성질 탐색하기 • 물질의 변화 과정 관찰하기 • 물체의 움직임 관찰하기	물리과학
	• 우리 몸에 대해 관심가지기 • 생물에 대해 관심가지기	생명과학
	• 주변 환경에 대해 관심가지기 • 자연 현상 관찰하기	지구과학

<표 3-7>과 같이 생명과학 분야에서 유아의 인지발달에 적합지 않다고 지적되었던 생물과 무생물 구별하기가 제외되었다. 또한 교육 내용이 종전의 '~을 알기'에서 '~탐색하기', '관심 가지기', '~관찰하기'로 변화된 특징이 있다.

6) 제6차 유치원 교육과정(1998)

제6차 유치원 교육과정에서 과학교육 내용은 탐구생활 영역의 하위 영역 '과학적 탐구'에 제시되어 있다. 즉, 제5차 교육과정의 '과학적 사고'를 '과학적 탐구'로 명칭을 수정함으로써 유아의 능동적인 탐구 과정을 강조하고 있다. '과학적 탐구'의 목표는 "일상생활에서 부딪히는 문제를 창의적으로 탐구하고 다양한 방법으로 해결하려는 태도를 기른다"로서, 탐구를 수단으로 하여 사고 능력과 문제해결 능력을 기르는 것이 목표였던 제5차 교육과정과 달리 제6차 교육과정에서는 탐구 그 자체가 목표로 설정되었다. '과학적 탐구'의 내용은 다음과 같다.

〈표 3-8〉 6차 유치원 교육과정의 과학교육 내용

	내용	분야
과학적 탐구	• 우리 몸에 대하여 알아보기 • 생물에 대하여 관심 가지기	생명과학
	• 자연 현상에 대하여 알아보기	지구과학
	• 물체와 물질 탐색하기 • 도구와 기계에 관심 가지기	물상과학

<표 3-8>에 나타난 바와 같이 제6차 교육과정은 제5차 교육과정 교육 내용 중 주변 환경에 대한 관심을 탐구생활 영역에서 제외하여 사회생활 영역으로 이동시켰다. 또한 제5차 교육과정의 물체의 성질, 변화 과정, 움직임 등의 내용을 하나로 통합하고, 도구와 기계 내용을 새로이 추가하였다.

7) 제7차 유치원 교육과정(2007)

사회 변화에 부응하기 위한 주기적인 교육과정 개정의 필요성과 유치원 공교육화 및 학제 개편 논의 등의 시대적 · 사회적 요구 상황에 따라 2007년 개정 유치원 교육과정이 발표되었다. 2007년 개정 유치원 교육과정의 탐구생활 영역은 자연을 소중하게 여기며 창의적으로 탐구하고 논리적으로 문제를 해결하기 위한 기초 소양을 기르는 것에 중점을 두고 있다. 특히 탐구생활 영역의 기본 방향이 올바로 실천될 수 있도록 '탐구하는 태도 기르기'를 하나의 내용 영역으로 분리하여 강조하고자 하였다. 제6차 유치원 교육과정의 '창의적 탐구'에 제시된 내용은 탐구생활 영역뿐 아니라 모든 영역에서 다루어져야 할 내용이기 때문에 2007년 개정 유치원 교육과정에서는 독립된 내용으로 다루지 않았다. 이와 함께 '과학적 탐구'가 '과학적 기초능력 기르기'로, '수학적 탐구'가 '수학적 기초능력 기르기'로 명칭의 수정이 이루어졌다.

2007년 개정 유치원 교육과정의 탐구생활은 '자연을 존중하고, 창의적으로 탐구하며, 논리적으로 문제를 해결하기 위한 기초 소양을 기른다'를 일반 목표로 하면서, '탐구하는 태도 기르기', '과학적 기초 능력 기르기', '수학적 기초 능력 기르기' 등 세 가지 내용에 따라 다음과 같은 하위 목표를 지닌다.

- 사물과 자연 현상에 대해 호기심을 가지고 지속적으로 탐구하는 태도를 기른다.
- 사물과 자연 현상에 대한 기초 지식을 이해하고 탐구하는 능력을 기른다.
- 생활 주변의 문제를 논리, 수학적으로 해결하기 위한 기초 능력을 기른다.

'탐구하는 태도 기르기', '과학적 기초 능력 기르기'의 수준별 내용은 다음의 <표 3-9>와 같다.

〈표 3-9〉 2007년 개정 유치원 교육과정의 과학교육 내용

<table>
<tr><th>내용</th><th>하위 내용</th><th>I</th><th>II</th></tr>
<tr><td rowspan="4">탐구하는 태도 기르기</td><td rowspan="2">사물과 현상에 지속적인 관심 가지기</td><td>· 생활 주변의 사물과 현상에 대해 호기심을 가진다.</td><td>· 궁금한 점에 대해 지속적으로 관심을 가진다.</td></tr>
<tr><td colspan="2">· 과학이나 수학에 대한 탐구 이야기에 관심을 가진다.</td></tr>
<tr><td rowspan="2">탐구과정 즐기기</td><td>· 궁금한 점을 알 수 있는 방법을 궁리한다.</td><td>· 내가 궁리한 방법대로 해 본다.</td></tr>
<tr><td>· 다른 사람과 함께 탐구과정에 참여한다.</td><td>· 나의 생각이 다른 사람과 다를 수 있음을 안다.</td></tr>
<tr><td rowspan="14">과학적 기초 능력 기르기</td><td rowspan="3">물체와 물질에 대해 알아보기</td><td colspan="2">· 친숙한 물체의 특성을 다양한 방법으로 탐색한다.</td></tr>
<tr><td colspan="2">· 물체와 물질을 변화시킬 수 있는 다양한 방법을 탐색한다.</td></tr>
<tr><td>· 물체와 물질의 변화에 관심을 가진다.</td><td>· 물체와 물질의 변화 과정을 알아본다.</td></tr>
<tr><td rowspan="4">생명체와 자연환경 소중하게 여기기</td><td>· 나의 몸에 대해 관심을 가진다.</td><td>· 나의 출생과 성장에 대해 알아본다.</td></tr>
<tr><td>· 주변의 동식물에 관심을 가진다.</td><td>· 관심 있는 동식물의 특성을 알아본다.</td></tr>
<tr><td>· 주변의 모든 생명체를 존중하고 돌보는 마음을 가진다.</td><td>· 생명체는 서로 함께 살아가는 것임을 안다.</td></tr>
<tr><td></td><td>· 생명체가 살아가기에 좋은 환경에 대해 알아본다.</td></tr>
<tr><td rowspan="3">자연 현상에 대해 알아보기</td><td colspan="2">· 생활 주변의 자연물(돌, 물, 흙 등) 탐색을 즐긴다.</td></tr>
<tr><td>· 자연물의 상태와 변화에 관심을 가진다.</td><td>· 자연물의 상태와 변화를 관찰한다.</td></tr>
<tr><td>· 낮과 밤, 계절의 변화에 관심을 가진다.</td><td>· 낮과 밤, 계절의 변화와 규칙성을 알아본다.</td></tr>
<tr><td rowspan="4">간단한 도구와 기계 활용하기</td><td colspan="2">· 관심 있는 도구나 놀잇감을 여러 가지 방법으로 만들고 즐긴다.</td></tr>
<tr><td>· 도구와 기계의 편리함에 관심을 가진다.</td><td>· 편리한 물건이 때로는 해가 될 수 있음을 안다.</td></tr>
<tr><td colspan="2">· 생활 속에서 간단한 도구와 기계를 활용한다.</td></tr>
<tr><td></td><td>· 우리 전통사회에서 발명된 도구와 기계에 관심을 가진다.</td></tr>
</table>

2007년 개정 유치원 교육과정에서는 자연을 단순히 탐구의 대상으로 생각하는 것을 넘어서서 과학의 가치나 본질을 이해해야 한다는 관점에서 제6차 유치원 교육과정에서 '우리 몸'과 '생물'로 나뉘어 있던 것을 <표 3-9>와 같이 '생명체'로 묶고 '생명체와 자연환경 소중하게 여기기'로 하여 자연의 가치를 인식하고 인간과 자연, 자연물 간의 관계를 이해하고 공존을 위한 태도와 소양을 기르도록 하였다. 또한 6차 교육과정에서 5가지 하위 내용 중 4번째로 제시되었던 '물체와 물질'이 첫 번째 내용으로 등장했으며, 자연 현상의 변화와 규칙성의 이해가 강조되고, 도구와 기계의 이로움뿐 아니라 역기능이 추가되었다.

8) 3~5세 연령별 누리과정

유치원과 어린이집으로 이원화되어 있던 교육·보육과정을 통합하여 교육의 질을 제고하고, 생애 초기 출발점상에서 평등을 보장하기 위해 2011년 7월 '누리과정'이라는 공통과정이 명칭 공모를 통해 발표되었다. 5세 누리과정은 2012년 3월부터, 3~4세 누리과정은 2013년 3월부터 시작되었다(교육과학기술부 · 보건복지부, 2019b).

3~5세 연령별 누리과정에서 과학교육과 관련된 영역은 자연탐구 영역이다. 자연탐구영역은 영유아가 자신을 둘러싸고 있는 주변 세계에 대해 호기심을 가지고 궁금한 점을 해결하기 위해 탐구하며, 일상에서 마주하게 되는 현상이나 문제를 해결하는 과정을 통해 수학적·과학적으로 사고하는 기초 능력과 태도를 기르기 위한 영역이다(교육과학기술부 · 보건복지, 2019a). 자연탐구 영역은 '탐구하는 태도 기르기', '수학적 탐구하기', '과학적 탐구하기'의 3가지 내용 범주로 구성되어 있고, 각기 다음과 같은 하위 목표를 지닌다.

- 주변의 사물과 자연 세계에 대해 알고자 하는 호기심을 가지고 탐구하는 태도를 기른다.
- 생활 속의 여러 상황과 문제를 논리·수학적으로 이해하고 해결하기 위한 기초 능력을 기른다.

- 주변의 관심 있는 사물과 생명체 및 자연 현상을 탐구하기 위한 기초능력을 기른다.

이 중 과학교육과 관련된 내용 범주는 '탐구하는 태도 기르기', '과학적 탐구하기'이며, 연령별 내용은 다음과 같다.

〈표 3-10〉 누리과정의 과학교육 내용

<table>
<tr><th rowspan="2">내용 범주</th><th rowspan="2">내용</th><th colspan="3">세부 내용</th></tr>
<tr><th>3세</th><th>4세</th><th>5세</th></tr>
<tr><td rowspan="4">탐구하는 태도 기르기</td><td>호기심을 유지하고 확장하기</td><td>주변 사물과 자연세계에 대해 호기심을 갖는다.</td><td>주변 사물과 자연세계에 대해 지속적으로 호기심을 갖는다.</td><td>주변 사물과 자연세계에 대해 지속적으로 호기심을 갖고 알고자 한다.</td></tr>
<tr><td rowspan="2">탐구과정 즐기기</td><td>궁금한 점을 알아보는 과정에 흥미를 갖는다.</td><td>궁금한 점을 알아보는 탐구과정에 관심을 가지고 참여한다.</td><td>궁금한 점을 알아보는 탐구과정에 참여하고 즐긴다.</td></tr>
<tr><td></td><td></td><td>탐구과정에서 서로 다른 생각에 관심을 갖는다.</td></tr>
<tr><td>탐구기술 활용하기</td><td></td><td>일상생활의 문제를 해결하는 과정에서 탐색, 관찰 등의 방법을 활용해 본다.</td><td>일상생활의 문제를 해결하는 과정에서 탐색, 관찰, 비교, 예측 등의 탐구기술을 활용해 본다.</td></tr>
<tr><td rowspan="2">과학적 탐구하기</td><td rowspan="2">물체의 물질 알아보기</td><td>친숙한 물체와 물질의 특성에 관심을 갖는다.</td><td>친숙한 물체와 물질의 특성을 알아본다.</td><td>주변의 여러 가지 물체와 물질의 기본 특성을 알아본다.</td></tr>
<tr><td></td><td>물체와 물질을 여러 가지 방법으로 변화시켜 본다.</td><td>물체와 물질을 여러 가지 방법으로 변화시켜 본다.</td></tr>
</table>

<table>
<tr><th rowspan="2">내용 범주</th><th rowspan="2">내용</th><th colspan="3">세부 내용</th></tr>
<tr><th>3세</th><th>4세</th><th>5세</th></tr>
<tr><td rowspan="10">과학적 탐구하기</td><td rowspan="4">생명체와 자연환경 알아보기</td><td>나의 출생과 성장에 대해 관심을 갖는다.</td><td>나의 출생과 성장에 대해 관심을 갖는다.</td><td>나와 다른 사람의 출생과 성장에 대해 알아본다.</td></tr>
<tr><td>주변의 동식물에 관심을 가진다.</td><td>관심 있는 동식물의 특성을 알아본다.</td><td>관심 있는 동식물의 특성과 성장 과정을 알아본다.</td></tr>
<tr><td>생명체를 소중히 여기는 마음을 갖는다.</td><td>생명체를 소중히 여기는 마음을 갖는다.</td><td>생명체를 소중히 여기는 마음을 갖는다.</td></tr>
<tr><td></td><td>생명체가 살기 좋은 환경에 대해 관심을 갖는다.</td><td>생명체가 살기 좋은 환경과 녹색환경에 대해 알아본다.</td></tr>
<tr><td rowspan="3">자연 현상 알아보기</td><td>돌, 물, 흙 등 자연물에 관심을 갖는다.</td><td>돌, 물, 흙 등 자연물의 특성과 변화를 알아본다.</td><td>돌, 물, 흙 등 자연물의 특성과 변화를 알아본다.</td></tr>
<tr><td rowspan="2">날씨에 관심을 갖는다.</td><td rowspan="2">날씨와 기후변화에 관심을 갖는다.</td><td>낮과 밤, 계절의 변화와 규칙성을 알아본다.</td></tr>
<tr><td>날씨와 기후변화 등 자연 현상에 대해 관심을 갖는다.</td></tr>
<tr><td rowspan="2">간단한 도구와 기계 활용하기</td><td>생활 속에서 간단한 도구와 기계에 관심을 갖는다.</td><td>생활 속에서 간단한 도구와 기계를 활용한다.</td><td>생활 속에서 간단한 도구와 기계를 활용한다.</td></tr>
<tr><td>도구와 기계의 편리함에 관심을 갖는다.</td><td>도구와 기계의 편리함에 관심을 갖는다.</td><td>변화하는 새로운 도구와 기계에 관심을 갖고 장단점을 안다.</td></tr>
</table>

9) 2019 개정 누리과정

2017년 12월 교육부에서는 국정과제 구현과 출발선 평등 실현을 위해 '영유아 교육 혁신방안'을 발표하였다. '영유아교육 혁신방안'의 주요 내용으로 '영유아가 중심이 되는 놀이 위주의 교육과정 개편'이 명시되었다. 이에 영유아 · 놀이 중심 교육과정 개편 방향을 반영하여 2019년 7월, 2019 개정 누리과정이 고시되었다. 2019 개정 누리과정은 유치원과 어린이집에 다니는 3~5세 영유아에게 공통으로 적용되는 교육과정으로 2020년 3월부터 시행된다.

2019 개정 누리과정의 주요 변화 내용은 3~5세 연령별 누리과정에서 제시하였던 369개의 세부 내용은 총 59개의 내용으로 간략화되고, 영유아가 경험해야 할 내용이 연령 구분 없이 제시되었다. 또한 놀이 중심 교육과정의 실행을 어렵게 했던 고시문의 세부 지침 등을 간략화함으로써 교사가 좀 더 자율성을 가지고 영유아 · 놀이 중심교육과정을 실천할 수 있도록 돕고자 하였다.

2019 개정 누리과정에서 과학교육과 관련된 영역은 자연탐구 영역이다. 자연탐구 영역은 탐구과정 즐기기, 생활 속에서 탐구하기, 자연과 더불어 살기 등 3가지 내용 범주와 3가지 하위 목표를 갖는다.

- 일상에서 호기심을 가지고 탐구하는 과정을 즐긴다.
- 생활 속의 문제를 수학적, 과학적으로 탐구한다.
- 생명과 자연을 존중한다.

3가지 내용 범주 중에 과학교육과 관련된 것은 탐구과정 즐기기와 자연과 더불어 살기이다.

탐구과정 즐기기는 영유아가 주변 세계와 자연에 대해 호기심을 가지고 즐겁게 탐색하는 모습을 반영하여 제시하였다. 자연과 더불어 살기는 영유아가 생명과 자연환경의 소중함을 경험하는 내용으로 새롭게 편성한 것으로 기존 누리과정에서 사회관계 영역의 세부내용인 '자연과 자원을 아끼는 습관을 기른다'와 자연탐구 영역의 내용인 '생명체와 자연환경 알아보기'와 '자연 현상 알아보기'

의 세부내용들을 종합하여, 지속 가능한 사회를 위한 삶의 태도를 형성하는 내용으로 구성되었다.

이 두 내용 범주의 내용은 연령 구별 없이 <표 3-11>과 같다.

〈표 3-11〉 2019 개정 누리과정의 과학교육 내용

내용 범주	내용
탐구과정 즐기기	• 주변세계와 자연에 대해 지속적으로 호기심을 가진다. • 궁금한 것을 탐구하는 과정에 즐겁게 참여한다. • 탐구과정에서 서로 다른 생각에 관심을 가진다.
자연과 더불어 살기	• 주변의 동식물에 관심을 가진다. • 생명과 자연환경을 소중히 여긴다. • 날씨와 계절의 변화를 생활과 관련짓는다.

4장 영유아 과학교육의 이론적 배경

본 장에서는 영유아의 과학 지식의 습득 과정에 대한 이해와 효과적인 과학교육을 위한 이론적인 근거를 제공해 주는 피아제(Piaget)와 브루너(Bruner), 비고스키(Vygotsky) 등 대표적인 세 학자의 이론을 소개하기로 한다.

1. 피아제

[그림 4-1] 피아제

생물학, 철학, 사회학, 심리학, 종교학, 논리학 등 다양한 학문에 관심이 있던 피아제(Piaget, 1896~1980)는 비네 연구소에서 지능 검사를 연구하면서 영유아의 사고 과정이 성인과는 질적으로 다름에 관심을 갖게 되었다. 또한 그는 자신의 세 자녀를 비롯한 영유아들의 관찰과 면담을 통하여 개인적 구성주의(personal constructionism)를 주창했다. 개인적 구성주의는 아이들은 출생시부터 자신을 둘러싼 세계에 대해 의미를 구성하려고 하며, 이러한 과정은 평생 계속된다고 보는 입장으로서

(Campbell, et al., 2017) 현대 영유아과학교육에 지대한 영향을 끼쳤으며, 많은 과학교육 프로그램의 이론적 토대가 되었다.

1) 주요 개념

(1) 인지발달 단계

피아제는 인간은 경험을 바탕으로 이해를 하며, 이전에 했던 경험과 연결되는 더 많은 경험이 제공될 때 더 잘 이해할 수 있다고 보았다. 그는 이러한 인지구조를 도식(scheme)이라고 불렀다(Campbell et al., 2017). 즉, 인지구조 또는 도식은 사물이나 사건을 이해하는 틀이라고 할 수 있는데, 기존의 구조를 변화시키지 않고 새로운 사물이나 사건을 해석할 수 있을 때를 동화(assimilation)라고 한다. 예를 들어, 양쪽에 같은 무게가 있을 때 양팔저울이 균형을 이룬다는 지식을 시소를 타는 새로운 상황에도 적용하여 몸무게가 비슷한 영유아끼리 함께 탄다면 동화로 볼 수 있다. 그러나 한 영유아는 시소 맨 왼쪽 칸에 앉았지만 다른 영유아는 시소 맨 오른쪽 칸이 망가져서 한 칸 앞에 앉아야 할 경우에는 기존의 인지구조로는 이러한 새로운 상황을 동화시킬 수 없다. 따라서 이들은 기존의 인지구조('무게가 같으면 균형을 이룬다.')를 '균형은 무게 외에 거리와도 관계가 있다'로 수정해야 하는데, 이러한 과정을 조절(accommodation)이라고 한다. 이와 같

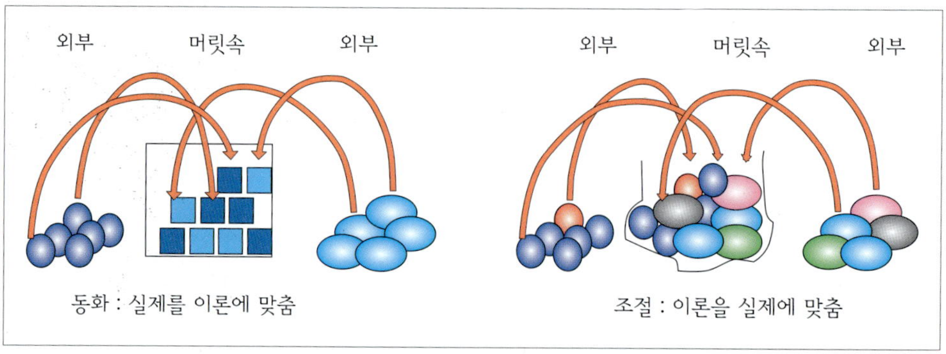

[그림 4-2] 동화와 조절(http://www.learningandteaching.info)

이 인지구조에 양적 변화를 가져다주는 동화와 인지구조의 질적 변화를 일으키는 조절 과정이 반복해서 일어남으로써 영유아의 부정확한 인지구조는 성인과 같은 인지구조로 발달하게 된다.

또한 피아제에 의하면, 인지구조의 질적 변화에 따라 인지발달은 다음과 같은 4가지 단계를 보인다. 인지발달의 첫 번째 단계인 감각운동기(sensori-motor stage, 0~2세)는 언어적 의사소통이 개시되기 이전으로 감각과 운동을 통해 환경을 이해하고 적응하는 시기이다. 두 번째 단계인 전조작기(pre-operational stage, 2~7세)가 되면 사물이나 행동을 표상하고 상징을 사용하는 능력이 발달하며, 언어의 습득이 급속하게 이루어진다. 이 시기를 전조작기라고 부르는 이유는 정신적 표상에 의한 사고가 가능하긴 하지만, 아직 논리적 조작 능력이 충분히 발달하지 못했기 때문이다. 즉, 이 단계 영유아는 자아중심성, 직관적 사고, 물활론, 인공론 등 비논리적인 사고 특성을 갖고 있다. 초등학교 시기에 해당하는 구체적 조작기(concrete operational stage, 7~12세)에는 자아중심성이 사라지고 사고를 논리적으로 조작할 수 있게 된다. 예를 들어, 두 컵에 같은 양의 물이 있을 때 [그림 4-3]과 같이 한 컵의 물을 높이는 낮고 폭은 넓은 컵에 옮겨 붓는 보존개념 실험에서 전조작기 영유아는 물의 양이 달라졌다고 말한다. 그러나 구체적 조작기 아동은 물의 양은 그대로라고 대답하는데, 이는 물의 높이가 낮아진 대신 폭은 넓어졌으므로 결국 마찬가지라는 보상성(compensation), 물을 더 넣거나 빼지 않았고 그대로 넣었다는 동일성(identity), 물을 원래의 컵에 다시 부으면 원상복

[그림 4-3] 보존개념이 없는 전조작기 영유아

귀할 것이라는 가역성(reversibility) 등에 의한 것이다. 또한 구체적 조작기 아동은 보존개념 외에도 분류하기, 순서짓기 등의 논리적 조작을 할 수 있다. 그러나 이러한 조작의 대부분은 아동이 직접적 경험을 함으로써 가능하거나 지각의 한계에 제한된 개념들에 묶여 있다. 마지막으로 형식적 조작기(formal operational stage, 12세 이후)가 되면 논리적 사고가 구체적이고 관찰 가능한 것에 한정되지 않고 추상적 사고를 할 수 있게 된다.

(2) 물리적 지식, 논리·수학적 지식, 사회적 지식

피아제는 지식을 물리적 지식, 논리 · 수학적 지식, 사회적 지식 등 세 가지 유형으로 나누어 보았다. 물리적 지식은 외관상으로 나타난 물체에 대한 지식을 말한다. 예를 들어, '이 물고기는 빨갛다'와 같은 물리적 지식은 관찰을 통해 습득되며, 물체 자체에 지식의 근원이 있다. 따라서 물리적 지식을 학습하기 위해서는 영유아에게 그 물체를 직접 보거나 듣고 만지고 그 변화를 관찰할 수 있는 다양한 기회를 제공해야 한다.

논리 · 수학적 지식은 '물고기는 동물의 일종이다'나 '빨간 물고기는 까만 물고기와 다르다'와 같이 사물과 사물의 관계에 대한 지식이다. 물고기가 동물이라는 것은 물고기 자체만 보아서는 알 수 없으며, 영유아가 머릿속에서 물고기와 동물의 포함관계를 떠올림으로써 파악된다. 물고기 색의 차이도 빨간 물고기나 까만 물고기 각각에 존재하는 것이 아니라 영유아가 두 물고기를 색에 따라 비교함으로써 구성되는 지식이다. 더욱이 색이 아니라 크기에 따라 물고기를 비교한다면 '두 물고기는 같다'고 볼 수 있다. 따라서 논리 · 수학적 지식의 근원은 물체 그 자체에 있는 것이 아니라 물체와 물체를 관계 짓는 영유아 자신에 있다.

물리적 지식이 사물에 대한 신체적 행동을 수반하는 반면 논리 · 수학적 지식은 정신적 활동을 요구한다. 그러나 이 두 지식은 밀접한 관련이 있다. 예를 들어, 빨간 물고기와 까만 물고기의 색깔(물리적 지식)을 각기 관찰하지 못하면, 두 물고기의 차이(논리 · 수학적 지식)도 구성할 수 없다. 또한 빨간색을 다른 모든 색깔과 구별하는 분류 능력(논리 · 수학적 지식)이 없이는 그 물고기가 빨간

색(물리적 지식)이라는 사실을 알아낼 수 없다. 따라서 논리 · 수학적 지식을 습득하기 위해서는 영유아가 실제 물체를 다루어 볼 수 있도록 해야 한다.

마지막으로 사회적 지식은 성인(예 교사, 부모)의 직접적인 가르침, 즉 사회적 전달에 의해서 얻어지는 지식을 말한다. 사회적 지식은 영유아 외부에 지식의 근원이 있으며, '어린이날은 5월 5일이다'와 같이 대개 사람이 정한 것이라는 특징이 있다. 5월 5일이 다른 날들과 어떻게 틀리는가에 대해서는 아무런 물리적 · 논리적 이유가 없다.

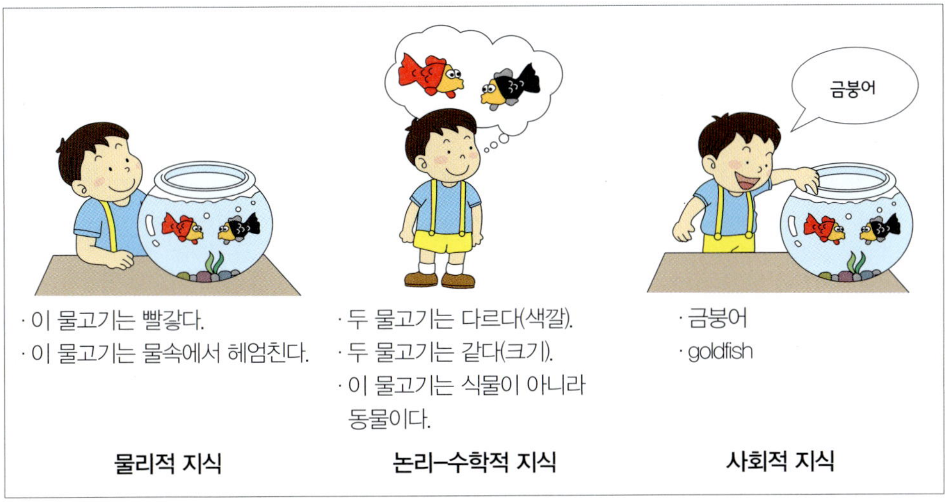

[그림 4-4] 지식의 세 가지 유형

〈표 4-1〉 지식의 유형에 따른 영유아 과학교육 사례

물리적 지식	논리 · 수학적 지식	사회적 지식
• 나무는 물에 뜨고, 돌은 가라앉는다. • 잘 익은 바나나는 노란색이며 독특한 냄새가 난다. • 식초에 베이킹소다를 넣으면 거품이 생긴다. • 비밀상자의 촉감과 소리	• 공을 바닥에 세게 칠수록 공은 높이 튀어 오른다. • 세게 밀수록 추가 빨리 움직인다. • 물의 온도가 높을수록 물질을 더 빨리 녹인다. • 이에 해로운 음식과 이로운 음식을 분류하기	• 실험결과를 그래프로 만들고 해석하기 • 도구의 이름 • 도구의 사용 방법 • 동물 및 식물의 이름

2) 과학교육 내용

인지발달 단계를 중요시한 피아제는 교육은 발달을 촉진할 수 없으며, 발달 수준 이상의 내용은 학습이 이루어질 수 없다고 주장했다. 이는 영유아가 학습할 수 있고 학습해야 하는 내용을 결정할 때에는 이들의 사전 경험이나 학습 상황, 심지어는 흥미도 인지발달 수준보다 우선시할 수 없음을 시사한다. 이와 같이 감각운동기, 전조작기, 구체적 조작기, 형식적 조작기 등 4가지 인지발달 단계에 맞는 과학 개념을 제시해야 한다는 피아제의 입장은 오늘날 영유아 과학교육과정의 내용 기준을 결정하는 데 많은 영향을 미쳤다.

한편 이러한 피아제의 견해에 대해서는 오늘날 논란이 많다. 예를 들어, 피아제 실험에서 전조작기 영유아가 보존개념이 없는 것으로 나타난 것은 기억력이나 언어적 이해력 부족 때문이므로 실험 상황을 쉽게 만들면 전조작기 영유아도 보존 과제를 수행할 수 있다는 것이다. 또한 많은 교사들은 취학 전 교육을 많이 받았거나 가정에서 부모가 많이 가르친 영유아는 피아제가 말한 것보다 더 어린 연령에서도 과제를 수행하는 것으로 관찰된다고 말한다. 그럼에도 불구하고 피아제의 이론은 오늘날 영유아교육의 학계와 현장에서 굳건한 토대를 이루고 있다(Smith, 1997).

3) 과학교육 방법

피아제는 학습에 대한 최종 책임은 교사가 아닌 학습자 자신에게 있다고 보았다. 이와 같이 지식을 구성하는 능동적인 존재로서 영유아와 환경 간의 상호작용을 중요시한 피아제의 이론은 행동주의 이론에 기초한 교수법에 대한 비판을 낳았다(Campbell et al., 2017). 피아제에 의하면, 영유아는 타고난 과학자에 비유될 만큼 선천적으로 호기심과 탐구심이 많은 존재로 학습이 그 자체의 보상이 될 수 있으므로 교사주도적인 교수법은 적절치 않다. 특히 논리-수학적 지식은 지식의 특성상 학습지나 지필식(paper and pencil) 학습 방식은 바람직하지 않으며, 구체적인 조작을 통한 활동에 의해 학습되어야 한다.

이러한 입장에서 피아제는 영유아 과학교육의 목적을 영유아가 탐구와 실험 및 토의를 통해 스스로 의미를 구성해 가는 것에 두었다. 한편, 여기에서 피아제가 말하는 실험은 단순히 물체를 만져 보거나 주어진 절차를 그대로 따라해 보는 것과는 다른 개념이다. 예를 들어, 교사나 교과서의 지시에 따라 차례로 물질을 섞고 그 결과를 관찰하는 것은 교사의 언어적 설명이나 교과서의 암기를 통해 학습하는 것보다는 효과적이지만 진정한 의미의 실험이라고 할 수는 없다. 진정한 의미의 실험은 영유아가 계획 및 준비 단계에서부터 참여하여 활동 진행 중에 자유롭게 자신의 생각을 반영하고 조작하는 것을 의미한다. 즉, 실험에는 신체적 조작(hands-on)과 더불어 정신적인 활동(minds-on)이 함께 일어나야 한다. 따라서 피아제의 입장에서 교사의 역할은 과학적 지식을 설명하거나 시범하는 전달자의 역할이 아니라, 영유아가 활동에 직접 참여하여 지식을 구성해 낼 수 있도록 도와주고 지지적인 환경을 조성하는 안내자 역할과 자원제공자의 역할이 강조된다.

· · 사례 · · **피아제식 영유아 과학교육**

다음은 대표적인 피아제식 영유아교육 프로그램으로 불리는 까미(Kamii)와 드브리스(DeVries)의 물리적 지식활동의 예이다.

교사는 탁구공을 반으로 잘라서 그 안에 찰흙을 채워 넣고 찰흙에 막대기를 끼워 인형처럼 장식한 것을 영유아들에게 보여 주었다. 교사는 그것을 옆으로 굴리면 항상 다시 일어나는 것을 보여 주었다. 영유아들은 이 놀잇감에 매력을 느꼈고 열심히 자기 것을 만들기 시작했다. 한 영유아가 막대기를 중간에 세우는 것에 실패해서 인형이 서 있지 못했다. 나는 다음과 같이 질문하여 도와주었다. “인형이 서 있을 수 있도록 막대기를 다시 고정시킬 수 있는 방법이 있을까?” 나는 영유아들이 몸체를 붙이고 막대기에 머리를 붙여서 장식하는 것을 도와주었다.

영유아들이 완성품을 가지고 놀기 시작했을 때 나는 "인형이 다시 일어나지 못하게 할 수 있다고 생각하니?"라고 질문했다. 몇 명의 영유아가 인형을 누워 있게 하는 것을 보여 주려고 여러 가지 방법으로 시도했다. 한 영유아는 잠시 동안 그리고 조금씩 더 그쪽으로 인형을 붙잡고 있으려고 애썼다. 다른 영유아는 마룻바닥에 인형을 떨어뜨려 보면서 매번 인형이 다시 일어서는 것을 보고도 그것을 눕힐 수 있을 것이라고 생각했다. 그 영유아는 인형을 의자 위에서 떨어뜨려 보았고, 그다음에는 책상 위의 책더미 위에 올려놓겠다고 도움을 청했다. 4~5일 정도 인형을 가지고 놀고 난 후 영유아들은 찰흙이 말라버려서 오그라들어 탁구공으로부터 빠져나온 것을 보게 됐다. 그들은 인형이 아직도 매번 다시 일어나는 것에 대해 신기하게 생각하는 듯했다.

출처: 이경우 · 문미옥(1990)

2. 브루너

[그림 4-5] 브루너

브루너(Bruner, 1915~2016)는 2차 세계대전을 통해 미국의 교육자와 일반 국민들은 현대 기술 사회에 대처하기 위해서는 수학과 과학 지식과 기술이 좀 더 필요함을 인식했다. 그러던 중 1957년 소련의 인공위성 발사로 인해 듀이(Dewey)의 생활중심, 경험중심 교육과정이 아동에게 중요한 내용을 가르치는 데 실패했다는 비판을 받게 되었다. 이러한 시대적 배경에서 학문중심교육으로 교육과정의 변혁에 박차를 가하게 한 대표적인 학자로서 브루너는 특히 수학과 과학교육 분야에 지대한 영향을 미쳤다. 또한 그는 1950년대 행동주의를 대체하려 했다는 점에서 인지혁명의 선구자로 불린다.

1) 주요 개념

(1) 지식의 구조

당시 교육 내용은 일상생활의 문제를 해결하는 데에 도움이 되어야 한다는 입장에서 지식의 '기능'이 강조되고 있었다. 이에 비해 브루너는 각 학문의 고유한 기본 개념이나 원래의 내적 체계를 지칭하는 지식의 '구조' 또는 학문의 '구조'가 각 교과의 교육 내용이 되어야 한다고 주장했다. 이는 한 교과의 교육과정은 그 교과의 구조를 나타내는 일반적인 원리를 가장 깊이 이해하고 있는 사람들에 의해 결정되어야 함을 의미한다. 또한 그는 개념과 원리를 각각의 상호 연관 속에서 또 학문의 전체적 구조와의 관련 속에서 학습해야 한다고 하였다. 세부적인 사항은 지식의 구조 안에 들어 있지 않으면 쉽게 잊어버리게 되지만, 지식의 기본적 구조를 파악하게 되면 내용을 훨씬 쉽게 이해할 수 있기 때문이다. 그러나 이러한 브루너의 주장에 대해 '모든 교과(예 문학, 예술)에서 지식의 구조를 뽑을 수 있는가?' 그리고 '지식의 구조를 모든 학생에게 가르칠 수 있는가?' 또한 '그럴 필요가 있는가?' 하는 의문이 제기되기도 하였다(이홍우, 1988).

(2) 표상 양식

브루너는 모든 지식은 영유아가 이해할 수 있는 간단한 형태로부터 상징적이고 추상적인 형태로 제시될 수 있다고 보아 표상 양식이라는 개념을 제시하였다. 이는 피아제의 인지발달 이론에 영향을 받은 것으로서 구체적으로 동작적 표상, 영상적 표상, 상징적 표상 등 세 가지 양식이 포함된다.

- 동작적 표상: 피아제의 전조작기인 4~5세로서 행위에 의해서 사물을 파악해 가는 초보적인 단계이다.
- 영상적 표상: 구체적 조작기에 해당하는 것으로서 자연계의 사물을 시각이나 청각을 통해 인식하는 단계이다. 따라서 눈으로 본 것에 대해서는 논리적 사고가 가능하지만, 눈으로 볼 수 없거나 직접 경험할 수 없는 가설적

인 세계는 다룰 수 없다.

- 상징적 표상: 모든 사물을 언어적, 개념적, 논리적으로 파악할 수 있는 단계로서 형식적 조작기에 해당된다. 이 단계에서는 지적 활동이 눈앞에 보이는 것이나 직접 경험한 것에 국한되지 않고 가설적인 명제를 조작할 수 있는 능력이 생긴다.

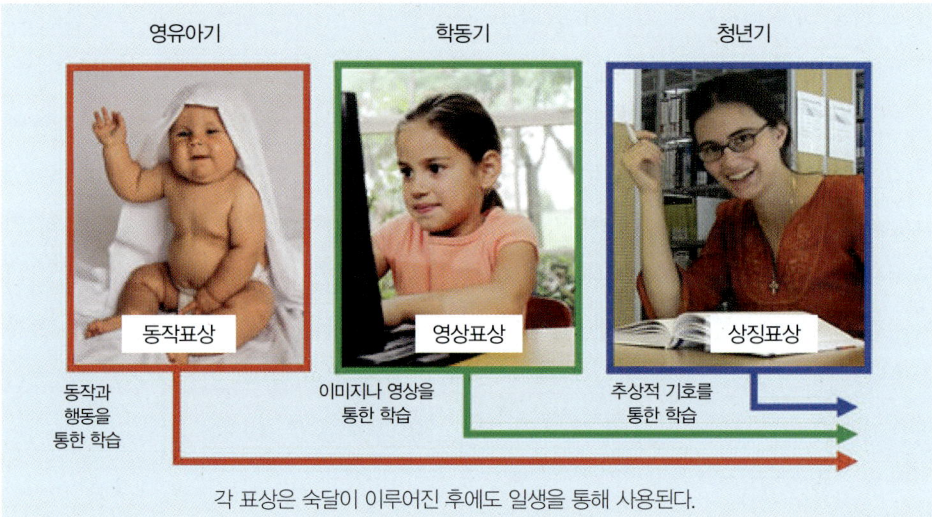

[그림 4-6] 세 가지 표상 양식
출처: http://www.psychology4a.com/cogn...ment.htm

브루너의 3가지 표상 양식은 <표 4-2>와 같이 인류의 발명 역사나 피아제의 인지발달 단계와 습득 순서가 유사하다. 그러나 브루너의 표상 양식은 피아제의 인지발달 단계와 다음과 같은 점에서 차이가 있다. 피아제는 인지발달 단계는 고정불변의 것이며, 영유아에게 가르칠 내용은 인지발달 단계에 따라 달라져야 하므로 영유아는 발달 수준 이상의 것을 학습하는 것이 불가능하다고 보았다. 이에 비해 브루너는 동일한 지식 내용도 상이한 표상 양식으로 사용될 수 있다고 함으로써, 표상 양식만 조절하면 영유아에게도 성인의 내용을 가르칠 수 있다는 입장을 갖고 있다. 예를 들어, 산염기(酸鹽基) 개념의 경우 영유아에게는 직접 맛을 보게 하고, 초등학생에게는 리트머스 시험지나 페놀프탈레인 용액의 색깔 변화를 관찰시키고, 중학생에게는 수용액 중에서의 수소 이온의 존재를 가정함으로써 가르칠 수 있다(이철영, 1992). 따라서 브루너의 입장에서 학습의 준비성은 영유아의 특성뿐 아니라 교재(표상 양식)와도 관련 있다고 할 수 있다.

〈표 4-2〉 브루너의 표상 양식, 피아제의 인지발달 단계 및 인류의 발명 역사

브루너의 표상 양식	피아제의 인지발달 단계	인류의 발명 역사
동작적 표상	전조작기	운동 능력의 확장 예 지렛대나 바퀴 등과 같이 간단한 기계
영상적 표상	구체적 조작기	감각 능력의 확장 예 망원경, 레이더, 텔레비전
상징적 표상	형식적 조작기	추리 능력의 확장 예 컴퓨터 언어와 같은 상징체계나 이론

출처 : http://evolution.massey.ac.nz/assign2/BP/Bruner.html

(3) 나선형식 교육과정

브루너는 피아제의 인지발달 이론에 영향을 받았으나 학습의 준비도는 영유아의 성숙뿐 아니라 교재(표상 양식)와도 관련 있다고 보았다. 따라서 브루너의 관점에서 교사는 특정 연령의 영유아를 효과적으로 가르치기 위해서 그의 표상 양식에 맞게 교과구조를 재구성해서 제시해야 한다. 또한 영유아는 학습을 진행함에 따라 처음 학습에서 익힌 표상 양식을 진보된 표상 양식으로 만들어 갈 수 있기 때문에 학습주제는 이전의 학습 내용을 반영하면서 동시에 그 이상으로 발전할 수 있어야 한다. 이와 같이 한 교과의 개념이나 원리를 영유아의 발달단계가 높아짐에 따라 점차 세련된 형태로 가르치도록 계획하는 것이 나선형식 교육과정이다.

또한 나선형식 교육과정은 완전한 이해와 숙달 수준에 이를 때까지 기본적인 아이디어를 반복해서 접하게 하는 것으로서, 연령이 낮은 영유아에게 광범위한 주제를 학습할 수 있게 해 주었다. 또한 주제는 해마다 순환되지만 학년이 올라

갈수록 심도 깊은 이해가 발달하게 된다. 한편 브루너의 나선형식 교육과정은 어려운 개념도 어린 영유아에게 단순한 형태로 가르치는 것을 가능하게 했으나 다음 단계로 올라갈 때까지 영유아가 이해하지 못한 상태로 내버려두라는 의미였는지는 명확하지 않은 것으로 지적된다. 또한 연구 결과, 나선형 교육과정에 있는 학생들이 숙달식 교육과정에 있는 학생들보다 낮은 점수를 받은 것으로 나타났다는 비판을 받기도 하였다.

2) 과학교육 내용

당시 과학의 교육 내용은 각 학문의 발전된 내용이나 학자들이 중요하게 여기는 기본 개념을 거의 포함하고 있지 않았다. 예를 들어, 물리학의 교육 내용은 물리학자들이 중요하다고 여기는 주제 대신에 기계공학, 특히 냉장고나 자동차 엔진과 같은 일상생활에 활용되는 장비의 조작을 위한 물리적 원리에 초점이 있었다. 이에 대해 브루너는 각 과학의 기조를 이루는 일반적인 아이디어나 기본 개념 및 원리, 즉 지식의 구조를 가르쳐야 한다고 보았다.

한편 교과의 구조를 단순히 학문의 기저를 이루는 일반적 개념이나 원리로 보는 것은 이미 오래전부터 교과중심 교육과정에서 강조되어 왔던 교과와 성격상 다른 것이 없다. 그러나 학문중심 교육과정에서 브루너의 지식은 전통적인 교과와 구분되는 것으로 학자들이 그 학문 분야를 탐구할 때 하는 것과 동일한 일을 통해 습득되는 것을 말한다. 따라서 지식의 구조를 가르친다는 것은 다음과 같이 학문의 '성격'에 충실하게 가르친다는 것을 의미한다.

> 학자나 초등학교 3학년 아동이나 모든 지적 활동은 근본적으로 동일하다. …… 차이는 하는 일의 종류에 있는 것이 아니라 지적 활동의 수준에 있다. 물리학을 배우는 학생은 바로 물리학자이며, 물리학을 배우는 가장 쉬운 방법은 물리학자가 하는 일과 똑같은 일을 하는 것이다. 이는 물리학자가 하듯이 물리현상을 탐구해야 한다는 뜻이다. 종래의 교육에서는 이 일을 하지 않

고 다른 일을 해 왔다. 즉, 물리학 탐구 결과에 관해서 교실에서 논의하거나 교과서를 읽었던 것이다(이홍우, 1988).

3) 과학교육 방법

한편 브루너에 의하면, 교과의 전문가인 교사는 그 교과의 개념이나 원리 등을 이해하고 있으나 학생은 그것을 이해하고 있지 못하고 있기 때문에 교사는 교과의 원리를 학생에게 주입시킬 가능성이 크다. 발견학습은 이를 경계한 아이디어로서, 교과내용을 가르치되 그 내용이 학생에게 이해되도록 가르쳐야 한다는 것이다. 원리를 이해할 수 있도록 가르친다는 것은 암기가 아닌 현상을 보는 안목을 나타낸다고 할 수 있다(이철영, 1992). 이러한 발견학습은 지식의 구조를 가르치는 방법상의 원리이기 때문에, 특히 수학이나 과학과 같이 지식의 구조가 뚜렷한 교과에 유용하다는 평가를 받는다.

당시 지배적인 교육관과는 상당히 달리, 영유아를 능동적인 문제해결자로 본 브루너는 영유아 스스로 탐구과정을 거쳐 과학 개념을 발견해야 의미가 있으므로 교사의 지시는 최소한으로 줄이고 영유아가 자발적인 발견 과정을 통하여 스스로 학습해야 한다고 주장했다. 즉, 교사가 먼저 충분한 예를 제공하고 영유아가 과학 개념이나 원리를 스스로 도출하게 하는 귀납적 방법을 사용해야 한다는 것이다. 따라서 발견학습은 설명 학습과 달리 영유아에게 의미 있는 학습으로서 내적 학습동기 유발에 효과적인 방법으로 평가된다. 한편 발견학습에서는 시행착오나 시간 소모가 많을 수는 있지만 일단 발견학습에 의해 얻어진 지식은 쉽게 망각되지 않으며 유사한 다른 과제의 학습을 용이하게 해 줄 수 있다.

사례 발견학습

브루너가 직접 소개한 발견학습 사례를 제시하면 다음과 같다. 과학 시간에 교사는 아이들에게 짤막한 무성 영화 보여 주었다. 첫 장면은 놋쇠 공이 놋쇠 고리 속을 겨우 빠져나가는 것이었다. 이후 놋쇠 공을 불에 달구고 뜨거워진 공을 고리 속으로 굴려 넣었는데 공이 고리를 빠져나가지 않았다. 얼마간의 시간이 지나자, 공이 다시 빠져나갔다. 여기서 영화는 끝이 났고, 다음과 같이 수업이 진행된다.

학생 : 공과 고리의 온도는 원래 방안 온도와 같았나요?
교사 : 그렇다.
학생 : 원래 공은 고리를 빠져나갈 수 있었나요?
교사 : 그렇다.
학생 : 만약 공을 달구지 않고, 고리를 달구었다면 결과가 같았을까요?
교사 : 아니다.
학생 : 공과 고리를 모두 달구었다면 공은 빠져나갈 수 있을까요?
교사 : 모른다.
학생 : 만약 공과 고리를 같은 온도로 달구었다면 공은 빠져나갈 수 있었을까요?
교사 : 그렇다.
학생 : 공의 크기는 달군 뒤나 달구기 전이나 같았나요?
교사 : 아니다.
학생 : 만약 공과 고리를 놋쇠가 아닌 다른 쇠붙이로 만들었을 경우에도 실험결과가 같았을까요?
교사 : 그렇다.

위 수업 장면은 마치 학생과 교사 간의 스무고개 게임과 같다. 우선 질문은 반드시 학생이 하고 교사는 '그렇다', '아니다', '모른다'라고 대답만 한다. 그 이외의 다른 대답을 요구하는 질문이 나오면 교사는 대답을 하지 않고 질문을 다시 하도록 한다. 질문의 성격은 두 가지이다. 하나는 영화에서 본 것을 확인하는 질문이고 또 다른 하나는 어째서 그러한 현상이 일어나는가를 설명하는 질문이다.

이 수업의 목표는 물체는 열을 받으면 부피가 늘어난다는 물리적 법칙을 이해하는 것이다. 그러나 이 수업에서 중요한 것은 물리적 법칙을 가르쳐 주는 것이 아니라 법칙에 도달하는 데 필요한 단계들을 밟아 학생들이 스스로 법칙을 발견하게 하는 것이다. 그러므로 교사의 판단에 비추어 아직 그 단계를 충분히 거치지 않은 때에 어떤 학생이 "그것은 열과 무슨 관계가 있는 것이 아닌가요?"라고 질문하면 교사는 대답을 회피해야 한다.

출처 : 이영석(1997).

3. 비고스키

피아제와 같은 해에 태어난 러시아의 심리학자인 비고스키(Vygotsky, 1896~1934)는 요절한 까닭에 당시에는 업적이 잘 알려지지 않았으나 최근 많은 관심을 받고 있다. 그는 지식이 인간 내부에서 구성되어 간다는 점에는 피아제와 입장을 같이 했지만, 사회적 매개 요인의 영향을 강조함으로써 사회 · 문화적 구성주의자로 불린다. 사회 · 문화적 구성주의(socio-cultural constructivism)에서는 학습을 사회적 또는 문화적 현상으로 보며, 교사에게 적극적 역할을 부여한다. 사회 · 문화적 구성주의에 기초한 교수-학습 방법은 오늘날 미국의 과학과 관련된 교육과정 개혁의 주요 지침이 되고 있다(Pettig, 2002).

1) 주요 개념

(1) 지식의 사회적 기원

영유아가 직접적 행동을 통해서 지식을 구성한다고 본 피아제와 달리, 비고스키는 반드시 영유아가 스스로 지식을 구성해야 한다고는 생각하지 않았다. 같은 양의 물을 넓고 좁은 그릇과 좁고 긴 그릇에 각기 옮겨 부었을 때 영유아는 두 그릇의 물의 양이 같음을 알지 못한다는 피아제의 실험은 흔히 영유아가 보존개념이 없음을 입증하는 자료로 사용된다. 그러나 비고스키를 비롯한 사회 · 문화적 구성주의자들은 이론적 · 실제적 관점에서 피아제의 실험은 옳지 않다고 주장한다. 이론적으로 볼 때 수면이 높을수록 중력이 많이 작용하기 때문에 물의 양은 줄어들게 될 뿐 아니라 현실적으로 물을 한 방울의 손실도 없이 다른 그릇에 옮겨 붓는다는 것은 불가능하기 때문이다(도중에 물을 흘리거나 물방울이 그릇에 붙어 있음). 따라서 이들은 물을 직접 부어 보는 경험이 아니라 학교의 과학수업이나 타인의 설명을 통해서 보존개념이 습득될 수

[그림 4-7] 비고스키

있다고 주장한다(Matusov & Hayes, 2000). 이와 같이 볼 때 영유아는 이미 그 지식을 알고 있는 사람들의 도움을 받을 수 있으므로 과학 지식의 구성에 있어 교사나 부모 등 사회적 관계가 중요하다고 하겠다. 또한 비고스키의 사회·문화적 구성주의에서는 영유아가 속한 문화에서 사용하는 수의 명칭 및 체계, 화폐 및 측정의 단위[1], 지역사회 자원(예 어린이 과학박물관) 등의 활용을 강조한다.

[그림 4-8] 피아제 보존개념 실험에 대한 반론

(2) 자발적 개념과 과학적 개념

비고스키는 개념을 자발적 개념(spontaneous concept)과 과학적 개념(scien-tific concept) 등 두 가지 유형으로 구분하고 이 두 개념 간의 상호관련성을 연구하였다[2]. 그에 의하면, 자발적 개념은 영유아들이 매일 매일의 생활을 통해 자연스럽게 터득하는 개념이다. 즉, 영유아들이 거의 의식하지 못하는 가운데 습득하는 일상적 개념이 모여서 형성되는 것이다(예 어제, 오늘, 내일 등의 시간 감각). 반면에 과학적 개념은 구조화된 학교 환경에서 배워서 습득되는 형식적인 지식을 말한다(예 역사). 과학적 개념은 습득 및 활용 과정이 의식적으로 이루어지며, 자

1) 이러한 관점에서 볼 때 최근 유행하는 미국 교과서(예: 달러, 센트, 인치, 마일 등 익숙하지 않은 단위로 이루어진 교과서)를 이용한 영어교육은 문제가 있을 수 있다.

2) 피아제도 자발적 개념과 비자발적 개념을 구분했지만 두 개념 간의 상호작용보다는 자발적 개념에 관심을 가졌다는 점에서 비고스키와 차이가 있다.

발적 지식에 비해 추상적이며, 체계적으로 조직된 특징을 갖고 있다.

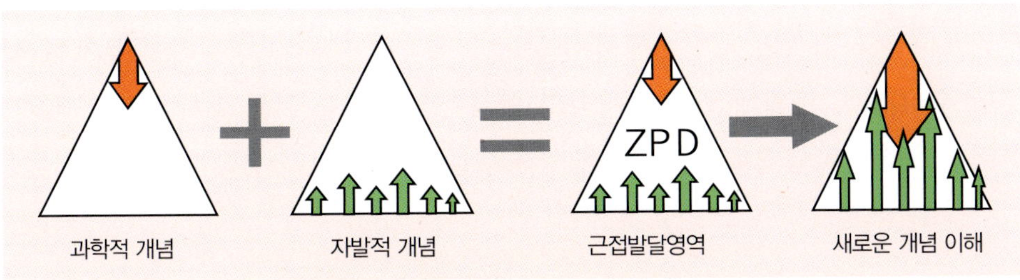

[그림 4-9] 자발적 개념과 과학적 개념(Wellings, 2003)

또한 자발적 개념은 아래에서 위로 올라가는 귀납적 과정을 통해 발달하고, 과학적 개념은 위에서 아래로 내려가는 연역적 과정을 통해 발달한다. 이와 같이 이 두 개념의 발달 방향은 반대이지만, 두 개념은 상호의존적으로 발달한다. 과학적 개념의 습득을 촉진하기 위해서는 자발적 개념이 필요한 반면, 그 반대의 경우도 마찬가지이다. 영유아는 일상적인 경험(자발적 개념)을 과학적 개념의 체계 속에 끼워 넣어 이해해야 하며, 이러한 체계적인 개념(과학적 개념)을 자신의 일상적 경험(자발적 개념)에 적용할 수 있어야 한다. 예를 들어, 애완동물을 기른 일상적인 경험은 학교에서 생물학을 배울 때 체계적인 지식으로 변환되어 하나의 체계로 연결되며, 이러한 과학적 개념은 다시 동물과의 일상적 경험에 도움을 준다. 결국 자발적 개념과 과학적 개념의 상호작용에 의해 고차원적인 개념이 발달하게 된다(Wellings, 2003).

(3) 근접발달영역

근접발달영역(zone of proximal development)은 영유아의 실제적 발달 수준과 잠재적 발달 수준 간의 간격을 의미하는 개념으로서 영유아가 아직 혼자서는 할 수 없지만, 성인이나 유능한 또래가 도와주면 할 수 있는 범위를 말한다. 초기 학습 단계에서 영유아가 과제를 파악하기 위해서는 교사나 유능한 또래로부터 상당한 양의 지지, 즉 비계설정(scaffolding)이 필요하다. 이후 이러한 도움의 필요성은 점차 감소하며, 영유아 혼자서도 과제를 수행할 수 있게 된다. 따라서 바람직한 교육은 교사가 일방적으로 가르치거나 영유아 스스로 발견하도록 내버려 두기보다는 근접발달영역 내에서 성인이나 유능한 또래가 영유아가 문제를 해결할 수 있도록 지원해 주는 것이라고 할 수 있다. 이를 위해 교사는 먼저 각 영유아의 근접발달영역([그림 4-10]의 빗금 부분)이 무엇인지 정확히 알아야 한다.

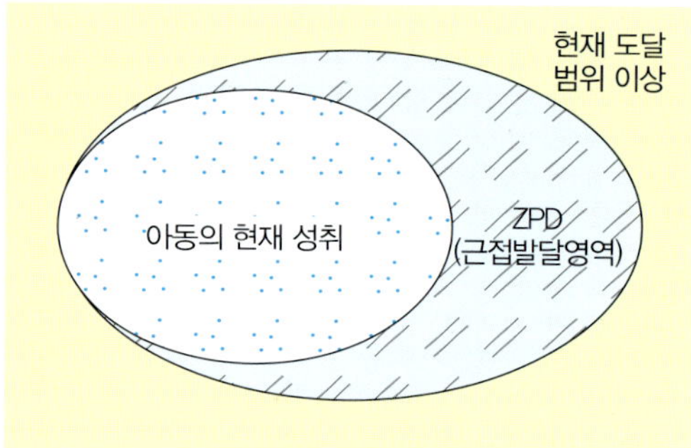

[그림 4-10] 근접발달영역

2) 과학교육 내용

피아제는 인지발달은 지식의 모든 영역에 걸쳐 공통으로 일어나는 일반적인 현상이라고 생각했다. 이에 비해 비고스키는 인지발달은 지식의 영역에 따라 다르게 나타날 수 있는 것으로 보았다. 예를 들어, 피아제 입장에서 영유아는 모든 지식 영역에 대해 논리적 추론을 할 수 없지만, 비고스키 입장에서는 전조작기 영유아도 자신이 잘 아는 영역(예 공룡)에 대해서는 논리적 조작(예 연역적 추론)이 가능할 수 있다. 동일한 인지발달 단계 내에서도 구체적인 영역에 따라 각기 다른 능력을 나타낼 수 있기 때문이다. 이는 관심 분야의 세부 지식을 축적하면, 그 부분의 학습을 쉽게 하므로 여러 영역에 초보적 지식을 갖게 하는 것은 좋지 않고, 개개인이 관심 있어 하는 세부 영역을 심도 있게 쌓아가는 것이 중요함을 시사한다. 따라서 비고스키 입장에서 볼 때 과학교육은 영유아가 관심 있어 하는 영역이나 주제를 선정함으로써 영유아가 관심 있는 주제를 깊이 탐구하도록 하는 것이 바람직하다. 아울러 비고스키의 자발적 개념과 과학적 개념에 대한 논의는 자발적 개념이 작용하는 부분에 대해서는 과학교육을 일찍 시작할 수 있음을 나타낸다. 영유아는 천체보다는 인간의 신체를 많이 경험하므로 천문학보다 생물학을 쉽게 이해하는 것이 그 예이다. 또한 이는 영유아의 일상적 경험을 과학적으로 이끌어 주고 확장시키는 것이 필요함을 시사한다(이경우 · 조부경 · 김정원, 1999).

3) 과학교육 방법

비고스키의 근접발달영역에서 이루어진 대표적인 수업 형태인 영유아-영유아 간의 협동학습과 교사-영유아 간의 상호교수를 살펴보면 다음과 같다(홍용희, 1995).

(1) 협동학습

협동학습(collaborative learning)은 소집단을 구성하는 모든 영유아가 주어진 학습 과제나 목표를 공동으로 노력해서 달성하는 것을 말한다. 협동학습에서 영유아는 또래와의 상호작용을 통해 자신의 관점을 규명해 봄으로써 자신이 가진 지식의 틀에서 벗어나 구성원들이 상호 인정하는 지식을 구성하게 된다. 비고스키는 혼합연령 집단구성에 특히 관심을 가졌다. 자신의 현재 발달 수준을 약간 넘어선 것을 하도록 도전받았을 때 인지발달이 가장 잘 이루어진다는 근접발달영역 개념에서 볼 때 영유아는 자신보다 약간 나이가 많거나 좀 더 유능한 또래와의 협동을 통해 많은 도움을 받을 수 있기 때문이다. 또한 혼합연령집단은 단일연령집단보다 목표지향적이고 구성적인 놀이가 더 많이 나타나며 남녀 분리는 덜 나타난다는 점에서 특히 과학교육에 효과적일 수 있다.

(2) 상호교수

상호교수(reciprocal teaching)에서는 교사와 2~4명의 영유아가 학습 집단을 형성하고 질문하기, 요약하기, 명료화하기, 예측하기 등 4가지 인지적 책략을 차례로 적용한다. 먼저 교사는 영유아들이 상호작용에 참여할 수 있도록 전략을 설명하고 시범을 보인다. 영유아들이 능숙해져 감에 따라 교사는 자신의 역할을 점차 줄여가면서 지지하고 반응을 제공한다. 4가지 인지적 책략들의 체계적 사용은 영유아들이 새로운 정보를 이미 획득한 정보에 연결하여 파악하고, 논의의 방향을 유지하고, 자신의 생각을 정교화하고, 그렇게 학습한 내용을 새로운 문제를 해결하는 데 사용될 수 있도록 재활용한다. 다음은 동물의 생존에 관한 소집단과 교사의 상호교수 사례이다.

사례 소집단과 교사의 상호교수

Kam(대화 주도자) : 언제 새끼가 태어났지요?
교사 : 좋은 질문인데, 질문에 대답할 사람의 이름을 불러야지.
Kam : Robby? Milly?
Milly : 여름.
교사 : 만약 새끼들이 겨울에 태어난다면 어떤 일이 일어날까? 함께 생각해 보자.
몇몇 영유아가 "새끼가 굉장히 추워할 거예요.", "새끼들은 먹을 것이 필요해요.", "새끼들이 막 태어났을 때에는 털이 없어요." 등 많은 대답을 했다.
Kam : 다른 질문이 있어요. 어미 토끼는 어떻게 새끼들을 안전하게 보호하지요?
Kris : 엄마가 새끼들을 숨겨요.
Kris : 그것도 맞지만 또 다른 방법은….
교사 : 어미 토끼가 새끼들을 숨기는 특이한 방법이 있는데, 선생님은 깜짝 놀랐단다. 나도 이걸 몰랐었어.
Travis : 새끼들이 모두 다른 장소에 있어요.
교사 : 왜 어미 토끼가 그렇게 할까?
Milly : 왜냐하면 다른 이야기에서 들었는데 아마도 새끼들은 보통 서로 잡아먹기도 하고 또 싸울 수도 있기 때문이에요.

교사 : 그럴 수도 있지! 그러면 살쾡이가 오면 어떻게 될까?

몇몇 영유아들은 아마도 새끼들이 모두 죽을 거라고 대답한다.

Travis : 만약 내가 어미라면 내 새끼들을 숨기긴 하겠지만 모두 함께 있게 할 거예요.

Kris : 만약 새끼들을 숨겨 놓았다가 어미가 보고 싶으면 새끼들이 어디에 숨었는지 어떻게 찾을 수 있지요?

교사 : 좋은 질문이구나. 어미가 다시 새끼들을 찾아야만 하기 때문이야. 왜 그럴까? 어미는 새끼들에게 무엇을 가져다줄까?

Milly : 어미는 음식을 가져가야 해요. 아마 잔가지나 아니면 다른 걸 떨어뜨릴 거예요.

교사 : 너는 우리가 발자국을 남기듯이 어미도 잔가지를 남겨둔다고 생각하니?

몇몇 영유아가 반대 의견을 표시하면서 어미가 후각을 사용한다고 말했다. 한 영유아는 눈신발 토끼가 겨울에도 하얗지 않다는 사실을 기억해 내고는 어미가 새끼들에게 색깔별로 떨어져 있으라고 말할지도 모른다고 말했다.

교사 : 그래서 우리는 어미가 새끼를 숨기고 난 후에 다시 찾을 때는 감각을 이용한다는 사실에 대해 동의하지. Kam, 이제 우리를 위해서 정리해 줄 수 있니?

출처 : 홍용희(1995).

제2부

영유아 **과학교육**의 **내용**

5장 물상과학

물상과학은 과학교육에 대한 미국과 우리나라의 국가수준 내용기준 및 문헌들을 분석하여 개발한 내용 범주로서 물리학과 화학을 포괄하는 용어이다(백성혜 · 이옥희, 2000). 이는 또한 까미와 드브리스(Kamii & DeVries, 1978)가 제시한 물체의 움직임에 관한 활동(물리학)과 물질의 변화에 관한 활동(화학)에 해당하는 영역이기도 하다[1]. 이외에도 일부 학자들은 도구와 기계(공학) 영역을 물상과학에 포함시키기도 한다[2]. 본 장에서는 물리, 화학, 도구와 기계 등 세 가지 영역을 물상과학에 포함하여 살펴보기로 한다.

성인의 관점에서 정의된 물상과학은 매우 추상적인 학문이므로 영유아와는 거리가 먼 것으로 비추어진다. 또한 교사 역시 물상과학을 다루는 것을 주저하기 때문에 생물과학이나 지구과학에 비해 물상과학에 관한 활동은 교실에서 잘 일어나지 않는 것으로 발견된다. 그러나 실제로 영유아는 일상생활에서 물상과

1) 이들에 의하면, 물리적 지식은 영유아가 물체에 어떤 행위를 가하고 그 결과를 관찰함으로써 습득되는데, 물체의 움직임에 관한 활동(예 경사면에서 공을 굴림)에서는 영유아의 행위가 중요하며, 물질의 변화에 관한 활동(예 밀가루에 물을 섞어 반죽을 만듦)에서는 영유아의 관찰이 더 중요하다.

2) 권영례(2000)와 최인숙(2006)도 기계를 물상과학에 해당하는 물질 · 물리의 탐구에 포함시키고 있다.

학을 자주 접하고 있다. 영유아에게 제공되는 물상과학의 개념은 비록 단순한 것이지만 이들에게 물상과학의 경험은 매우 흥미로운 것으로서 다음과 같은 의미가 있다(조은희 외, 1995). 첫째, 물상과학은 영유아가 인지적 불평형 상태에서 모순된 사건들을 다룰 기회를 제공한다. 둘째, 대부분의 물상과학 경험은 즉석에서 반복할 수 있으므로 영유아는 계속 탐구할 수 있다. 셋째, 물상과학 탐구의 본질은 영유가 사용할 아이디어를 만들어 준다.

1. 물리(물체의 움직임)

물체의 움직임을 예측하는 것은 일상생활에서 매우 중요한 인지능력의 하나이다. 예를 들어, 공의 움직임을 예측할 수 없다면 경기가 진행될 수 없을 것이다(윤나경, 2002). 또한 영유아에게 있어서 물리 활동은 물리적 세계를 이해하는 가장 쉽고 즉각적인 방법으로, 물리적 지식과 논리-수학적 지식의 구성에 도움을 준다. 물리 활동의 기본적인 행위로는 밀기, 미끄러뜨리기, 구르기, 기울기, 던지기, 떨어뜨리기, 불기, 빨기, 흔들기, 당기기, 균형 잡기, 차기 등이 있으며, 이러한 행위들은 영유아의 일상적인 활동과 많은 관련이 있다. 따라서 교사는 영유아가 물이나 모래, 블록이나 공 등 일상생활에서 매일 접하는 친숙한 물체들을 갖고 그 움직임을 탐구할 수 있도록 격려하고(Sprung, 1996), 다음 네 가지 원리에 따라 물리 활동을 계획해야 한다(Chaille & Britain, 1997).

[그림 5-1] 고무줄로 공을 튕겨서 움직임을 일으키는 영유아

첫째, 영유아가 자신의 행위를 통해 물체의 움직임을 일으킬 수 있는 활동이어야 한다. 즉, 영유아의 행위와 물체의 반응 간에는 직접적인 관계가 있어야 한다. 예를 들어, 영유아가 빨대를 불어서

공을 움직이는 것이 이에 해당한다. 그러나 교사가 빨대를 불어서 탁구공을 움직이는 것은 위 기준에서 볼 때 적절한 활동이 아니다. 자석으로 물체를 움직이는 것은 이 두 활동의 중간쯤에 위치한다고 볼 수 있다. 이 경우 영유아의 행위는 간접적이며, 자력이 직접적 영향을 미치기 때문이다.

[그림 5-2] 영유아의 행위와 물체의 움직임 간의 관계

둘째, 영유아가 자신의 행위를 변화시킬 수 있는 활동이어야 한다. 예를 들어, 경사면에서 공을 굴릴 때 경사면의 기울기를 변화시킬 수 없다면, 영유아는 똑같은 행동만을 되풀이하게 될 뿐 자신의 행위가 결과에 미치는 영향을 탐색할 수 없다. 그러나 경사면의 기울기를 영유아가 조절할 수 있는 경우에는 기울기가 높을수록 공이 빨리 구른다는 것, 즉 경사면의 기울기(독립변인)와 공의 속도(종속변인) 간의 함수관계[3]를 이해하게 된다. 이 실험에서는 기울기 외에도 공의 무게, 굴리는 힘 등 다양한 독립변인을 생각할 수 있다. 그러나 한 번에 여러 가지 독립변인을 다루게 하는 것은 좋지 않다. 예를 들어, 가파른 경사면에서 가벼

3) 함수관계(예: 공을 세게 던질수록 높이 튄다)는 두 사건 간의 단순한 인과관계(던져서 공이 튀었다) 이상의 것이다. 한 사건을 다른 사건에 연결하는 것이 아니라, 한 변인의 변화(던지는 힘의 차이)를 다른 변인의 변화(튀는 높이의 차이)에 연결하기 때문이다. 한편 두 변인 간의 관계가 반비례인 경우도 있다(예: 찰흙은 세게 던질수록 낮게 튄다).

운 공을 굴리는 것과 완만한 경사면에서 무거운 공을 굴리는 것을 비교하는 경우 실험결과가 공의 무게 때문인지 경사면의 기울기 때문인지 알 수 없기 때문이다. 따라서 한 번에 한 가지 독립변인만을 변화시키도록 하고, 그 변인에 대한 이해가 완전히 이루어진 다음 새로운 변인을 도입하는 것이 바람직하다.

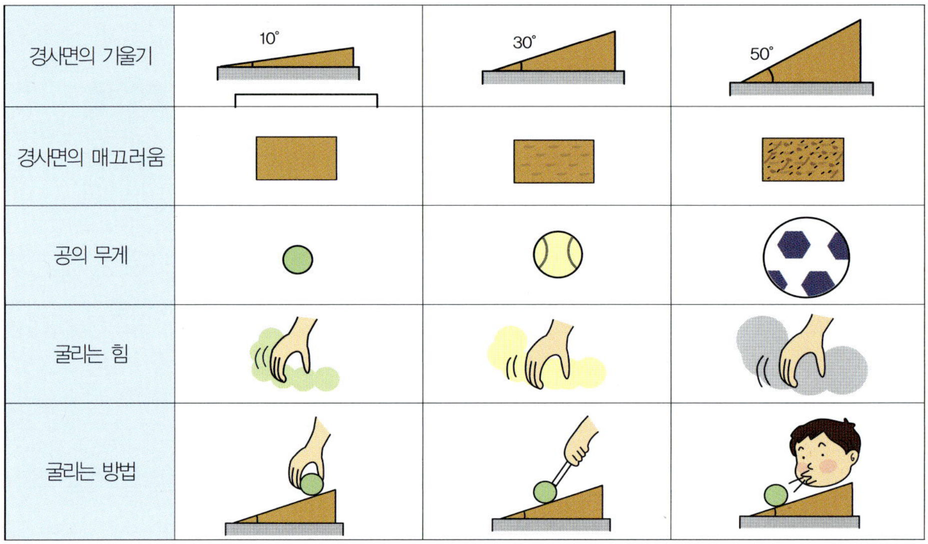

[그림 5-3] 경사면에 공 구르는 활동에서 가능한 변인의 예

셋째, 물체의 반응이 관찰 가능한 활동이어야 한다. 물체의 반응을 명확하게 관찰할 수 없다면, 영유아는 자신의 행위와 물체의 반응 간의 관계를 구성하지 못하므로 불투명한 용기보다는 투명한 용기를 교구로 사용하는 것이 바람직하다. 또한 움직임(예 그네가 앞뒤로 만드는 호)은 물체 자체의 색깔이나 모양(예 빨간색의 2인용 그네)처럼 눈에 보이거나 손으로 붙잡을 수 있는 것이 아니다. 따라서 영유아는 이미 일어난 움직임을 기억했다가 재구성하고 앞으로의 일어날 움직임을 예측해야 한다. 영유아가 움직임의 형태를 표상할 수 있도록 돕는 방법은 [그림 5-4]와 같다.

<table>
<tr><td rowspan="4">움직임을
고정시키기</td><td>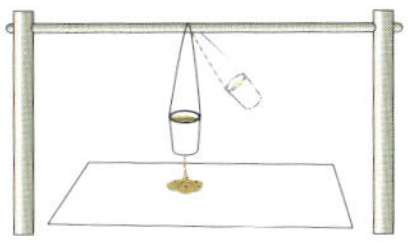</td><td>모래진자: 추(종이컵)가 흔들릴 때마다 추의 구멍에서 모래가 떨어져 나와서 종이 위에 궤적을 남김</td></tr>
<tr><td></td><td>진흙길에서 자전거 타기: 자전거가 지나간 길을 따라 바퀴 자국이 진흙 위에 남아 있음</td></tr>
<tr><td></td><td>바퀴에 물감 칠하기: 바퀴에 물감을 칠한 미니카를 큰 종이 위에 굴리면 미니카가 지나간 경로에 물감 자국이 남음</td></tr>
<tr><td></td><td>물체에 리본을 달기: 공중에 물체를 던지는 경우에는 움직임이 입체적 형태로 일어나므로 긴 끈을 사용하는 것이 효과적임</td></tr>
<tr><td>움직임을
단위로 나누기</td><td></td><td>경사면에 턱 만들기: 물체가 덜컹거리면서 천천히 움직이게 하지만 움직임 자체를 멈추게 하지는 않음. 즉, 연속적인 행위를 부분 부분으로 분절하는 것임</td></tr>
</table>

[그림 5-4] 움직임의 표상을 촉진하는 방법

넷째, 물체의 반응이 즉각적으로 일어나는 활동이어야 한다. 물체의 반응이 일어나는 시간이 지연되면 영유아는 자신의 행위와 물체의 반응 간의 관련성을 구성하기 어려우며, 물체의 반응과 관련 없는 다른 요인을 원인으로 생각하게 될 수 있다.

물리 활동은 이상과 같은 원리에 따라 실험 중심으로 접근하고, 실험을 통해 다음과 같은 과학적 지식을 구성하도록 한다.

마찰

- 물체가 표면 위에서 움직이는 것을 방해하는 힘을 말한다.
- 두 개의 물체를 서로 문지르면 마찰이 생긴다.
- 표면의 성질은 마찰의 양에 영향을 미친다.

진자

- 진자의 줄이 길수록 진자가 움직이는 경로는 커진다.
- 세게 밀수록 진자가 빨리 움직인다.
- 힘을 계속 주지 않으면 진자가 움직이는 경로는 점차 작아진다.
- 진자가 정지하지 않으려면 진자를 계속 밀어주어야 한다.

빛

- 빛은 곧게 나아가는 성질이 있다.
- 빛을 통과하는 물체(예 공기, 유리)와 통과하지 않는 물체(예 나무, 돌)가 있다.
- 물체가 빛에서 멀어질수록 그림자는 점점 작아진다.
- 빛은 물속에서 굴절한다.

소리

- 소리는 여러 가지가 있다.
- 소리는 공기의 진동에 의해 생긴다.
- 소리는 물체를 통해 전달된다.

전기

- 물체에는 전기가 통하는 것과 통하지 않는 것이 있다.
- 정전기는 마찰에 의해 일어난다.
- 정전기는 작은 물체를 끌어당기는 힘이 있다.

중력

- 모든 물체는 아래로 떨어진다.
- 경사도가 높을수록 빨리 굴러간다.

저항

- 공기에는 힘(저항력)이 있다.
- 낙하산은 물체를 천천히 떨어지게 한다.
- 낙하산에 단 물건이 가벼울수록 천천히 떨어진다.
- 낙하산이 넓을수록 천천히 떨어진다.

자석

- 자석에는 N극과 S극이 있다.
- 자석은 같은 극끼리는 서로 밀어내고 다른 극끼리는 서로 끌어당긴다.
- 물체에는 자석에 붙는 것과 붙지 않는 것이 있다.
- 자석의 힘은 물체(예 종이, 유리, 모래, 물)를 통과한다.

2. 화학

앞서 소개한 물리 활동, 즉 물체의 움직임에 관한 활동에서는 영유아의 행위가 중심이 되며, 이에 따른 물체의 반응을 관찰하는 것은 부수적이다. 또한 이러한 활동은 사물을 단지 움직이게 하는 것이지 사물 자체를 변화시키는 것은 아니다. 이에 비해 물상과학의 또 다른 영역인 화학은 물체 자체를 변화시키는 것으로서, 물체의 반응을 관찰하는 것이 중심이 된다. 예를 들어, 영유아가 기름과 물을 혼합하는 것과 소금과 물을 혼합하는 것은 활동 자체는 같지만 영유아의 활동 결과 나타나는 물체의 반응은 전혀 다르다. 즉, 전자의 경우는 물 위에 기름이 뜨지만 후자의 경우에는 소금이 물에 녹아버리게 되는데, 이는 영유아의 행위에 의해 직접적으로 일어나는 것이 아니라 물체 자체의 속성에 의한 것이다. 따라서 화학 활동에서는 영유아가 자신이 관찰한 것을 통해 지식을 구성하게 된다. 이와 같이 물체의 변화를 일으키는 화학 활동의 종류 및 구체적인 예를 살펴보면 <표 5-1>과 같다(이경우 · 문미옥, 1990).

〈표 5-1〉 화학활동의 종류와 예

물체의 변화를 일으키는 활동	예
물속에 넣기	설탕은 용해되고, 밀가루는 완전히 용해되지 않고 물이 뿌옇게 된다.
열 가하기	당근은 부드러워지지만 계란은 딱딱해진다.
기름에 열 가하기	팝콘은 튀는 소리를 내며 팽창하고 색이 변하며, 핫케이크는 액체에서 고체로 변한다.
오븐에서 익히기	케이크와 빵은 부풀어 오르고 색깔과 끈기가 변하며, 과자와 피자는 케이크보다 덜 부풀고 딱딱해진다.
냉장고에서 식히기	젤리나 녹은 버터는 이전보다 더 굳어지지만 과일, 우유 등은 차가워질 뿐이다.

쉐일레(Chaille, 1997)와 브리튼(Britain, 1997)에 의하면 화학은 대부분 눈에 보이지 않고 현미경으로 관찰해야만 하며 독성이 있거나 위험한 성분이나 물질을 다루고 있기 때문에 다른 분야에 비해 영유아에게 적합하지 않은 그 무엇이 있다는 인식이 있다. 그러나 영유아가 놀이를 하면서 몰두하고 초점을 두는 많은 것들이 화학의 본질인 변환(transformation)과 관련이 있다. 예를 들어, 점토를 공 모양에서 소시지 모양으로 바꾸고, 블록을 벽 모양에서 탑 모양으로 만드는 등의 활동은 모두 변환과 관련이 있는 것이다. 무엇인가를 붓고, 섞고, 첨가하고, 축축하고 끈적끈적한 것에 손을 집어넣는 것을 좋아하는 영유아의 선천적인 성향은 화학자가 작업하는 모습과 매우 유사하다. 또한 영유아교육기관이나 가정에서 영유아가 흔히 하는 질문 중에는 다음과 같이 화학에 대한 관심과 나름대로의 화학적 가설을 반영하고 있는 것이 많다.

"딸기잼을 볼에 넣으면 어떻게 돼요?" (5세 남아)
"굴뚝에서 나오는 저 연기는 무슨 성분인가요?" (6세 여아)
"감나무의 감이 어떻게 초록색에서 빨간색으로 변한 거죠?" (4세 여아)
"물을 들일 때는 왜 끓여야 잘 되나요?" (5세 남아)
"차를 타면 왜 자꾸 졸음이 올까요?" (5세 여아)
"병아리는 달걀의 노른자가 변해서 된 것이지요?" (5세 남아)

이와 같은 영유아들의 호기심만 보더라도 영유아를 대상으로 한 화학 교육은 가능성이 있고 필요하다고 할 수 있다(이수현 · 이종희, 2006).

한편 영유아 화학의 문제점 중 하나는 다음과 같이 신비하고 마술과 같은 과정에 초점을 두고 있다는 점이다.

'고체'라고 쓰인 테이블에서 보영이와 학수가 각자 베이킹소다와 젤라틴, 명반을 한 숟갈씩 조심스럽게 컵 안에 넣고 있었다. 그들은 '액체'라고 쓰인 테이블로 옮겨 가서 각자 식초 3숟갈을 컵에 붓고 식용색소 한 방울을 떨어뜨렸다. 그들은 자신의 자리로 돌아왔다. 보영이는 학수에게 "다음엔 뭘 해야 하지?"라고 작은 소리로 묻는다. 학수는 "선생님 설명을 들으면 돼!"라고 답한다. 교사가 학급 전체 아이들에게 셋을 센 다음에 각자 갖고 있는 고체를 액체가 든 컵에 넣으라고 말했다. 아이들은 일제히 "하나… 둘… 셋!"이라고 외친 후 액체가 든 컵에 고체를 넣었다. 컵에서 거품이 넘쳐 흐르기 시작하자 교실이 떠나갈 듯이 아이들은 기쁨의 비명을 질렀다.

위의 사례[4]는 영유아가 자신의 행위와 물질에 일어난 반응 간의 연관성을 발견할 수 없기 때문에 지식의 구성이 촉진되지 않는다. 물론 영유아를 어리둥절

4) 영유아가 이러한 물질과 상호작용하면서 무엇을 학습했을지, 영유아의 행동과 그 결과 나타난 물질의 변화는 어떤 관련성이 있는지, 이러한 반응을 더 잘 이해하기 위해 과연 영유아가 시도할 수 있는 것이 있었는지, 다른 반응을 만들어 내기 위해서 영유아가 자신의 행위를 변화시킬 수 있는 방법이 있었는가 하는 문제를 생각해 볼 필요가 있다.

하게 만드는 신비로운 경험을 제공하는 것이 무조건 나쁜 것은 아니다. 갈등이나 모순과 마찬가지로, 어리둥절함(puzzlement)을 경험하는 것 역시 지식을 구성하는 중요한 요인 중 하나이다. 그러나 어리둥절한 경험을 통해 지식을 구성하려면 영유아가 상호작용에 기여할 수 있어야 하며, 자신이 관찰하고 있는 현상에 대해서 불완전할지라도 어떤 생각을 갖고 있어야 한다. 또한 마술적 변환은 영유아로 하여금 실험을 지속하도록 이끄는 측면이 있다. 그러나 이러한 경우에도 마술은 실험의 도입부 역할만을 맡아야 하고, 영유아가 실험의 주체가 되어야 한다. 화학 활동 전체에서 마술적 변환이 주가 된다면, 심화된 활동은 일어날 수 없고, 영유아만 어리둥절하게 만들 것이기 때문이다.

[그림 5-5] 요리는 대표적인 화학활동이다

또한 화학 활동은 재구성과 혼합 등 두 가지 활동으로 분류되기도 한다. 첫째, 재구성(reconstruction)은 사물의 부분 요소들을 재배열해서 새로운 구조를 만드는 것을 말한다. 예를 들어, 밀가루 반죽의 모양을 공 모양에서 소시지 모양으로 변형시키는 것을 들 수 있다. 이러한 활동에서는 영유아가 자신이 물질에 가한 행위를 거꾸로 해서 사물을 원래의 상태로 되돌릴 수 있는 능력, 즉 가역성이 중요하다. 둘째, 혼합(combination)은 물질을 결합함으로써 성분이나 농도를 변화시키는 것이다. 투명한 젤 상태의 계란 흰자를 가열하여 하얀색의 응고된 상태로 만드는 것이 이에 해당한다. 혼합 활동에서는 혼합 과정 중의 변화를 관찰하는 것이 중요시된다.

이상과 같은 두 가지 유형의 화학 활동은 모두 영유아 주도로 변환이 이루어진다는 공통점이 있다. 즉, 영유아가 직접 물질을 변화시키고, 그 결과를 관찰한다. 반면 자연세계에서 발견되는 많은 변환(예 성장, 부패)은 영유아가 만들 수 있는 변환은 아니다. 그러나 이러한 경우에도 영유아는 변환을 만들어내는 역할을 할 수 없을지라도 변환의 결과를 관찰할 수는 있다. 이러한 관찰은 아주 좋은 활동이라고 할 수는 없지만, 주변 세계의 변환에 대한 인식과 관심을 유도하고 결과적으로 환경에 대한 영유아의 민감성에 중요한 영향을 미칠 수 있다.

한편 화학 활동에서는 변화의 과정(process)보다 변화의 결과물(product)에 더 많은 관심을 두기가 쉽지만, 과정에 주안점을 두는 것이 중요하다. 이를 위해서 교사는 시작 상태와 끝 상태를 지나치게 강조해서는 안 되며, 시작과 끝 사이의 다양한 중간 상태에 대해 생각하도록 영유아를 격려해야 한다. 이상과 같은 맥락에서 다룰 수 있는 영유아 화학의 내용은 다음과 같다.

고체

- 모양이 일정하다.
- 눈으로 보고 손으로 만질 수 있다.
- 가루로 된 것도 있다.

액체

- 모양이 일정하지 않다.
- 손으로 잡을 수 없다.
- 흘러내린다.

기체

- 눈으로 볼 수 없다.
- 손으로 잡을 수 없다.

물

- 물은 0도 이하가 되면 얼음이 된다.
- 물을 끓이면 수증기로 변한다.
- 물은 온도가 높을수록 물질을 더 빨리 녹인다.

색깔

- 두 가지 색을 섞으면 다른 색이 된다.
- 빨간색, 노란색, 파란색을 섞으면 검은색이 된다.

요리

- 물의 양에 따라 반죽의 농도가 달라진다.
- 열에 의해 음식의 색, 질감 등이 변한다.

심층탐구 화학의 어원, 정의, 역사를 통해 본 영유아화학교육의 시사점

첫째, 영어로 화학을 뜻하는 'chemistry'는 이집트의 옛 이름 'chem'(黑, 검은 땅을 의미), 중국어 금(金), 그리스어 'chemia'(가한다 또는 붓는다) 등에서 유래되었다고 한다. 이러한 어원에 따르면, 화학은 연금술에서처럼 인간이 자연계의 물질들을 '섞거나 부어서' 무엇인가를 만드는 작업이다. 이는 필요에서든, 호기심에서든, 소유욕에서든 물질을 만들어내는 작업인 화학의 핵심에는 인간의 창조적 의지가 있으며, 이러한 창조적 의지와 물질을 섞고 붓는 행위가 화학의 근본이자 원동력으로 인정되어야 함을 시사한다.

둘째, 물질의 성질 · 조성 · 구조 · 변화를 다루는 학문이라는 화학의 정의로 짚어보면 물질에 대한 관심이 화학의 출발점이다. 물질에 대한 관심이 부족하거나 그러한 관 심이 격려받지 못할 경우 인간은 자신이 속한 자연세계에 무관심하거나 그 변화를 감지하기 어렵다. 그렇게 되면 자연세계를 효율적으로 이용할 수 없으며, 교감하고 공존하는 것도 불가능하다. 또한 이는 생활의 불편은 물론이고 자연과의 괴리, 자연훼손과 파괴로까지 이어질 수 있다. 따라서 물질과 자연세계에 대한 관심이 생애 초기부터 발달되고 표출될 수 있도록 교육적으로 지원되어야 한다.

셋째, 화학의 역사를 보면 불의 발견과 이용법의 발달에서부터 화학의 진보에는 '우연'이 중요한 역할을 했음을 알 수 있다. 예컨대, 공기, 탄소 화학물 구조, 주기율표 등의 발견은 실험 중에 우연히 일어난 사건이나 꿈에서 얻은 영감에서 비롯된 것이다. 그러나 이는 문자 그대로의 우연이 아니라 준비된 자에게만 오는 행운, 즉 부단한 노력을 행한 사람에게 주어지는 것이다. 따라서 특정 결과를 내는 데 얽매이지 않고 행하는 부단한 시도가 인정받고 그런 가운데 우연히 떠오르는 생각들이 그 진위에 관계없이 존중받아야 한다.

넷째, 화학의 역사가 보여 주는 또 하나의 시사점은 관찰과 사고의 중요성이다. 화학사에서 관찰과 사고의 중요성은 두 가지 맥락으로 나타난다. 한 가지는 생활 속에서 문제점을 발견 · 해결하고 생활의 편리를 추구하는 데 작용하는 관찰과 사고이다. 이것의 가장 오래된 예로는 불과 자연 염료를 생활에 이용한 선사시대와 고대 사람들의 화학적 사고력을 들 수 있다. 다른 한 가지는 보다 근원적인 의문에 대해 사색하고 생각을 이론화하는 것으로 물 · 불 · 흙 · 공기를 물질의 근원으로 가정한 고대 그리스의 4원소설이 이에 해당한다. 따라서 일상생활에서 물질이 보여 주는 장면들로부터 문제를 발견하는 관찰력과 문제를 해결하기 위해 행하는 유목적적인 사고, 그리고 물질에 대한 자유로운 가설형성과 이론구성이 중시되어야 할 것이다.

요컨대 영유아 화학 역시 시발점은 '물질에 대한 관심'이므로 교사는 주변의 '물질'과 '물질에 대한 영유아의 관심'에 초점을 맞추어야 한다. 이는 교사가 실험을 마술처럼 보여 주거나 맛있는 요리를 만들거나 예쁜 미술작품을 만드는 것이 아니라 영유아와 함께 물질에서 일어나는 변화를 발견하고 만들어내는 데 주력해야 함을 시사한다. 또한 영유아가 물질에서 일어나는 변화를 세심하게 관찰할 수 있도록 물리적 환경과 분위기를 조성하고, 물질에 대한 영유아의 생각을 '섞기'라는 화학적 행위로 시도해 볼 수 있도록 격려해야 한다. 그럼으로써 물질에 관한 영유아의 경험과 그들 나름의 이론형성을 가능하게 하는 것이 영유아 화학교육의 목표가 되어야 한다.

출처: 이수현 · 이종희(2006)

3. 도구와 기계

도구와 기계는 모두 생활의 편리를 위해서 인간이 만든 것이라는 공통점이 있으나 도구는 인간의 힘을 필요로 하는 반면 기계는 동력을 사용해서 인간의 힘이 없이도 구동할 수 있다는 점에서 차이가 있다. 따라서 부채나 빗자루는 도구이고, 선풍기나 진공청소기는 기계라고 할 수 있다. 도구는 기계가 발명되기 훨씬 전인 약 260만 년 전 석기에서 시작하여 오늘날까지 인간이 물리적인 주변 환경을 조절하고 조작하는 주요 수단이 되어 왔다. 또한 현대 문명사회에서는 냉장고 모터 돌아가는 소리, 자동차 바퀴가 도는 소리 등을 인식하지 못할 만큼 기계가 우리 생활의 일부로 자리 잡고 있다(Harlan & Rivkin, 2004). 도구와 기계의 발명은 과학 기술의 발달로 인해 가속화되고 있으므로 영유아가 살아가게 될 미래사회에서는 고도로 첨단화된 도구와 기계들이 사용될 것이다. 6차 유치원교육과정 탐구생활의 과학적 탐구 영역에 도구와 기계에 관심 가지기가 새로 포함되었던 것도 과학교육을 통해 영유아에게 도구나 기계에 대해 적극적인 관심을 갖게 한다는 시대적 요구를 반영한 것이다.

한편 도구와 기계는 가위나 포크같이 단순한 것에서부터 자동차나 컴퓨터와 같이 복잡한 것에 이르기까지 매우 다양하기 때문에 영유아의 관심이나 사전 지식 또한 그 수준과 폭의 차이가 크다(김미경, 2003). 그러나 대부분의 영유아는 도구와 기계의 기능이나 필요성 등을 의식하지 못하더라도 자전거를 타거나 컴퓨터를 하고 장난감 자동차를 가지고 노는 등 놀이를 통해 도구와 기계에 흥미를 갖는다. 기계에 특히 관심이 많은 영유아는 장난감이나 간단한 기계를 분해해 보기도 한다. 이때 성인이 무조건 야단을 치면 영유아는 점차 기계에 대한 호기심과 탐색하는 태도를 잃어버리게 되므로 교사는 영유아

[그림 5-6] 도구와 기계를 주제로 한 그림자 교구

가 도구나 기계에 대해 유쾌한 경험을 할 수 있도록 배려해야 한다.

일상생활에서 영유아가 쉽게 발견하고 접할 수 있는 기계와 도구는 과학적 가치가 충분히 있는 주제이며, 영유아의 생활을 중심으로 하여 접근해야 한다. 예를 들어, "만약 이 도구(예 포크나 젓가락)가 없었다면 우리는 무엇으로 먹을 수 있을까?", "자동차가 없었다면?", "전화가 없었다면?" 등과 같이 우리의 생활에 직접적인 영향을 끼치는 것들을 중심으로 질문을 하고 대답을 생각해 보는 기회를 제공하면, 도구와 기계가 우리의 생활에 주는 편리함을 쉽게 알 수 있을 것이다. 또 더욱 편리한 생활을 하기 위해서는 어떤 기계, 어떤 도구가 있었으면 좋을지에 대해서도 이야기해 보는 시간을 가져서 더욱 발전된 미래를 상상해 볼 수 있는 기회를 가져 보는 것도 필요하다(교육부, 1998). 나아가 자신이 발명하고 싶은 도구나 기계가 없는지 이야기해 보고, 이를 그림으로 표현해 보거나 실제로 간단한 도구를 만들어 보는 것도 효과적이다. 이외에도 도구와 기계에는 여러 가지 종류가 있으며, 각각의 용도는 서로 다르다는 것을 이해하고, 도구와 기계는 적절하게 사용하지 않으면 망가지거나 고장이 날 수 있다는 것을 인식하고 올바른 사용법을 알아보는 것도 필요하다. 아울러 도구와 기계는 인간에게 많은 도움을 주기도 하지만 그만큼 위험하기도 하며, 기계화가 인간 소외 등 부정적인 영향을 미칠 수 있다는 것도 생각해 보아야 한다.

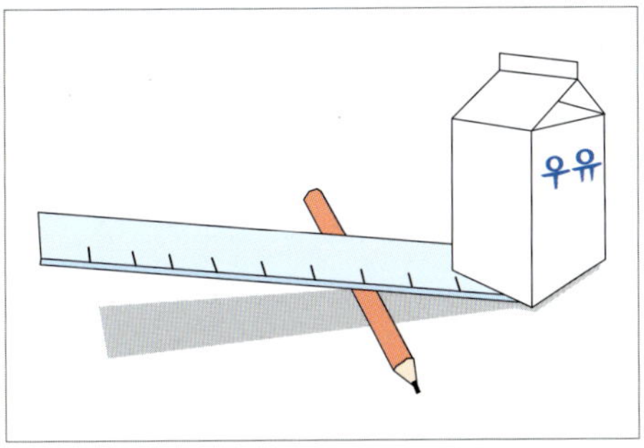

[그림 5-7] 교실에서 간단히 만든 지레

교실에는 간단한 기계나 도구의 원리를 알아볼 수 있는 기회가 수없이 많다. 예를 들어, 도구 개념은 목공놀이의 일부가 될 수 있다. 무거운 모래주머니를 모래상자에 갖다 놓아야 할 경우 영유아가 바퀴로 운반하도록 도와줄 수 있다. 교실과 놀이터의 기구를 수선하고 유지하는 것을 영유아가 관찰하게 하거나 상징적으로라도 이러한 관리의 책임을 영유아에게 맡기는 것도 좋다. 특히 장난감을 망가뜨리고 친구들을 괴롭히던 아이에게 역할을 주면 이러한 행동을 하지 않을 것이므로 더욱 효과적이다(Harlan & Rivkin, 2004). 이와 같은 도구와 기계에 관한 활동은 복잡한 원리를 설명하기보다는 도르래, 지레, 바퀴 등 간단한 기계를 관찰하거나 작동해 봄으로써 과학적 소양과 탐구 태도를 길러 주는 데 초점을 두어야 한다. 도구와 기계에서는 대체로 다음과 같은 내용을 다룰 수 있다.

도구와 기계의 일반적 특성

- 도구와 기계에는 여러 가지 종류가 있다.
- 도구와 기계의 용도는 여러 가지이다.
- 도구와 기계는 여러 가지 부분으로 이루어져 있다.

도구와 기계의 필요성

- 도구와 기계는 인간의 생활을 편리하게 해 준다.
- 도구와 기계는 올바르게 사용해야 한다.

도구와 기계의 동력

- 도구와 기계를 움직이는 힘은 다양하다.

(예 사람의 힘, 전기의 힘, 석탄의 힘, 물의 힘, 공기의 힘, 태양의 힘 등)

심층탐구 생활 속의 간단한 기계의 원리

그림	원리	적용 예
	지레는 받침대와 막대를 이용하여 물체를 쉽게 움직이는 것을 말한다. 그러나 지레를 쓴다고 항상 힘이 적게 드는 것은 아니다. 힘점, 받침점, 작용점의 위치에 따라 필요한 힘의 크기는 달라진다. 이것을 이용하여 아르키메데스는"지구 밖에 받칠 수 있는 장소를 달라. 그러면 지구를 옮기리라"고 말했다고 한다.	장도리 병따개 가위 시소 집게

그림	원리	적용 예
	축바퀴는 적은 힘으로 축을 수월하게 돌릴 수 있도록 지레의 원리를 회전축에 적용한 것이다. 축바퀴는 큰 바퀴와 작은 바퀴가 있는데, 힘을 주는 부분(힘점)은 축의 중심(받침점)에서 멀리 떨어져 있고, 힘이 작용하는 부분(작용점)은 축의 중심에서 가깝기 때문에 지레의 원리에 따라 큰 힘을 낼 수 있다.	자동차 핸들 문손잡이 야구방망이 연필깎이 손잡이
	빗면은 기울어진 면을 말한다. 빗면을 이용하여 물체를 끌어올릴 때 필요한 힘은'무게×높이÷빗면 길이'이다. 빗면이 길수록(경사가 완만할수록) 힘이 덜 들지만, 수직으로 높이만큼 들어 올리는 것보다 긴 길이를 올려야 한다. 따라서 그냥 들어 올리는거나 빗면을 이용하거나 하는 일의 양은 같다.	경사로 등산로 미끄럼틀 덤프트럭
	나사는 나선형 모양으로 된 빗면이다. 나사의 모양은 못처럼 매끈하지 않고 홈이 파여 있다. 기계 부품을 죄거나, 동작 조절·자리 이동 등에 쓰인다. 레오나르도 다빈치는 나사의 원리를 이용, 나사 모양의 날개를 부착한 헬리콥터와 새와 같이 날개를 퍼덕이며 나는 비행기 모형을 설계했다고 한다.	병뚜껑 전구 소켓 렌치(멍키스패너)
	도르래는 홈이 파인 바퀴에 줄을 걸어 힘의 방향이나 크기를 바꾸는 장치이다. 종류는 고정도르래와 움직도르래가 있는데 전자는 힘의 크기는 그대로이고 힘의 방향만 바뀌고, 후자는 줄과 함께 움직이는 도르래로서, 힘의 크기는 감소하고 힘의 방향은 그대로이다. 정약용이 도르래로 거중기를 제작하여 무거운 돌을 들어 올려 수원의 화성을 쌓았다고 한다.	기중기 국기 게양대 곤돌라 두레박

6장 생명과학

생물은 무생물과 달리 내부의 힘에 의해 활동할 수 있으며, 성장 · 번식할 수 있다. 생물과학은 이러한 생명체를 다루는 학문으로서, 우리 몸, 동물, 식물 등의 분야로 구성된다. 생물과학은 영유아 과학교육에서 비교적 많은 비중을 차지하고 있는데, 이는 20세기 초 유행했던 자연학습 운동의 영향도 있지만 생물이 영유아에게 친숙한 주제이기 때문이다(유윤영, 2001).

<표 6-1>과 같이, 영유아는 물활론적 사고(animism) 특성 때문에 처음에는 모든 사물에 생명을 부여한다. 이후 움직이는 것만이 생명이 있다고 생각하다가(예 자전거, 구름) 스스로 움직이는 것만이 생명이 있다고 믿는 과정을 거쳐서(예 자전거는 생명이 없고, 구름은 생명이 있다) 결국에는 성인과 같이 동물과 식물에만 생명을 부여하게 된다. 또한 동물에 대한 것보다 식물에 대한 생물-무생물의 개념이 늦게 획득된다(조복희, 2006). 이와 같이 영유아기에는 완전하지는 않지만 생물과 무생물에 대한 개념, 생물의 욕구 및 행동, 생물에 대한 존중감 등의 개념이 발달한다.

〈표 6-1〉 물활론적 사고의 발달 단계

단계	특성	예		
		난로	자전거	구름
단계0: 무개념	임의로 판단함			
단계1: 활동성	활동적인 것은 모두 살아 있다고 생각함	○	○	○
단계2: 움직임	움직이는 것만이 살아 있다고 생각함	×	○	○
단계3: 자율적인 움직임	스스로 움직이는 것만이 살아 있다고 생각함	×	×	○
단계4: 성인의 개념	동물과 식물만이 살아있다고 생각함	×	×	×

출처: Carey(1985)

한편 오늘날의 영유아는 주변 환경에서 동물이나 식물을 경험할 기회가 제한되어 있다. 이들이 습득한 생명과학 지식은 직접적인 경험보다는 책이나 TV 등 간접적 경험에서 나온 것이 대부분이다. 그러나 생명과학에 대한 지식은 직접적인 학습 경험을 통해 접근되는 것이 바람직하다. 영유아기에 동식물과 긍정적인 상호작용을 하는 것은 자연에 대해 부정적인 태도를 갖는 것을 방지하고 일생을 통해 자연보호 습관을 형성하게 해 준다(Eliason & Jenkins, 2003). 따라서 영유아는 자신의 주변에 흔히 있는 친숙한 식물과 동물을 탐색하고, 이들이 어떻게 음식을 얻으며, 어떠한 특징을 갖고 있으며 성장하면서 어떻게 변화하는지, 그리고 인간과는 어떠한 관계를 맺고 있는지를 학습할 필요가 있다. 영유아 단계에서 생물과학에서 다루어야 할 공통적인 개념인 생명체의 특성, 생명체의 일생, 생명체와 환경 간의 관계를 식물, 동물, 인체 등의 분야에 따라 구체적으로 살펴보면 다음과 같다.

1. 식물

식물은 우리 인간에게 음식, 옷, 집을 제공하고 우리가 숨 쉬는 공기를 깨끗하게 해 주며, 우리가 사는 세상을 아름답게 만들어 준다. 아울러 영유아에게 있어

[그림 6-1] 영유아교육기관에서 식물을 가꾸고 물을 주는 영유아들

식물은 놀이와 탐구의 대상이면서 휴식과 안정을 제공해 준다. 예를 들어, 나무는 영유아가 기어오르면서 놀 수 있는 대상이며, 모험을 할 수 있는 탐구의 장소이자 편안한 시간을 보낼 수 있는 휴식의 장소가 되기도 한다(Kirby, 1989). 또한 영유아는 발밑의 이름 없는 작은 풀에서부터 하늘 높이 솟아오르는 나무에 이르기까지 식물에 매력을 느끼며, 직접 식물을 기르고 가꾸는 행동을 통해 많은 즐거움을 얻는다.

이에 식물은 영유아교육이 시작되던 초창기부터 중요한 교육 내용으로 자리를 잡게 되었다. 코메니우스(Comenius), 페스탈로치(Pestalozzi), 프뢰벨(Fröebel) 등이 실천한 영유아교육에서 영유아가 자연환경에 관심을 갖고 자연의 경이로움을 느낄 수 있도록 식물 기르기, 정원 가꾸기, 관찰하기 등이 행해졌으며, 19세기 미국의 영유아교육에서도 잔디가 있는 정원 가꾸기가 강조되었다. 그러나 1960년대 인지발달 이론이 등장하고 국가 발전의 원동력으로 과학의 중요성을 인식하게 되면서 자연은 더 이상 영유아에게 친숙하고 흥미로운 대상이 아닌 탐구의 대상이자 지식 형성을 위한 교과로 대치되었다(김정윤, 2006). 그리하여 식물의 종류에 따라 분류하기, 식물의 크기에 따라 순서짓기, 시간의 흐름에 따라 식물의 성장 변화 알아보기 등과 같은 식물 학습이 성행하게 되었고, 오늘날에도 이러한 활동은 식물 사진이나 그림 카드 등을 이용하여 빈번하게 행해지고 있다. 이러한 종류의 식물 학습은 유용하고 흥미도 있지만, 영유아의 이해를 고려하지 못하며 식물이 갖는 고유의 특성을 충분히 반영하지 못한다는 한계를 갖고 있다. 또한 이러한 학습보다 더 중요한 것은 생태학적 관점을 갖는 것이다. 생태학적 관점이란 영유아가 자연 생태계의 한 일원으로서 자

[그림 6-2] 19세기 유치원의 정원 가꾸기

신과 그들을 둘러싼 세계와의 관계에 대한 안목을 형성하는 것으로, 자신이 하는 행동이 주변의 자연세계에 혹은 역으로 자연세계가 자신에게 어떠한 영향을 미칠 것인가를 터득하는 것이라고 할 수 있다(유윤영, 2001).

식물을 관찰하거나 기르는 일은 비단 심리적인 만족감을 줄 뿐 아니라 식물에 관한 여러 가지 과학 개념을 학습할 수 있는 좋은 기회가 된다. 한 알의 작은 씨앗으로부터 싹이 트고, 잎이 나고, 꽃이 피고, 열매를 맺고, 낙엽이 지는 과정을 직접 관찰해 봄으로써 식물의 성장을 자연스럽게 이해할 수 있으며, 식물에 물을 주고 기르는 과정을 통해서 식물이 성장하는 데 필요한 요소 등 식물에 관한 지식을 습득할 수 있다(교육부, 1998). 또한 관찰한 식물에 대해 이야기하면서 식물의 특성과 크기, 색, 수, 질감, 모양과 같은 개념이 발달할 수 있다. 예를 들어, 커다란 나무를 관찰하다 보면 "무엇이 나무를 초록색으로 만드는지 궁금해.", "이 나무는 얼마나 크게 자랄까?" 등과 같은 질문이 자연스럽게 일어날 수 있다. 물론 영유아의 질문에 답을 하기 어려운 경우도 있지만, 중요한 것은 백과사전적인 지식을 가르치는 것이 아니라 호기심을 길러 주는 것이므로 영유아의 관찰과 생각을 지원하는 데 주력하면 된다(Eliason & Jenkins, 2003). 이외에도 흙을 파고 잡초를 뽑고 물을 주는 행동을 통해서 식물을 보살펴 주려는 마음도 생기게 되며, 씨앗을 받아 보는 경험을 통하여 작은 씨앗 속에 놀라운 생명이 담겨 있다는 사실을 깨닫게 된다. 따라서 식물에 관한 내용에는 단순히 식물에 대해서 알아보거나 길러 보는 차원을 넘어서, 영유아로 하여금 주의 깊게 관찰해 보도록 격려하는 것이 포함되어야 한다(교육부, 1998).

[그림 6-3] 꽃의 일생(Prairie, 2005)

이와 같이 볼 때 가능하면 영유아가 식물과 실제적인 경험을 하도록 해야 한다. 근처 산이나 식물원 등으로 현장학습을 가는 것도 좋지만 영유아교육기관에 영유아 자신이 일상적으로 꽃이나 채소를 심고 키울 수 있는 넓은 정원이 있는 것이 이상적이다. 아울러 영유아는 실외 환경뿐 아니라 교실에서도 식물을 탐색할 기회를 가져야 한다. 이때 교사는 기후와 계절에 적합한 다양한 종류의 식물을 선택해야 하되 독이 있는 식물도 있으므로 유의해야 한다. 예를 들어, 제라늄은 기르기 쉽고 생명력이 강하며, 꽃이 피는 것을 관찰하기 좋다. 교사는 새 봉오리가 나오거나 잎이 시들거나 벌레가 생기는 등의 변화가 있을 때마다 코멘트를 제공해야 한다. 여러 종류의 식물이 있을 경우에는 일상적으로 '이 꽃' 또는 '저 나무'라고 부르기보다 구체적인 이름을 말하고, 영유아와 함께 식물에 이름표를 붙여 주는 것이 바람직하다. 또한 영유아에게 식물에 물을 주고, 햇빛이 드는 곳에 식물을 두고, 비료를 주는 등 책임을 맡길 수 있다. 나이 든 영유아는 화분에 물을 주는 방법에 대한 설명을 붙여 놓으면 혼자서도 잘 할 수 있지만 어린 영유아는 주전자를 들거나 물을 얼마나 주어야 할지를 결정할 때 교사의 도움이 필요하다. 교실에 식물을 기를 공간이 없다면 복도에 미니 정원을 설치하는 것도 좋다. 또한 이동 정원(portable garden)을 만들어서 방학 동안에는 영유아나 교사의 집으로 가져갔다가 개학하면 다시 가져올 수 있다(Eliason & Jenkins, 1990).

[그림 6-4] 식물의 성장을 관찰 · 측정하기 위한 장치
(Prairie, 2005)

식물의 일생은 예기치 않게 경험할 수 있는데, 이때를 학습 기회로 잘 활용해야 한다. 예를 들면, 호박에 곰팡이가 나면 바로 쓰레기통에 버리기보다는 실외 적절한 장소에 놓고 변화를 관찰하게 하는 것이 좋다. 그리고 이것을 퇴비 덩어리에 놓아서 내년도에 자라날 식물에 자양분이 되도록 할 수 있다(Harlan &

[그림 6-5] 식물 성장에 관한 실험

Rivkin, 2004). 이와 같이 우발적인 사건을 이용한 학습이 효과적이지만 계획적인 학습이 필요한 경우도 있다. 예를 들어, 식물의 싹 틔우기와 돌보기는 계획적인 활동으로 이루어져야 한다. 왜냐하면 영유아에게 씨를 심고 그것들이 자라기를 기다리는 것은 지루한 일이 될 수 있기 때문이다. 특히 영유아는 나이가 어릴수록 즉각적인 결과를 좋아하므로 극적 변화가 보이지 않는 상태를 몇 주일 이상 견디어내기는 어렵다. 따라서 봄 학기가 시작되면서 씨앗을 관찰하고 뿌려 보고 계속 돌보도록 하여 식물이 자라나거나 시드는 변화에 대해 탐구할 기회를 갖도록 계획해야 한다(권영례, 2000). 나아가 이와 같이 직접 관찰한 식물을 주기적 혹은 계절별로 사진을 찍거나 그림을 그려서 순서대로 게시하면 식물의 변화나 성장 과정을 한눈에 볼 수 있어서 효과적이다. 또한 식물의 학습에는 관찰이 주를 이루지만 간단한 실험이 가능한 경우도 있다. 예를 들어, 식물의 성장에 필요한 요소를 알아보기 위해 동일한 식물들을 준비하여 하나는 햇빛 바른 곳에 두고 다른 것은 햇빛이 잘 들지 않는 곳에 둔 후 성장 결과를 비교할 수 있다.

식물을 학습할 때에는 일반적인 식물을 다룰 수도 있지만 씨앗, 채소, 과일, 곡식, 나무 등 특수한 주제를 선택하는 것도 영유아의 흥미를 끌 수 있다. 이러한 경우 적절한 계절(예 식목일 무렵)이나 날씨를 선택하고 영유아의 주변 환경이나 그 지역에 가장 흔한 식물을 선정하는 것이 좋다(Eliason & Jenkins, 2003).

식물에 관한 개념에서는 주로 식물의 구조, 성장, 종류, 용도, 생명의 존엄성 등을 다룰 수 있으며, 구체적으로 다음과 같은 내용이 포함될 수 있다.

구조

- 식물은 뿌리, 줄기, 잎이 있다.
- 대부분의 식물은 씨앗이 있다.
- 뿌리나 씨앗이 없는 식물도 있다.
- 뿌리는 물을 흡수한다.

성장

- 식물은 살아 있다.
- 식물이 자라기 위해서는 물, 햇빛, 영양분, 온도, 공기가 필요하다.
- 식물은 계절에 따라 변화한다(예 단풍).

용도

- 식물은 인간에게 그늘을 만들어 준다.
- 식물은 인간에게 목재, 종이, 의복(예 면)을 제공해 준다.
- 식물은 인간에게 깨끗한 공기를 준다.
- 식물은 인간이 먹을 수 있는 열매나 씨앗을 만든다.
- 독이 있거나(독버섯) 인간에게 해를 끼치는 식물(잡초)도 있다.

2. 동물

동물의 세계는 참으로 거대한 세계이다. 동물은 현미경 없이는 볼 수 없는 아주 작은 것부터 인간보다 훨씬 큰 것에 이르기까지 그 크기가 매우 다양하며, 생활양식 역시 매우 다양한 양상을 띠고 있다. 그러나 모든 동물에는 세 가지 공통적인 특성이 있다. 첫째, 식물은 일단 씨앗이 싹트기 시작하면 한 곳에 머무르는 반면, 동물은 가고자 하는 곳으로 스스로 이동한다. 둘째, 식물은 광합성을 하여 스스로 영양물을 만들어 내는 데 비해 동물은 먹이를 찾아서 조달한다. 즉, 먹이를 찾아내야 하기 때문에 움직여야 하는 것이다. 셋째, 동물은 생존을 위해 작용하는 많은 세포로 구성되어 있다(최인숙, 2000).

동물을 그다지 좋아하지 않는 영유아도 있지만 대부분의 영유아는 동물을 만지고 지켜보고 돌보는 것을 매우 좋아하며, 동물에 많은 흥미를 갖고 있다. 그래서 동물은 영유아의 연령을 막론하고 영유아교육기관에서 연중 다루어지는 내용이다. 영유아는 자신이 흥미 있어 하는 동물을 학습함으로써 크기, 모양, 수, 색, 질감, 무게, 냄새, 소리, 영양 등 많은 개념을 이해하고, 개별 동물과 관련된 특수한 개념이나 동물을 범주에 따라 분류하는 능력을 습득할 수 있다. 예를 들어, 동물의 물리적 특성, 사는 곳, 먹이, 용도, 번식 방법 등의 특징에 익숙해짐에 따라 동물을 비교하는 것을 재미있어하게 되는 것이다. 이외에도 동물에 대한 지식은 동물을 어떻게 들어야 하는지, 무엇을 먹여야 하는지, 우리를 어떻게 청소해 주어야 하는지 등 동물을 돌보는 법을 알게 해 준다. 영유아는 교실의 동물에게 먹이를 주고 돌보면서 자신의 중요성을 느끼게 된다. 특히 출산율 감소로 인해 부모로부터 받은 보살핌을 형제자매에게 되돌려 줄 기회가 거의 없는 오늘날의 영유아에게 동물을 기르는 경험은 커다란 의미가 있다. 또한 간혹 동물을 무서워하는 영유아도 있지만 동물과의 경험을 통해 이러한 두려움은 완화되거나 극복될 수 있다.

한편 물리나 화학 등의 과학 영역에서는 실험, 즉 영유아가 직접 사물을 다루는 행위를 강조하는 데 비하여 동물의 경우에는 실험을 하는 것이 흥미는 있을 수 있지만 바람직하지는 않은 경우가 많다. 예를 들어, 영유아가 "쥐의 꼬리를 떼어버리면 어떻게 될까?"라는 의문을 갖고 있다고 해서 실제로 쥐의 꼬리를 떼어보게 할 수는 없다. 이 실험을 통해 영유아가 동물에 대한 지식을 습득할 수 있을지는 모르지만 생태학적 관점에서 생물을 존중하고 사랑하는 마음을 기른다는 보다 궁극적인 목표는 훼손될 수 있기 때문이다. 따라서 동물을 학습할 때에는 실험보다 관찰이 더 효과적이라고 할 수 있다. 그러나 이때 관찰은 수동적인 행위가 아니라 적극적 행위로서 자연 세계에 대한 경외심을 일으킬 수 있어야 한다. 이러한 의미에서 관찰이라기보다는 참여(participation), 즉 관찰 대상에 몰입되어 있는 것이라고 표현하는 것이 적절할 것이다. 예를 들어, 거미줄을 치고 있는 거미를 관찰할 때 거미가 살아 있는 생명체라는 느낌이나 거미와 사람 간의 연관성을 생각하지 못하고, 거미 자체의 물리적 특성만을 객관적으로 보는 것만으로는 부족하다. 거미줄을 사람들의 건축물과 연결하여 생각함으로써 영유아는 생태학적 관점의 본질인 인간과 자연세계와의 관련성을 이해할 수 있다. 생태학적 관점은 역할놀이를 통해서도 습득될 수 있다. 예를 들어, 거미줄 모형을 설치한 극놀이 영역에서 영유아는 거미 흉내를 냄으로써 거미의 입장이 되어 볼 수 있으며, 털실 등으로 거미줄을 직접 만든 후 교실의 다른 영역에 설치해 봄으로써 거미줄의 연약함과 안정성을 알 수 있게 된다. 또한 글이나 그림을 이용해서 영유아가 거미줄을 만든 경험과 거미가 만든 거미줄을 관련지어 볼 수도 있을 것이다(보건복지부, 2001; Chaille & Britain, 1996).

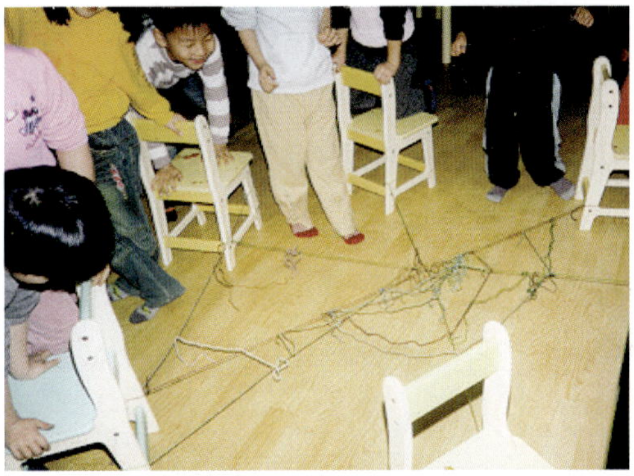

[그림 6-6] 교실에서 실로 거미줄을 만드는 영유아들

동물에 대한 주된 학습 방법이 실험이 아니라 관찰이라는 사실은 동물 학습을 계획하고 있는 교사에게 융통성을 요구한다. 예를 들어, 거미를 학습하기로 한 날에 운동장에서 거미를 발견할 수 있는 것은 순전히 운이기 때문이다. 따라서 교사 주도의 계획된 활동으로 접근하기보다는 우발적인 사건(예 바깥 놀이 중 우연히 거미를 발견했을 때)을 학습 기회로 활용하는 것이 바람직하다. 또 다른 대안은 동물을 교실 안으로 끌어들이는 것이다. 자연 세계에서 격리되어 채집 상태에 있는 동물은 반복적인 관찰을 가능하게 해 줄 뿐 아니라 동물의 생김새나 행동을 좀 더 자세히 관찰할 수 있게 해 준다. 물론 모든 동물을 교실에 둘 수 있는 것은 아니며, 동물을 구입하고 교실에 집을 만들어서 키우는 데는 비용이 많이 든다. 그러나 지렁이, 거미, 곤충 등과 같이 돈을 들이지 않고 주변에서 쉽게 구할 수 있는 것들도 있으며, 새, 물고기, 햄스터, 달팽이, 토끼, 개

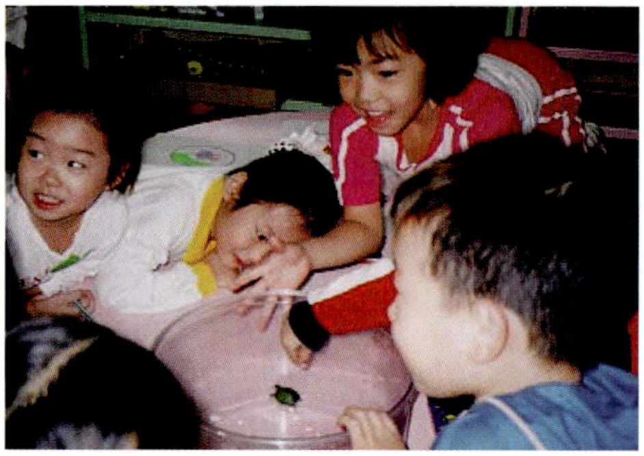

[그림 6-7] 교실에서 청거북을 관찰하는 영유아들

미, 사슴벌레, 거북이, 생쥐, 도마뱀, 병아리 등은 비교적 교실에서 관찰하기 좋은 동물들이다. 또한 동물을 장기간 교실 안에 둘 필요는 없다. 예를 들어, 나비의 성장을 관찰한 후에는 나비를 창문 밖으로 날려 보낼 수 있다(Chaille & Britain, 1996; Harlan & Rivkin, 2004).

이러한 측면에서 교사는 동물 개념을 가르칠 때 영유아가 감각적 경험을 직접 하는 것이 중요함을 명심해야 한다. 예를 들어, 양계장을 방문하거나 교실에서 달걀이 부화되어서 병아리가 나오는 것을 관찰하지 않으면서 '달걀-병아리-닭'의 관계를 말로 가르치는 것은 바람직하지 않다. 따라서 동물에 대한 지식을 설명하는 것보다는 그 동물을 보기 위해 현장학습 가기, 그 동물을 갖고 있는 사람을 교실에 초청하기, 그 동물을 교실에 두고 관찰하기 등의 활동들이 효과적이다. 그러나 단순히 교실에 실제 동물이 있는 것만으로는 부족하며 교사의 적절한 상호작용이 필요하다는 사실 역시 기억해야 한다. 다음 예와 같이 교실에 실제 동물이 있을 때에도 오개념이 일어날 수 있기 때문이다(Eliason & Jenkins, 1990).

> 서정이는 병아리가 달걀을 깨고 나오는 것을 관찰했다. 병아리가 다 나오고 달걀이 하나만 남았을 때 서정이는 "그런데 엄마 닭은 언제 나와요?"라고 묻는다.

또한 동물을 기르는 과정에서 자연스럽게 생식과 죽음을 경험할 수 있다. 영유아가 생식에 대해 질문할 때 많은 교사들은 교사 자신이 이 주제에 대해 불편함을 느끼거나 혹은 부모들이 원하지 않을 것이라고 생각해서 어떻게 대처해야 할지 난감해한다. 이러한 경우 교사는 영유아는 자신이 보지 못하는 것은 이해하지 못한다는 것을 명심하고, 영유아가 질문하면 이들의 정확한 의도를 파악하고, 영유아가 질문한 것에 대해서만 대답하면 된다는 입장에서 반응하면 된다. 또한 답을 알지 못하거나 대답하는 것이 불편하다면 "중요한 질문을 했구나. 선생님이 너에게 답을 제일 잘해 줄 사람이 누구인지 알아볼게. 꼭 기억했다가 내일 알려주마."라고 말함으로써 교사가 영유아의 생각을 존중하고 있음을 보여 준다. 그러나 교사가 영유아의 질문을 무시한다면 영유아는 자신이 잘못된 주제를 질문했다고 생각할 수 있다. 기르던 동물이 죽었을 때에도 교사는 흔히 영유아에게 이를 감추려고 하지만 그대로 놔두고 영유아가 관찰하게 하는 것이 좋다. 영유아가 동물이 움직이ㅀ지 않는다고 말하면 교사는 무슨 일이 일어난 것 같으냐고 질문한다. 영유아가 흔히 갖는 잘못된 개념은 동물은 단지 잠을 자고 있을 뿐이라는 것이다. 교사의 솔직한 이야기는 영유아에게 죽음을 이해하게 해 준다. 그리고 죽은 동물을 어떻게 할 것인지를 영유아와 함께 계획한다(Prairie, 2005).

[그림 6-8] 누에 키우기

영유아들은 거북이가 죽으면 어떻게 될 것인지 죽음 이후에 대해 궁금해 하였다. 마음만 하늘로 올라간다고 생각하는 영유아, 거북이의 몸까지 같이 올라간다는 영유아, 뼈가 남는다고 생각하는 비교적 과학적인 생각을 하는 영유아 등 영유아들의 반응은 다양했다. 영유아의 생각을 받아들여 살은 썩고 뼈가 남는다고 마무리를 지었음에도 불구하고 영유아들은 정말 거북이가 죽은 후 어떻게 되는지 궁금해 했고, 살이 썩는지 확인하고 싶은 욕구가 간절하여 선생님 몰래 결국 무덤을 파헤쳤다. 무덤은 함부로 파면 안 된다는 윤리적인 문제를 나누었음에도 불구하고 집에 갈 때쯤 거북이의 무덤은 파져 있었다. 과연 영유아들의 알고자 하는 욕구는 윤리적인 문제를 뛰어 넘는 것일까?(안부금, 2002)

동물 단원과 경험을 계획할 때에는 흔한 동물을 중심으로 단원을 만들어가는 것을 두려워할 필요는 없다. 예를 들어, 개, 물고기 등의 단원에서도 새로운 많은 개념을 학습할 수 있으며, 많은 아이디어가 명확해지고 강화될 수 있다. 대부분의 영유아가 이미 이러한 동물들에 익숙하고 애완동물로 기르고 있는 경우도 있겠지만 이미 알고 있는 것을 토대로 해서 새로운 개념이 형성될 수 있으며 폭넓은 의미가 습득될 수 있다.

동물에 관한 개념이나 주제는 무한하며, 일반 동물을 주제로 하든 특정 동물을 주제로 하든 동물은 좋은 주제이다. 일반적으로 동물과 관련하여 영유아가 학습할 수 있는 내용은 동물의 종류, 동물의 특징과 이름, 동물의 성장, 동물과 인간의 관계 등이다.

동물의 종류

- 동물에는 여러 가지 종류가 있다.
  포유류 : 알이 아닌 새끼를 낳는다(예 토끼, 고래).
  조류 : 깃털과 날개가 있다(예 비둘기, 독수리).
  파충류 : 몸이 비늘이나 딱지로 싸여 있고 동면을 한다(예 뱀, 악어).
  양서류 : 어류와 파충류의 중간으로 땅 위나 물에서 산다(예 개구리, 두꺼비).
  어류 : 지느러미로 헤엄을 친다(예 금붕어, 상어).
- 먹이에 따라서는 초식동물(예 말), 육식동물(예 사자), 잡식동물(예 사람)이 있다.
- 동물들이 생활하는 곳은 땅 위(예 닭), 땅속(예 두더지), 물(예 상어), 하늘(예 제비) 등 다양하다.
- 사라진 동물(예 공룡)이나 존재하지 않는 동물(예 용)도 있다.

동물의 특징과 이름

- 동물의 각 부분은 중요한 목적을 갖고 있다.
  예 날개, 다리, 껍질, 눈, 꼬리, 입, 발, 코, 팔, 부리, 더듬이

- 동물은 식물과 달리 다양한 방법으로 움직인다.
  예 걷기, 수영하기, 날기, 기기, 날개나 지느러미 또는 꼬리를 이용해서 움직이기
- 동물은 다양한 방법으로 자신을 보호한다.
  예 변색, 발톱, 뿔, 독이 있는 부리, 침
- 동물은 각기 다양한 물리적 특성을 갖고 있다.
  예 귀: 토끼, 코: 코끼리, 목: 기린 등

동물의 성장

- 동물은 성장하면서 변화한다(예 알-올챙이-개구리).
- 동물의 새끼는 어미와 비슷할 수도 있고(예 사마귀) 그렇지 않을 수도 있다(예 백조).
- 동물의 새끼는 이름이 따로 있는 경우도 있다(예 닭-병아리)

동물과 인간의 관계

- 인간에게 이로운 동물도 있다.
  예 음식: 소, 옷: 양, 교통수단: 말, 맹인 안내: 개, 애완동물: 고양이 등
- 인간에게 해로운 동물도 있다.
  예 독: 뱀, 병균: 파리
- 수의사는 아픈 동물이나 다친 동물을 치료해 주는 사람이다.

심화 학습 공룡

영유아가 매우 좋아하는 공룡(dinosaur)은 그리스어로 공포를 뜻하는'deinos'와 도마뱀을 뜻하는'sauros'가 합성된 단어이다. 공룡은 파충류의 일종으로 상당수가 육식성이었으나 일부는 원시 파충류의 생활방식을 버리고 초식성으로 전환하기도 했다. 초기 공룡은 두 발로 보행을 했지만 초식공룡은 네발 보행이 발달했다. 공룡은 중생대 트라이아스기 중엽 등장하기 시작하여 쥐라기에는 '공룡시대'라 불릴 만큼 많은 종의 공룡이 세계를 지배했으나, 중생대 백악기 말에 갑자기 멸종되어 버렸다. 멸종 원인은 명확하지 않으며, 화산 폭발, 기온 변화(빙하), 운석 충돌 등 여러 가지 설이 있다.

티라노사우루스	알로사우루스	아르케옵테릭스

매우 큰 육식공룡으로(15m, 6~7톤), 몸을 일으키면 높이가 6m에 달한다. 괴물 같은 입으로 커다란 고깃덩어리를 뜯어냈으며, 뒷다리에 치명적인 무기인 날카로운 발톱이 있다.	티라노사우루스보다 천만년 전에 살았던 육식공룡이다. 무게 2t에 길이는 10.4m까지 성장했고, 몸의 절반은 균형을 잡기 위한 꼬리이다. 아파토사우루스 등을 잡아먹은 것으로 보인다.	시조새라고도 불리는 아르케옵테릭스는 길이가 35cm이며, 새처럼 깃털이 달려 있어 날아다녔으리라 추측된다. 날카로운 이빨 생김새로 보아 곤충이나 과일 등을 먹었으리라 짐작된다.
스테고사우루스	브라키오사우루스	트리케라톱스

매우 순한 초식공룡이다. 등 위에 삼각형의 골판이 두 줄로 나란히 있는데, 체온 조절과 방어용으로 사용되었다. 뇌의 크기는 호두 크기만 하며, 꼬리에 4갈래의 가시가 있다.	초식공룡이며 다른 공룡과 달리 앞다리가 뒷다리보다 길어서 몸통이 목에서 꼬리 쪽으로 기울어 있다. 다른 용각류에 비해 목이 길고 꼬리는 짧고 굵다. 머리에 납작한 입이 있고 콧구멍은 머리 꼭대기에 있다.	'뿔이 셋 달린 얼굴'이라는 뜻을 가진 트리케라톱스는 초식 동물로서 백악기 후기에 무리를 지어 살았다. 이들은 머리에 난 뿔의 크기와 모양을 보고 자기 종족을 구별했을 것으로 추측된다.

3. 인체

영유아는 자신의 신체 안에 무엇이 있는가를 알고 싶어 하며, 빨리 커서 성인이 되고 싶어 한다. 인체에 관한 지식은 영유아가 자신의 신체에 대해 가질 수 있는 걱정이나 잘못된 개념을 극복하거나 바로잡게 해 주며, 영유아가 자신의 신체적 복지에 대한 책임감을 발달시키는 데 도움이 된다(Harlan & Rivkin, 2004). 이와 같이 영유아가 자신의 신체에 대해 이해한다는 것은 현재뿐 아니라 미래의 건강관리를 위한 토대가 될 수 있다. 뿐만 아니라 인체에 대한 학습은 동물이나 식물 등 다른 생물과학 분야에 대해 개념을 형성, 확장하는 기초가 될 수 있다는 점에서도 중요하다. 그러나 인체에 관한 과학 활동들은 대개 내용중심적인 방법으로 가르쳐져 왔으며, 학습자의 발달을 고려하지 못한 채 중고등학생의 수준과 거의 유사한 방법으로 진행되어 온 경향이 있는 것으로 지적된다.

영유아는 일상생활을 통해 자신의 인체를 직접 경험하기는 하지만 신체 내부에서 작용하는 까닭에 그 기능이 작용하는 메커니즘을 직접 관찰하기 어려운 부분이 많다(예 뼈, 심장). 따라서 대부분의 신체 기관은 영유아에게 미스터리로 남아 있게 된다. 자신의 키나 손발의 크기 등을 친구의 것과 비교하거나 여러 가지 감각의 기능을 비교하는 것도 영유아가 관찰을 통해 쉽게 학습할 수 있는 활동이다. 다른 부위에 비해 빨리 자라나는 머리카락이나 손톱, 발톱 등도 영유아의 관심을 끄는 대상으로서 확대경 등을 통해 관찰하고 친구의 것과 비교할 수 있다. 한편 손톱이나 머리를 자르면 아플 것이라고 생각하는 영유아도 있다. 이들은 또한 상처에서 피가 나면 몸 안의 모든 피가 밖으로 나올 것이라고 생각하기도 한다. 이러한 영유아에게는 반창고가 상처를 아물게 해서 피가 몸속에 있게 할 것이라고 말할 수 있다. 교사는 이와 같이 영유아가 신체에 대해 갖고 있는 공포심을 이해해야 할 필요가 있다(Prairie, 2005).

또한 신체 내부를 관찰할 수 없기 때문에 유추를 통한 학습이 유용할 수 있다. 유추란 증명하기 어려운 사실을 증명할 때 사용하는 교수학습 방법인데, 이때 비교가 이루어지는 두 영역이 구조적인 유사성을 갖추어야 함은 물론 그중에 한 영역은 영유아에게 매우 친숙한 영역이어야 한다. 따라서 인체를 학습할 때에는 인체와 매우 유사한 특성을 공유하면서 영유아가 직접적인 조작과 탐색을 포함한 과학의 과정을 경험할 수 있는 대상이 필요하다. 예를 들어, '뼈'의 경우 동물의 뼈에 대한 탐색을 통하여 영유아가 뼈의 일반적인 특성을 경험한 후 구성한 지식을 인체의 뼈에 적용하는 방법으로 유추 경험을 제공할 수 있다(유윤영, 2001). 또한 성장 속도가 빠른 식물 화분 두 개 중 하나에만 비료를 주는 실험을 통해 영양이 성장을 촉진했음을 유추하게 할 수 있다.

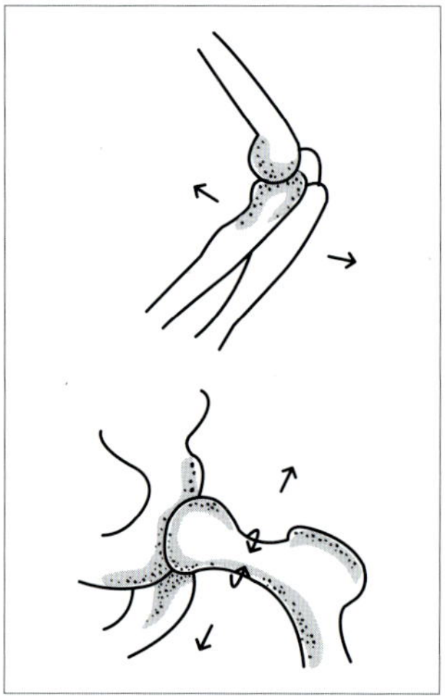

[그림 6-9] 뼈와 관절

인체의 외형적 특징에 초점을 둔 활동보다는 나의 신체가 생물학적 인과관계에 의해 조직되어 있으며 자신의 심리나 바람과 무관하게 생물학적 메커니즘에 의해 작용된다는 생물적 특성을 이해하는 데 목적을 두고 접근하는 것이 바람직하다. 예를 들어, 신체 각 부위의 명칭과 기능, 각 부위와 그것이 하는 행동을 짝짓는 것은 생물학적 이론의 구성을 촉진하기보다는 나의 신체와 관련된 지식을 사회적 지식의 형태로 전달하는 것에 그치기 쉽다.

다행히 영유아교육기관의 일과 중에는 인체에 대한 학습으로 이어질 수 있는 자연스러운 상황이 많이 있다. 예를 들어, 교사가 영유아와 손 씻기나 양치질에 참여하는 경우 영유아에게 자신의 건강과 영양에 대한 책임감을 길러 주는 데 도움이 될 수 있다. 교사가 손을 씻거나 양치질을 하는 행동을 영유아가 쉽게 모방할 수 있기 때문이다. 마찬가지로 무릎을 다친 영유아에게 응급조치를 할 때에도 피가 흐르는 것은 상처 위에 새 피부가 나올 수 있도록 치료가 시작된 것이라고 말해 주고, 영유아에게 치료를 받을 때의 느낌을 이야기하게 하면서 건강을 유지하기 위해 했던 행동에 대해 존중을 나타내 줄 수 있다(유윤영, 2001).

이와 같이 인체에 관한 내용은 실제 생활과 단절된 형태로 제공되지 않아야 하며, 학습 결과가 일상생활에서 활용될 수 있어야 학습 효과가 있다고 할 수 있다. 그러나 이때에도 유의할 점이 있다. 영유아교육기관에서는 흔히 [그림 6-10]과 같이 영유아의 편식을 막기 위해 음식물로 모양을 만들어 보거나 치아 건강을 위해 좋은 음식과 나쁜 음식을 알아보는 활동을 흔히 실시한다. 치아에 좋은 음식과 나쁜 음식을 분류해야 하는 경우, 음식 성분을 고려할 때는 초콜릿이 해로운 음식이지만, 떡 역시 치아에 달라붙는 특성으로 인하여 먹은 후 양치질을 안 하면 치아 건강에 좋지 않은 영향을 미칠 수 있다. 그러나 실제 교육현장에서 이러한 갈등 상황을 고려한 활동은 잘 이루어지고 있지 않은 실정이다(유윤영, 2001). 또 한 가지 유의할 점은 집에서 식사는 어떻게 해야 한다는 식으로 영양이나 건강관리를 지나치게 설교하는 것도 역효과를 낳을 수 있다는 것이다. 영유아가 가족의 문화나 습관을 바꾸기는 어려우므로 영유아에게 매일 집에서 먹은 음식을 이야기하라고 하면 죄책감을 느끼거나 자아존중감이 낮아질 수도 있기 때문이다. 또한 어떤 음식을 싫어하는 음식을 먹게 하기 위한 미끼로 사용하거나 벌로 사용하는 것도 피해야 한다. 이 경우 교사는 목적을 달성하는 데 실패할 뿐 아니라 영유아와 교사 간의 신뢰마저 약화시킬 수 있기 때문이다(Harlan & Rivkin, 2004).

[그림 6-10] 영유아들이 실제 음식으로 만든 얼굴

이상과 같이 인체와 관련해서는 인체 각 부위의 명칭과 기능, 감각의 종류와 기능, 성장, 영양과 건강 등의 개념을 다룰 수 있다.

감각

- 우리는 감각을 통해 학습하며, 감각에는 시각, 청각, 후각, 미각, 촉각이 있다.
- 시각은 눈을 사용하여 물체의 모양이나 색깔 등을 분간하는 것이다.
- 청각은 공기의 진동으로 생기는 소리가 귀에 전달되는 것이다.
- 후각은 코로 냄새를 맡는 것이다.
- 미각은 혀로 음식의 맛을 느끼는 것이다.
- 촉각은 통증이나 온도, 감촉 등을 피부를 통해 느끼는 것이다.

인체 각 부분의 명칭 및 기능

- 뼈는 몸을 지탱해 준다.
- 이, 입, 식도, 위, 창자, 항문 등은 음식물을 소화하는 역할을 한다.
  음식물은 이로 씹은 후 식도를 통해 위로 전달되어 잘게 부수어지고 창자를 통해 영양분은 몸 안에 흡수된 다음 찌꺼기는 똥이 돼서 항문으로 나온다.
- 피는 온몸을 돌면서 산소를 운반해 준다.
- 코는 호흡을 통해 공기 중의 산소를 받아들이고 이산화탄소를 내보낸다.

성장

- 모든 사람은 독특하다.
- 우리는 건강하고 튼튼하게 자랄 수 있다.
- 인간은 인생 주기에 따라 생김새가 변화하며, 하는 일도 달라진다.

영양과 건강

- 몸이 건강하고 성장하기 위해서는 영양이 필요하다.
- 음식에는 몸(또는 이)에 이로운 음식과 해로운 음식이 있다.
- 건강을 위해서는 편식을 하지 않고 골고루 먹어야 한다.
- 건강을 유지하기 위해서는 적당한 운동과 청결이 필요하다.

심화학습 아기의 출생에 대한 생각의 발달

아이들이 흔히 하는 질문 중 하나는 "아기는 어떻게 생겨요? 어디에서 나와요?"이다. 번스타인(Bernstein)과 코웬(Cowan)은 이에 대한 아이들의 반응을 분석하여 다음 6단계를 제시했다.

① 지리학자(geographer): 위치 개념을 갖고 대답하는 것으로, 예를 들면 가게에서 아기를 살 수 있다고 한다.

② 제조업자(manufacturer): 아기는 만들어진다고 생각하지만 자신의 경험에 따라 그 과정을 이해한다. 예컨대, "처음에 아기를 만들어요. 그러고 나서 눈을 붙이고 머리랑 머리카락을 붙이고 머리카락을 곱슬곱슬하게 만들고 그다음엔 배에 넣은 후 아기는 재빨리 빠져나오게 돼요."라고 한다. 대부분의 취학 전 아동은 이 두 단계 중 하나에 속한다.

③ 과도기(transition): 출산을 일련의 과정으로 보지만 식물에서 씨를 뿌리는 것과 같이 이해한다. 예를 들어, "씨를 뿌려 자라 꽃이 피듯이 아기도 마찬가지예요. 그러나 흙이 필요 없어요."라고 말한다. 또한 출산은 남자와 여자의 관계로부터 비롯되고 정자와 난자는 성적 교제에 의해 생겨난다고 이해한다.

④ 보고자(reporter): 임신 과정을 제조업자처럼 묘사하지는 않지만 유전자의 결합으로 아기가 생긴다는 것은 인식하지 못한다. 정자와 난자가 왜 필요하냐고 물으면"정자가 없으면 난자는 제대로 부화하지 못할 거예요. 정자는 난자를 자라게 해 주니까요."라고 한다.

⑤ 이론가(theoretician): 임신의 복잡한 과정을 생각은 하고 있으나 아기는 정자와 난자 중 하나로 미리 형성되어 있다고 추측한다. "난자는 일종의 미성숙한 태아라고 생각해요. 그리고 정자가 난자 안에 들어갔을 때 그것은 생명을 가지게 된다고 생각해요."라고 한다.

⑥ 통합기(putting it all together): 11~12세 몇몇 아동들만이 도달하는 단계로서 태아가 정자와 난자의 결합의 결과라는 것을 이해한다.

영유아는 임신과 출산에 대한 정보를 기존의 지식수준에 따라 이해하기 때문에 교사는 임신과 출생에 관해 정확한 정보를 주고자 할 때 위 단계들을 알고 있어야 한다. 또한 성과 출산을 간접적인 방법으로 가르치면(예 다른 동물들을 언급), 영유아는 잘못된 개념을 갖게 될 수 있다. 영유아의 임신과 출산의 개념은 인지발달에 따라 달라지므로 한 번에 가르칠 수는 없다. 영유아는 인지능력이 향상되면 같은 주제에 대한 질문을 다른 식으로 다시 하기도 한다. 그리하여 새로운 질문을 통해 새로운 이해의 수준에 도달하게 된다.

출처: 조복희(2006)

어렸을 때 아기가 어떻게 나온다고 생각했는지 기억을 떠올려 보시오. 위의 반응 중 어떤 것에 해당하는지 자신의 경험을 적어 보고 친구들과 비교해 보시오.

7장 지구과학

지구과학은 지구의 구성성분, 우주 속의 물체들, 그리고 지구와 우주의 변화에 관한 학문이다. 지구과학에는 운동장을 이루고 있는 흙이나 우리 동네에 흐르고 있는 개천과 같은 지구의 구성성분과 관련된 지질학(geology)과 기온이나 기후, 계절 등을 다루는 기상학(meteorology), 해, 달, 별 등을 연구하는 천문학(astronomy) 등의 분야가 있다(Jackman, 2005). 영유아는 성장하면서 자신의 주변에서 보는 흙, 바위, 강, 비, 눈, 구름, 무지개, 해, 달, 별 등 모든 것에 자연스럽게 흥미를 느낀다. 또한 이들은 밤과 낮이나 계절과 같은 순환적인 변화, 성장과 죽음과 같은 예측 가능한 변화, 기후나 유성의 출현과 같은 일관성 없는 변화 등 여러 가지 변화를 관찰하게 된다. 그러나 오늘날 영유아들은 안전 문제, 구조적 활동의 강조(예 피아노 학원), 테크놀로지의 발달(예 컴퓨터, TV) 등으로 과거의 영유아보다 자연환경을 탐색할 수 있는 기회가 감소한 것이 사실이다. 따라서 지구과학에 대한 학습을 통해서 영유아가 지구의 아름다움을 느끼고 자연환경을 보호할 필요성을 인식하도록 해야 할 것이다(Kupetz & Twiest, 2000).

또한 지구과학의 내용은 모두 실생활과 밀접한 관련을 갖고 있고 주위에서 흔히 볼 수 있는 현상이지만 그 내용이나 제재들이 거시적인 현상을 다루고 있는 경우가 많아 영유아가 쉽게 이해하고 적용하기에는 어려움이 있을 수 있다(박선희, 2002). 특히 어린 영아는 밤과 낮에 하는 일을 구분하는 것 정도 외에는 지구과학적 내용을 이해하기 어렵기 때문에 연령이 어릴수록 지구과학 내용은 보다 쉽고 흥미롭게 구성되어야 한다(문연심 · 이화영, 2000). 영유아 단계에서 학습해야 할 지구과학 내용을 천체, 지질, 기상 등의 분야에 따라 구체적으로 살펴보면 다음과 같다.

1. 천체

현대 사회에서 영유아는 어린이용 도서, 완구, 영상 매체 등을 통해서 지구나 우주라는 어휘를 흔히 접하게 된다. 많은 영상 애니메이션이나 도서에서 지구나 우주를 소재로 하거나 이에 대한 공상적인 요소와 지식을 소개하고 있다[1]. 또한 지구의 모양을 알려 주려는 의도로 제작된 세계지도나 지구본과 같은 과학용 완구, 영유아가 즐겨 가지고 노는 모형 우주선 등은 영유아의 관심을 저 멀리 우주에까지 연장하기에 충분하다. 그러나 이러한 매체를 접하면서 영유아는 오개념을 갖게 될 수 있다. 특히 만화 영화의 경우 과학적 지식에 근거해서 제작된 것이 아니라 단순히 흥미 위주의 상상력만을 강조하여 비과학적 내용으로 전개되기 때문에 우주라는 공간은 과학적으로 논증할 수 없는 신비로운 일들만 일어나는 곳으로 오인할 수 있다(이용복, 1992). 더욱이 어떤 사물이나 현상에 대한 개념을 습득하기 위해서는 그 대상을 직접 조작하고 실험해 보아야 하는 전조작기 인지발달 측면에서도 영유아는 우주에 관해 올바른 개념을 습득하기가 매우 어려운 것으로 보인다. 우주는 분명히 실존하는 물체이지만 너무 크고 멀리 있어서 대상화하여 경험할 수 없기 때문이다(김봉섭, 1999).

1) 예를 들면, 은하철도 999, 지구용사 벡터맨, 아기공룡 둘리 등이 있다(김선양, 2000).

[그림 7-1] 천체를 소재로 한 어린이 만화

이와 같이 우주는 직접적인 상호작용이 불가능하기 때문에 우주에 대한 학습은 주로 관찰에 의존해야 한다. 천체에는 낮에 볼 수 있는 것과 밤에만 볼 수 있는 것이 있다[2]. 또한 해, 달, 별 등 천체의 움직임에는 패턴이 있다. 예를 들어, 해는 매일 같은 방식으로 하늘에 나타나지만, 계절에 따라 경로는 서서히 변한다. 달은 한 달을 주기로 매일 모양이 바뀌므로 자연적인 시계의 역할을 할 뿐 아니라 영유아가 관찰과 비교를 하기에 이상적인 주제이다. 달의 이름을 기억할 필요는 없지만 보름달에서 초승달까지의 달의 패턴을 관찰하는 것은 중요하다. 교사는 이와 같은 천체의 변화 과정을 영유아가 장기간에 걸쳐 계속 관찰하도록 세심한 배려를 해야 한다. 예를 들어, 달의 모양이 변화하는 것을 관찰하게 하고 이를 그림으로 그려 볼 수 있다. 밤에 이루어져야 하는 활동은 부모의 협조가 필요하므로 가정과 연계된 학습을 계획해야 할 필요가 있다(권영례, 2000; CSMEE, 1996).

2) 영유아가 해를 직접 보게 해서는 안 된다.

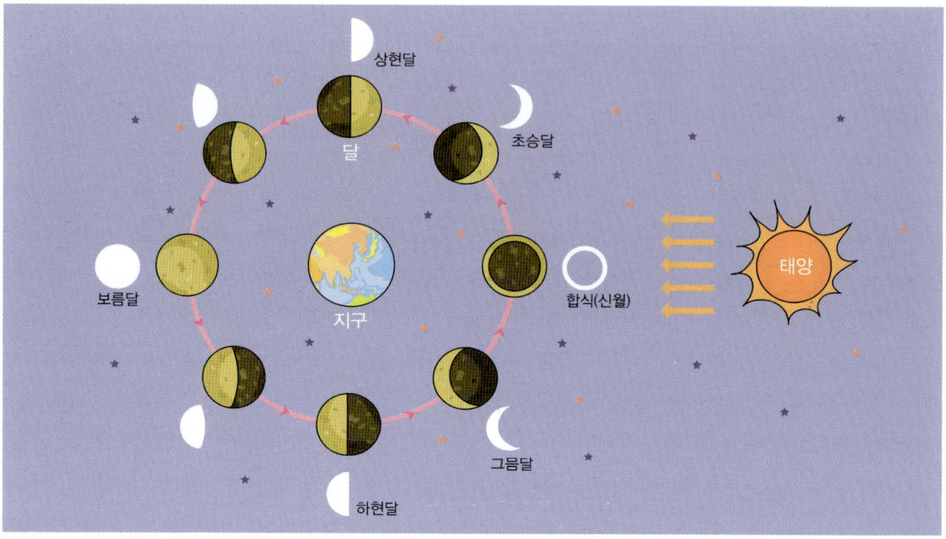

[그림 7-2] 달의 위치에 따른 모양 변화

또한 분화구 등 달의 표면은 상상력과 이야기 거리를 제공하는 원천이 된다. 이러한 과정에서 영유아에게 자연스럽게 쌍안경이나 망원경을 소개할 수 있는데, 영유아가 어릴수록 쌍안경이 적절하다. 쌍안경을 눈에 댄 상태에서 물체를 찾아보는 것이 아니라 보고 싶은 물체를 찾은 다음 쌍안경을 눈에 가져가야 한다. 처음 초점을 맞출 때에는 특히 이 원칙을 따라야 한다. 물체를 보고 쌍안경을 눈에 가져온 다음 물체가 분명히 보일 때까지 초점을 맞춘다. 실명의 위험이 있으므로 쌍안경이나 망원경으로 해를 보아서도 안 된다. 그림자놀이를 통해서도 영유아는 자연스럽게 해에 관해 학습할 수 있다. 그림자가 생긴 곳을 분필로 표시하고 구름이 낀 날 그림자 만들기를 시도해 볼 수 있다. "오늘 그림자가 있니? 왜 없지?"라고 묻고, 해와 달의 색깔에 대해 이야기를 나눈다. "달은 매일 밤 같은 색깔이니? 낮에도 달을 볼 수 있을까?"라고 질문한다. 많은 영유아는 달은 밤에 자러 간다고 생각한다. 낮에는 왜 달이 밝지 않은지 영유아가 생각해 보도록 돕는다. 만약 영유아가 하늘에 별이 테이프로 붙여졌다고 생각하더라도 이를 무시해서는 안 된다. 고대 최고의 과학자였던 아리스토텔레스조차 지구부터 달까지의 지상계는 시작과 끝이 있는 직선 운동만 있는 불완전한 세계인 반면, 달부터 그 위까지의 천상계는 완전한 세계로서 등속 원운동만이 있다고 생각했음을 보면 영유아가 천체에 대해 갖는 오개념은 너무나 자연스러운 것이다(Charlesworth & Lind, 2003).

[그림 7-3] 돋보기로 햇빛을 모으는 영유아들

과학사에 의하면, 코페르니쿠스의 지동설이 받아지기 전에는 천동설이 지배적이었다. 처음에는 지구가 사각판으로 이루어졌다고 믿다가 점차 원반 모양의 땅으로, 그리고 반구로 후에 다시 구형으로 인식해 가는 과정을 겪었다. 영유아도 초기 인류의 생각과 상당히 유사한 직관적 개념을 나타낸다. 이들은 처음에는 지구가 평평한 모양이라고 생각하고, 다음으로 지구는 공처럼 둥글다고 이야기하지만 평평해 보이는 직관과 대립되는 갈등을 겪는다. 그 후 둥근 지구를 둘러싼 우주는 무한하다고 생각하지만 여전히 아래와 위의 방향이 있다고 믿는다. 다음에는 지구에 대한 기본적인 개념을 갖게 되며 중력에 의해서 사물이 떨어진다는 것도 어느 정도 이해하지만 사물은 지구 중심으로 떨어지기보다는 단지 아래로 떨어진다고 생각한다. 마지막으로 지구는 구형이고 우주에 둘러싸여 있으며, 사물은 지구의 중심 방향으로 떨어진다는 과학적인 개념을 형성하게 된다.

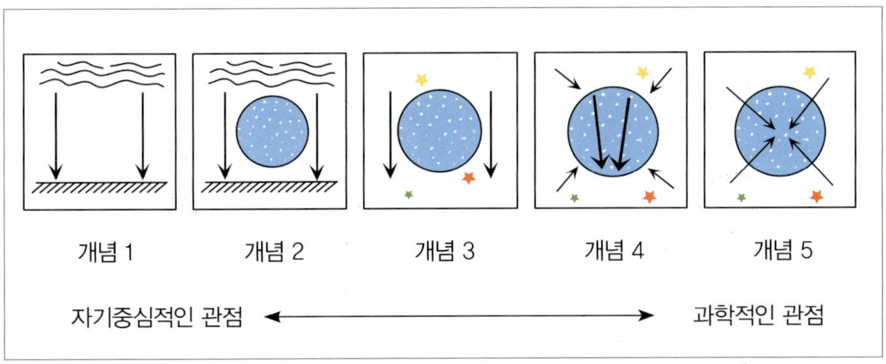

[그림 7-4] 지구 모양과 중력에 대한 다양한 개념(김선양, 2000)

심층 탐구 지구 모양에 대한 4, 5, 6세 아동의 표상

다음은 지구 모양에 대한 아동의 초기 표상을 알아보기 위해 만 4세와 5세의 유치원 유아와 초등학교 1학년 아동을 일대일 면접하고 이들이 직접 그린 그림 자료를 분석한 연구 결과이다. 연령별로 볼 때에는 4세의 그림에서는 원판형, 구형, 반구형이, 5세의 그림에서는 원판형, 반구형, 구형, 우주(지구와 우주를 혼동), 줄 달린 지구, 6세의 그림에서는 원판형, 반구형, 이중원(도너츠) 우주(지구와 우주를 혼동), 줄 달린 지구가 나타났다. 즉, 연령이 증가할수록 지구에 대한 영상적 표상이 다양해지고 있었다.

전체적으로 많이 그려진 모양을 순서대로 열거하면, 원판형이 가장 많았고, 다음으로 반구형, 구형, 우주 모양, 줄 달린 지구, 이중원의 순이었다. 한편 지구 모양에 대한 초기 인류의 개념이 사각형, 원반, 반구형, 이중원, 구형 등이었던 것에 비추어 볼 때 지구 모양에 대한 아동의 표상발달 과정은 사각판 표상이 없는 점을 제외하고는 초기 인류의 표상과 유사하였다. 사각판 표상이 없었다고 하더라도 아동이 땅의 전체 모양을 평면적으로 표현한 점과 둥근 지구 내부에 자신을 중심으로 하여 평평한 땅을 그려서 표상한 것은 초기 인류의 인식과 매우 닮아 있었다.

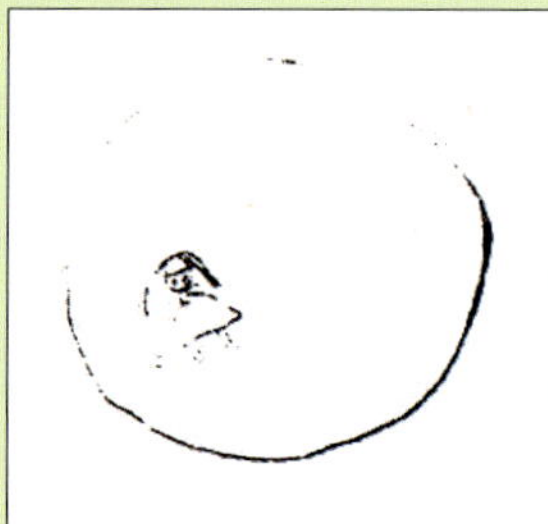
원판형(평면적 동그라미) 표상

반구형 표상

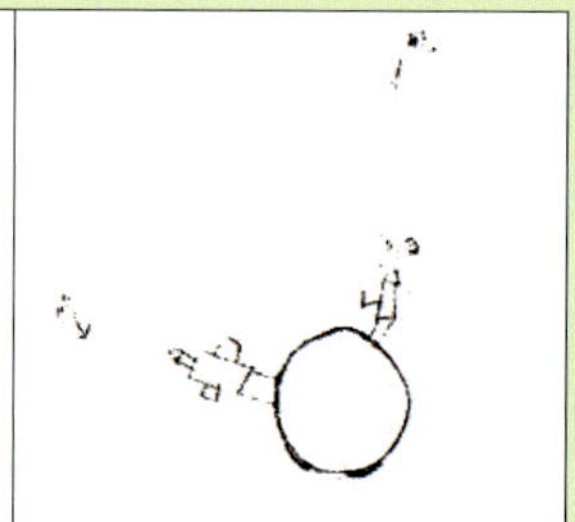
구형 표상

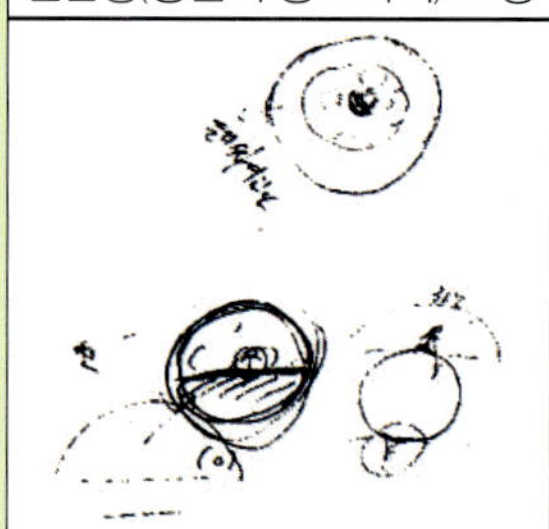
이중원(도넛) 표상

우주 모양의 지구

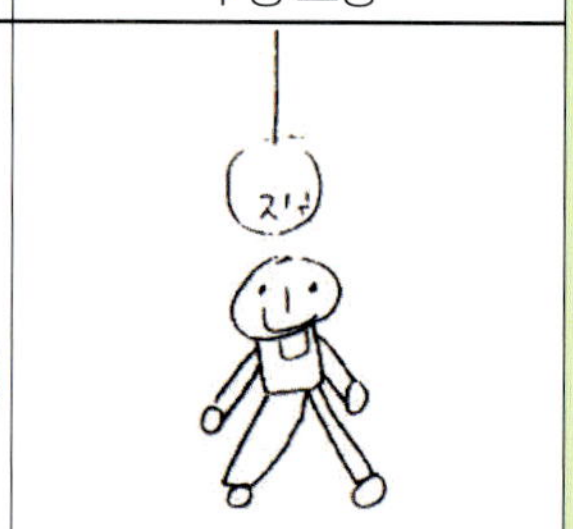
기타 표상(줄 달린 지구)

출처: 김선양(2000)

한편 현대 사회에서 천문학 분야는 과학의 발달로 인하여 우리에게 매우 가깝게 느껴지기도 하지만 오히려 천체를 실제로 관찰하거나 천체에 대한 호기심을 자극받을 수 있는 자연 상태의 환경은 점차 사라지고 있다. 대기오염으로 밤하늘에서 별을 발견하기조차 어려워졌고, 매스미디어의 발달을 통한 간접 체험의 기회만이 늘어나고 있기 때문이다. 그러나 천문학적인 표상을 올바로 형성하기 위해서는 영유아에게 제공되는 물리적 환경은 인공적인 것이기보다는 실재하는 자연이어야 한다. 즉, 지구본이나 우주의 사진 등 간접적이거나 언어적인 설명도 도움이 되겠지만 그보다는 달의 모양이나 별자리의 변화를 관찰하거나 광활한 땅이나 산등성, 수평선, 지평선 등 영유아가 직접 보고 밟고 느끼고 만질 수 있는 자연적인 형태의 환경을 매개체로 이용하는 것이 바람직하다. 과거의 과학자들이 지구의 모양에 대해 실마리를 얻은 것이 바로 이와 같은 자연으로부터였기 때문이다. 따라서 인공적인 교수나 도서와 함께 영유아가 스스로 체험을 통해서 발견할 수 있도록 도와야 할 것이다(김선양, 2000).

영유아기에는 천문학과 관련해서 세부적인 지식을 학습하기보다는 천체의 변화를 관찰하거나 천체에 대한 관심을 길러 주는 데 초점을 두고 다음과 같이 우주, 해, 달, 별 등에 관한 기본적인 개념만을 다루는 것이 바람직하다.[3)]

하늘

- 하늘에는 해, 달, 별이 있다.
- 하루에는 밤과 낮이 있다.

해

- 해는 낮에 볼 수 있다.

3) 예를 들어, 낮과 밤이 변하는 원인이나 지구, 해, 달의 관계를 설명할 필요는 없으며, 우리가 사는 곳이 지구이며 달의 모양은 주기적으로 변하고 해는 밝고 따뜻해서 생물이 살 수 있다는 정도의 내용을 다루는 것으로 충분하다(교육부, 1998).

- 해는 매일 동쪽에서 떠서 서쪽으로 진다.
- 해는 빛과 열을 내고, 지구를 따뜻하게 한다.
- 해는 그림자를 만든다.

달

- 달은 밤에 볼 수 있다.
- 달은 지구의 둘레를 돈다.
- 달의 모양은 규칙적으로 변화한다.
  (초승달, 상현달, 보름달, 하현달, 그믐달)

별

- 별은 밤에 볼 수 있다.
- 태양을 중심으로 모여 있는 별들을 태양계라고 한다.
  (수성, 금성, 지구, 화성, 목성, 토성, 천왕성, 해왕성)

지구

- 지구는 둥글다.
- 지구는 해의 둘레를 돈다.
- 지구에는 중력이 있다.

2. 지질

지질학은 지구의 조성 · 구조 · 물리적 성질 및 역사를 과학적으로 연구하는 학문을 말한다. 지구는 구형 물체로서 암석권(땅), 수권(물), 대기권(공기) 등의 구조를 갖고 있다. 암석권은 지구의 표면을 이루고 있는 단단한 층을 말한다. 암석의 종류로는 땅속의 마그마가 식어서 굳은 화성암, 암석 부스러기나 생물의 유해 등의 퇴적물이 다져져서 만들어진 퇴적암, 열이나 압력을 받아 만들어진 변성암 등 3가지가 있다. 수권의 98%는 바닷물이며,[4] 나머지는 호수·하천·빙하를 이루는 담수, 땅속의 지하수, 대기 중의 수증기이다. 대기권은 주로 질소(78%)와 산소(21%)의 혼합물로 구성된 공기로 이루어져 있다. 이와 같이 지구에는 공기와 육지, 바다가 있어서 우리가 살 수 있는 환경이 된다.

교사는 지구를 구성하는 물질이 다양한 방법으로 사용될 수 있다는 것으로 학습을 시작할 수 있다. 예를 들어, 흙, 암석 등은 건물을 짓거나 연료로 사용될 수 있으며 식물을 자라게 해 준다. 또한 지구를 구성하는 물질을 소개할 때에는 우주 및 기후에 대한 내용이나 환경 교육을 포함시킬 수 있다(Rind, 2000).

[그림 7-5] 암석에 관심을 갖고 있는 영유아들

암석은 영유아가 직접 수집했을 때 이들의 흥미를 유발한다. 따라서 날씨가 좋은 날 교사는 영유아를 밖으로 데리고 나가서 모래놀이 영역, 정원, 나무 밑 등 다양한 장소에서 흙을 한 컵씩 파 오게 할 수 있다. 채집한 흙 표본을 접시에 담아 라벨을 붙인 후 확대경이나 현미경, 여과기, 숟가락 등에 두고 영유아가 관찰하게 하면 지표면이 다양한 성분으로 이루어졌다는 것을 알게 될 것이다. 영유아가 충분히 탐색할 수 있도록 시간을 준 다음에는 흙의 속성에 대해 말해 보게 하는 것이 좋다. 이때 교사는 "흙이 말랐니 아니면 젖었니?", "식물이나 벌레가 보이니?" 등의 질문을 통해 흙의 냄새를 맡거나 색깔이나 촉감 등의 속성에 관심을 갖도록 격려하며, 영유아의 반응을 기록하거나 차트를 만들 수 있다. 흙은 젖은 상태, 축축한 상태, 마른 상태가 있으며, 모래나 작은 자갈, 나뭇잎 부스러기, 풀, 나무껍질 등과 뒤섞여 있을 수 있다. 모래와 자갈

4) 해수는 또한 지표면의 약 71%를 덮고 있다.

은 체를 이용해서 분류할 수 있다. 모래는 젖었을 때와 말랐을 때 성질이 차이가 있으며, '두꺼비 집 만들기'처럼 몰딩을 하거나 쌓아 올릴 수 있다. 자갈은 표면이 거칠 수 있으나 사포 등으로 문질러서 매끈하게 만들 수 있다(Prairie, 2005).

[그림 7-6] 돌을 수집·장식하여 크기별로 분류하고(좌), 미술작품에 이용한 예(우)

영유아는 암석을 대상으로 분류하기, 순서짓기, 측정하기 등을 할 수 있다. 한편 이러한 암석이나 광물질은 너무 흔하기 때문에 매번 이것들을 언급하면 지루한 주제가 될 수도 있다. 이러한 경우 "오늘 혜리가 한 팔찌에는 신기한 돌이 있네? 우리한테 이야기해 주렴."과 같이 다소 다른 방식으로 암석을 주제로 도입하면 흥미를 유발할 수 있다. 또한 재미있게 생긴 암석들을 교실로 가져와서 전시하고 질감, 색 등에 대해 이야기를 나누고 감상할 수 있다. 또한 암석을 미술활동의 재료로 사용함으로써 자연친화적인 경험을 하는 것도 의미 있다.

암석 개념은 식물의 성장과의 관계를 통해서도 접근될 수 있다. 젖은 모래는 베고니아와 같은 뿌리줄기 식물을 키우는 데 쓰일 수 있다. 부드러운 자갈을 빻은 다음 씨뿌리기에 사용할 수 있다. 부식토[5]가 있는 좋은 흙과 기타 유기물이 썩은 좋은 흙에서 자라는 씨를 관찰하는 것도 도움이 된다. 이외에도 가을에 플라스틱 숟가락이나 스티로폼 용기 또는 알루미늄 캔 등 썩지 않는 쓰레기와 종

5) 썩은 흙. 대체로 녹색이나 갈색을 띠며 유기 성분이 많고 기름짐.

이봉투 등 썩는 쓰레기를 마당에 묻고 위치를 표시해 둔 다음 이듬해 봄에 땅을 파서 썩지 않는 쓰레기와 썩는 쓰레기가 흙에 각기 어떠한 영향을 미쳤는지를 비교할 수 있다. 이러한 활동은 영유아로 하여금 분해되지 않는 인공용품은 재활용되어야 한다는 필요성을 이해하게 해 준다(Harlan & Rivkin, 2004).

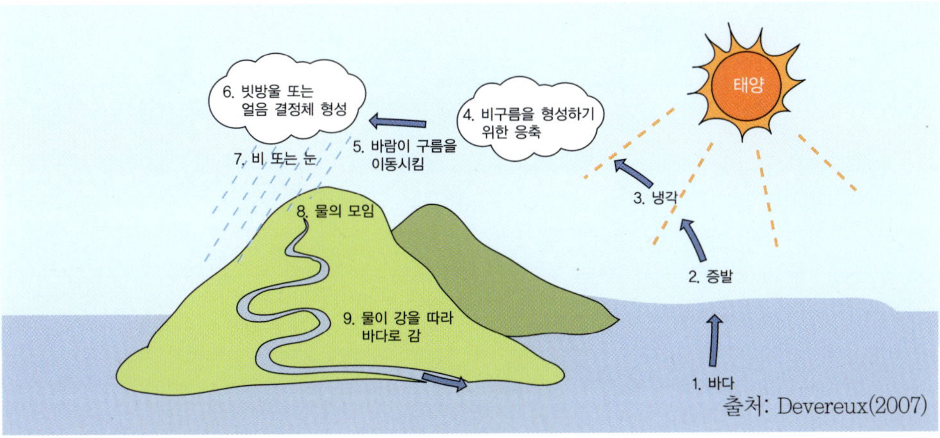

[그림 7-7] 물의 순환

암석권과 마찬가지로 수권(물)이나 대기권(공기) 등도 지구과학적인 특성뿐 아니라 물상과학의 내용이나 환경교육의 일환으로 다루어질 수 있다. 예를 들어, 지구과학의 내용으로서의 물은 지구의 표면에서 가장 많은 부분(75%)을 차지하고 있는 물질로서 비, 눈, 빙하가 녹아서 만들어지고, 호수, 바다 등의 형태를 띠며, 시내가 모여서 강이 되고 다시 바다가 된다는 것 등을 관찰하거나 학습함으로써 접근될 수 있다. 그러나 물상과학의 측면에서 볼 때에 물은 많은 물질을 녹이는 보편적인 용해제(universal solvent)라는 성질 외에도(Carmichael, 1982) 소리, 질감, 상태의 변화 등 다감각적인 속성과 손을 담갔을 때의 진정 효과로 인해 영유아에게 자극을 주는 동시에 이완을 제공하는 대상이다. 이에 영유아는 웅덩이에서건 수영장에서건 목욕탕에서건 물놀이를 즐겨 하는데, 이는 물질의 변화나 물체의 움직임을 실험할 수 있는 귀중한 기회가 된다. 모래나 흙 등 다른 놀이 재료에 덧붙여질 수 있다는 점에서도 물은 가치가 있다(Prairie, 2005). 아울러 물은 인간에게 주는 고마움(예 일상생활에서 물의 다양한 쓰임새)과 자연을 보존해야 할 필요성(예 수질오염과 그 폐해)과 그 방법(예 물 아껴 쓰기)을 이해하는 환경 교육의 일환으로 접근될 수도 있다.

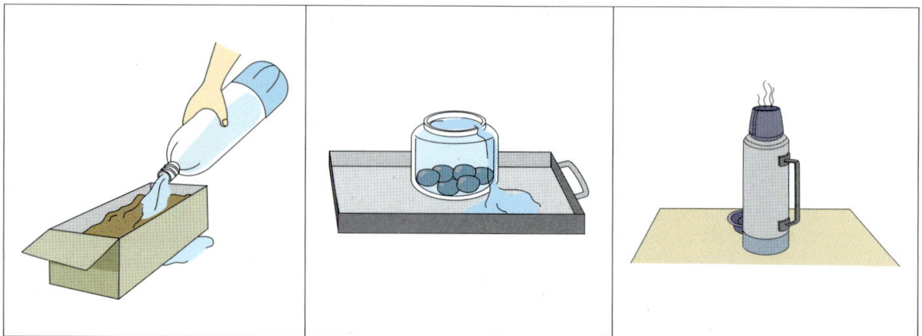

물은 흙의 표면을 변화시킨다.	물속에 돌멩이를 넣으면 물이 넘친다.	보온병 위로 올라가는 수증기가 안개와 비슷하다.

[그림 7-8] 물에 대한 다양한 접근

영유아에게 암석권, 수권, 대기권 등 지질과 관련하여 소개할 수 있는 내용을 정리하면 다음과 같다.

암석권(땅)

- 땅은 들, 산, 사막 등으로 이루어져 있다.
- 들, 산, 사막은 각기 다른 특성을 갖고 있다.
- 바위, 돌, 흙, 모래는 각기 다른 특성을 갖고 있다.
- 부서진 바위는 돌, 흙, 모래가 된다.
- 흙은 식물의 성장을 도와준다.
- 화산은 땅속의 마그마가 밖으로 터져 나와 이루어진 산을 말한다.
- 아주 오래전에 있었던 동식물의 흔적이 남아 있는 것을 화석이라고 한다.
- 지구의 표면은 변화한다.
  (예 느린 변화: 풍화, 침식/ 급격한 변화: 화산폭발, 지진, 산사태)

수권(물)

- 물은 색, 맛, 냄새, 형태가 없다.
- 지구 표면은 강, 호수, 바다 등 대부분 물로 이루어져 있다.
- 바닷물은 짜다.
- 바닷물은 깊다.
- 물은 순환한다(예 비 ⇨ 강 ⇨ 바다, 생활하수 ⇨ 정화수).
- 물은 깨끗하게 보존되어야 한다.

대기권(공기)

- 공기는 우리 주위 모든 곳에 존재하며 지구를 둘러싸고 있다.
- 공기는 색, 맛, 냄새가 없고, 눈에 보이지 않는다.
- 공기는 대부분 질소와 산소로 이루어져 있다.
- 오염된 공기는 생물에게 피해를 준다.
- 공기는 공간을 차지하고, 압력과 무게를 갖고 있다.
- 더운 공기는 올라가고 차가운 공기는 내려간다.

심층탐구 환경교육

환경문제를 해결하기 위해서는 어릴 때부터 환경교육을 실시하여 지속적으로 환경에 대한 올바른 인식을 심어 주는 것이 중요하다. 영유아를 위한 바람직한 환경 프로그램은 생태중심적인 자연관에 바탕을 두고 영유아들로 하여금 자신이 자연에 속해 있음을 인식시키고 자연과 친숙해질 수 있도록 자연친화적인 교육과 자연에 대한 감수성을 증진시키는 생태중심적 윤리의 기초를 형성하는 방향으로 접근해야 한다. 이러한 접근으로 환경 교육을 지도할 때 영유아들은 주변 환경을 배우고 환경이 어떻게 인간에게 영향을 미치며, 인간 또한 환경에 어떠한 영향을 미치는지를 이해할 수 있다. 이와 같은 입장에서 보건복지부(2002)에서 개발한 환경 프로그램은 다음과 같다.

〈환경 프로그램의 목표〉

① 영유아들이 인간과 환경간의 관계를 이해하고 환경파괴가 인간의 생활에 미치는 영향을 실제 생활 경험과 감각을 통해 이해한다.
② 영유아들이 쾌적한 환경을 통해 사람들이 행복한 삶을 살 수 있음을 안다.
③ 영유아들이 자연환경과 인공환경의 개념을 이해하고 각각의 관계를 이해한다.
④ 영유아들이 자연환경에 대해 관심을 가지며 자연의 아름다움을 감상할 수 있다.
⑤ 영유아들이 경험적 활동을 통해 영유아들의 발달수준에서 환경문제(인구문제, 도시화, 자원의 제한, 환경오염)를 인식하고 이를 해결해야 한다고 느낀다.
⑥ 영유아들이 환경보호와 환경보존을 위해 무엇을 스스로 할 수 있는지 생각하고 쾌적한 환경을 위해 자신들이 해야 할 일들(절약하기, 쓰레기 줄이기, 청결한 생활하기, 자연을 가꾸기 등)을 알고 실천한다.
⑦ 영유아들이 환경을 보호하고 환경보전을 위한 사회적, 실천적 활동에 참여하거나 관심을 가진다.

〈환경 프로그램의 내용〉

환경교육의 내용은 환경의 개념, 환경 문제, 환경 보호/보전 영역으로 구성된다. 환경개념에는 자연환경과 인공환경, 환경문제에는 인구, 산업화/도시화, 자연훼손, 환경오염, 환경보호/보존에는 인공 및 자연환경 보호, 환경대책, 환경위생 등이 포함된다. 이러한 내용체계에 따라 프로그램을 구성하되 영유아기의 발달 특성을 고려하여 지식보다는 느낌과 태도 등 정의적 목표에 강조점을 두었다. 또한 자연환경과 인공환경, 자원의 보호와 보전 활동을 영유아들의 감각과 경험, 실제생활과 관련시킬 수 있는 주제(물, 흙, 공기, 공공시설, 물자절약, 동물, 식물, 소리, 공공시설, 자원보호)로 구성하였다. 9가지 환경 영역에서 강조하고 있는 구체적인 주제 활동별 목표는 다음과 같다.

	관심 · 태도	지식 · 기술	실천행동
물	[물은 소중해요] 다양한 물의 쓰임새를 알고 물을 아껴 쓰기 위해 할 수 있는 일에 대해 이야기 나눈다.	[물은 어디서 오나] 동화를 통해 물의 순환에 대해 알아본다.	[물이 오염되어요] 동화를 통해 물의 오염에 대해 알고 물을 깨끗하게 지키기 위해 우리가 할 수 있는 일에 대해 이야기 나누고 실천한다.
흙	[흙 관찰하기] 어린이집 주변의 흙을 관찰한다.	[오염된 흙에서 살 수 없어요] 깨끗한 흙과 오염된 흙에 각각 꽃을 심어 관찰을 통해 영유아들이 오염된 흙에서 살 수 없음을 알 수 있게 한다.	[흙이 오염되어요] 흙의 오염과 오염으로 오는 피해에 대해 이야기 나누고 흙의 오염을 줄이기 위해 우리가 할 수 있는 일에 대해 이야기 나눈다.
공기	[공기가 보여요] 우리의 삶 속에 공기의 중요성을 알고 실험을 통해 공기를 관찰한다.	[공기가 오염되어요] 동화를 듣고 공기가 오염되어 감을 알아본다.	[가까운 곳은 걸어요] 공기오염을 막기 위해 가까운 곳은 걸어 다닌다.
식물	[식물의 종류와 역할] 여러 가지 식물에 대해 이야기 나눈다.	[식물이 되어요] 식물의 성장과정에 대해 알고 몸으로 표현해 본다.	[꽃을 심어요] 꽃을 심는 과정에 대해 알고 꽃을 심는다.
동물	[무엇을줄까] 동물이 우리에게 주는 이로운 점에 대해 이야기 나눈다.	[말하고 싶어요] 동물을 학대한 경험을 이야기하고 그런 모습을 볼때 어떤 이야기를 해 줄 것인지에 대해 이야기한다.	[동물 사육장 청소하기] 어린이집에 있는 동물 사육장을 청소한다.
물자 절약	[나무야 고맙다] 나무로 만들어진 것을 통해 나무의 중요성과 필요성을 알아본다.	[재활용 종이가 화장지가 되기까지] 재활용 종이가 되기까지의 과정을 이야기 나눈다.	[분리수거를 해요] 분리수거 게임을 한다.
공공 시설	[훼손된 놀이터] 놀이터의 훼손을 알고 훼손 원인에 대해 이야기 나눈다.	[바르게 사용할 수 있어요] 공공시설의 바른 사용에 대해 이야기 나누고 실천한다.	
소음	[시끄러운 우리 동네] 소음과 듣기 좋은 소리를 구분하여 몸으로 표현해 본다.	[알고 있어요] 시끄러운 곳과 조용한 곳에 대해 이야기 나누고 어린이집 안에서 떠들어도 괜찮은 곳과 조용히 해야 하는 곳을 구분한다.	
자원 보호	[살기 좋은 우리 동네] 각자 살고 싶은 자연친화적 환경 그림을 정하고 우리나라를 그렇게 만들기 위해 우리가 할 수 있는 일을 찾아본다.	[우리들이 할 수 있어요] 정리정돈에 관해 이야기를 하고 어린이집을 정리한다.	

출처 : 보건복지부(2002). 영유아 보육시설 특별활동(과학 · 환경) 프로그램

3. 기상

기온, 날씨, 계절은 서로서로 영향을 미치는 밀접한 개념이다. 성인과 영유아는 기온, 날씨, 계절의 영향을 크게 받는다. 음식이나 의복뿐 아니라 할 수 있는 활동, 스포츠, 기분 등이 달라지기 때문이다. 날씨는 우리가 무엇을 할 수 있는지(없는지), 어디에 갈 수 있는지(없는지)를 결정하기 때문에 사람들은 일기 예보에 관심이 있다. 예를 들어, 일기 예보는 세차를 해도 될지, 소풍을 가도 좋을지, 스키를 타도 좋을지, 서리로 인해 과일나무가 피해를 입을 것인지 등을 알려 준다. 이와 같이 우리의 생활은 날씨, 기온, 계절에 의해서 놀라울 정도로 통제되고 있다. 뿐만 아니라 날씨, 기온, 계절은 감정이나 정서, 행동에도 영향을 미친다. 예를 들어, 너무 덥거나 추울 때 영유아는 짜증을 많이 내고 공격적으로 된다. 또한 봄이 오고 날이 따뜻해지면 영유아는 더 많은 시간을 밖에서 놀고자 하며, 첫눈이 오는 날에는 교실에 앉아 수업에 집중하기가 어려울 것이다.

[그림 7-9] 겨울이 긴 북유럽의 영유아교육기관에서 일상화된 눈놀이

영유아마다 좋아하는 계절이나 날씨가 있다. 특정 계절이나 날씨를 좋아하는 이유는 대개 그 계절이나 날씨에 주로 할 수 있는 활동이나 놀이를 즐기기 때문이다. 예를 들어, 스키나 스케이트, 썰매, 눈사람 만들기를 좋아하는 영유아는 겨

울을 좋아한다. 한편 계절이나 날씨에 대한 선호도는 개인의 체온 영향을 받기도 한다. 추위에 민감한 사람은 봄, 여름, 가을이나 열대 날씨를 좋아하며, 선택할 수 있다면 날씨가 따뜻한 곳에서 살고자 할 것이다(Lipmann, 1973).

[그림 7-10] 구름의 종류

날씨, 기온, 계절 등을 학습하기 위해서는 먼저 영유아가 이러한 계절과 날씨를 접해야 한다. 예를 들어, 열대 지방에 사는 영유아가 겨울에 대해 학습하는 것은 실용성이 없다. 따라서 날씨나 계절은 바로 제 시기에 학습하는 것이 효과적이며, 교실 안보다 교실 밖에 있을 때 계절이나 날씨를 더 자세히 관찰할 수 있다. 예를 들어, 교사는 영유아가 해를 직접 보면 안 되므로 직사광선을 피해 이른 오전이나 늦은 오후에 영유아와 함께 시트나 담요를 갖고 밖에 나가 바닥에 누워서 구름을 볼 수 있다. 구름의 모습을 사진 찍고 날씨 차트에 붙인다. 영유아는 자신이 직접 관찰한 것에 흥미를 느끼므로 관찰한 구름의 이름을 인터넷에서 찾아서 기록한다. 이러한 과정에서 어떤 구름이 비를 가져오는가? 등과 같은 이야기를 나눌 수 있다.

우리의 주변 환경 속에는 곧 다가올 계절을 나타내는 표시가 늘 있기 마련이

[그림 7-11] 영유아들이 직접 붙인 오늘의 날씨

므로 일상적인 실외 경험은 자발적인 학습 기회를 제공해 준다. 예를 들어, 교사는 나무의 봉우리를 가리키면서 영유아에게 봉우리가 무슨 계절을 나타내느냐고 질문할 수 있다. 혹은 지붕에 달린 고드름을 발견했을 때에는 기온과 계절과 연결시킬 수 있으며, "해가 나와서 아주 따뜻해지면 고드름이 어떻게 될까?"라고 질문할 수 있다. 아니면 실외에 측우기를 설치해서 강우량을 측정해 보거나 영유아 중 한 명을 금주의 '기상예보관(weather reporter)'으로 지정해서 집에서 부모의 도움을 받아 기온이나 기상 상태 등을 기록해 오게 할 수도 있다. 또한 영유아는 교실 밖에서 활동하면서 교사 외의 여러 사람들에게 지금 날씨가 어떤지 인터뷰하고, '맑은', '햇살이 따가운', '바람이 부는', '따뜻한', '추운', '비가 오는' 등의 조사 결과를 세기 표(正)나 그림으로 기록할 수 있다(Prairie, 2005). 이와 같이 매일 매일의 날씨를 조사하여 기록하는 것을 학급 일과로 삼는 것도 효과적이다.

살랑살랑 부는 바람(걷기) 회오리바람(돌기) 태풍(뛰기)

[그림 7-12] 여러 가지 바람을 몸으로 표현하는 영유아

기온, 날씨, 계절 개념은 다양한 방법으로 가르칠 수 있다. 예를 들어, 특정 계절의 전형적인 날씨나 기온에 대해 이야기하면서 그 계절에 대한 단원을 계획할 수 있다. 또한 이때 다룰 수 있는 내용을 정리하면 다음과 같다.

봄

- 따뜻하다.
- 새싹이 돋고 꽃이 핀다.
- 겨울잠을 자는 동물들이 깨어난다(예 곰, 개구리).
- 사람들의 옷이 가벼워지고 색깔이 밝아진다.

여름

- 무덥고 비가 많이 온다.
- 나뭇잎이 무성해지고 색깔이 진해진다.
- 곤충들을 많이 볼 수 있다.
- 햇볕이 강해서 모자나 선글라스가 필요하다.

가을

- 날씨가 서늘해진다.
- 단풍이 들고 낙엽이 진다.
- 철새들이 따뜻한 곳을 향해 날아간다.
- 추수를 해야 하므로 농부들이 바빠진다.

겨울

- 춥고 눈이 온다.
- 나뭇잎이 떨어지고 가지만 남는다.
- 어떤 동물들은 겨울잠을 잔다(예 곰, 개구리).
- 눈싸움을 하거나 스케이트, 스키, 썰매 등을 탈 수 있다.

바람

- 공기의 흐름을 바람이라고 한다.
- 바람의 종류는 다양하다(예 태풍, 폭풍, 미풍, 회오리바람).
- 바람은 여러 가지 일을 한다(예 연날리기, 빨래 말리기, 풍차, 씨앗 퍼뜨리기)
- 바람은 사람에게 피해를 주기도 한다(예 태풍).

비

- 공기 중의 수증기가 식어서 물방울이 되어 땅에 떨어지는 것이다.
- 비의 굵기는 다양하다(예 소나기, 이슬비).
- 비가 그쳤을 때 해의 반대쪽 하늘에 일곱 색깔의 무지개가 뜬다.
- 비가 오면 사람들은 우산이나 장화, 비옷을 사용한다.
- 비는 인간에게 피해를 줄 수 있다(예 폭우, 산성비).

눈

- 기온이 0℃ 이하일 때 공기 중의 수증기가 얼어서 땅에 떨어지는 것이다.
- 눈은 하얀색이다.
- 눈송이는 일반적으로 육각형 모양이다.

구름

- 구름은 공기 중의 수증기가 엉기어 미세한 물방울이나 얼음 상태로 떠 있는 것이다.
- 구름의 색깔은 여러 가지이다(흰색, 회색, 검은색).
- 흰색 구름은 높은 하늘에, 회색이나 검은색 구름은 낮은 하늘에 떠 있다.
- 구름에는 여러 가지 종류가 있다(비늘구름, 뭉게구름, 새털구름, 양떼구름).
- 구름은 공기의 흐름에 의해 끊임없이 모양이 바뀐다.

번개와 천둥

- 번개는 양전기와 음전기의 구름 사이의 방전현상으로 몹시 빠르게 번쩍이는 빛을 말한다.
- 천둥은 번개가 칠 때 하늘이 요란하게 울리면서 소리가 나는 것이다.
- 번개와 천둥은 거의 동시에 일어나지만 빛과 소리의 속도가 다르므로 번개가 먼저 번쩍이고 천둥소리가 뒤에 들린다.

심층탐구 옛날 사람들의 기상 예측

1660년경 갈릴레이가 온도계를 발명한 이후 기압계, 풍향 · 풍속계, 일사계, 습도계 등 여러 기상 측기가 발명되어 기상예보에 이용되었다. 19세기 후반에는 광범위한 지역의 일기도가 만들어지고, 이에 의한 일기예보가 시작되었다. 20세기에 이르러 상층 관측기가 발명되고, 로켓, 인공위성, 기상레이더 등이 발명됨에 따라 날씨의 상태와 변화를 입체적으로 알게 되었다. 또한 대형 컴퓨터의 등장으로 복잡한 기상자료를 쉽고 빠르게 처리할 수 있게 됨에 따라 각 지역에 맞는 수치 기상모델이 개발되어 수치예보 시대에 이르렀으며, 일부분이지만 기상을 인공적으로 조절까지 할 수 있게 되었다. 그러나 옛날 사람들은 기상현상을 과학적으로 알아내는 측기가 없었으므로 감각기관을 이용해서 날씨를 파악하고, 반복적인 경험을 통해 날씨를 예측했으며, 이를 아래와 같은 일기속담의 형태로 전달했다.

다음 일기속담의 의미가 무엇인지 생각해 보시오.

① 서쪽에 무지개가 뜨면 강가에 소를 매지 마라.
② 올 듯하면서도 오지 않는 것은 선물과 아침 소나기.
③ 높새바람이 불면 잔디 끝이 마른다.
④ 개미가 떼 지어 이사를 하면 비가 온다.
⑤ 거미가 집을 지으면 비가 그친다.
⑥ 뱀의 겨울잠이 빠르면 서리도 빠르다.
⑦ 제비가 일찍 오는 해는 풍년.
⑧ 청개구리가 요란스럽게 울면 비가 온다.
⑨ 가을 무 껍질이 두꺼우면 겨울이 춥다.

⑩ 가루눈이 오면 춥고, 함박눈이 오면 포근하다.
⑪ 가을비엔 장인 구레나룻 밑에서도 피한다.
⑫ 대한에 얼어 죽는 사람은 없어도 소한에 얼어 죽는 사람은 있다

〈해답〉

① 서쪽의 비가 이동하여 머지않아 비가 올 것이므로 조심해야 한다는 뜻.
② 아침에는 대류작용이 아직 강하지 않아서 오후처럼 소나기가 쉽게 안 내린다는 뜻.
③ 산맥의 풍하 측에서 고온 건조한 바람이 되어 가뭄에 강한 잔디도 잎끝이 마른다는 뜻.
④ 개미는 습기감지능력이 뛰어나 저기압이 되면 비를 피해 이동하는 습성이 있기 때문.
⑤ 비가 그쳐서 먹이를 잡기 위해서 집을 짓는 것.
⑥ 기온이 평년보다 빨리 내려간 해에 뱀의 동면도 빨라지므로 서리도 빠르다는 것.
⑦ 기온이 높으므로 풍년이 들기 쉬우며, 추위도 예년보다 빠를 가능성이 있기 때문.
⑧ 저기압 접근 시 기압이 낮아지고 습기가 증가되어 호흡에 지장을 주기 때문.
⑨ 뿌리가 추운 날씨를 극복하기 위해 껍질이 두꺼워지기 때문.
⑩ 싸락눈은 한랭한 공기에서, 함박눈은 상대적으로 따뜻한 공기에서 만들어지기 때문.
⑪ 가을비는 빗방울은 굵지만 비의 양도 적고 빗줄기가 촘촘하지 못하다는 뜻.
⑫ 이름으로는 소한보다 대한이 더 추울 것 같지만 실제로는 소한이 더 춥다는 뜻.

출처: http://www.kweather.co.kr/school/ani-pla_proverb.html
http://qna.scienceall.com/knowall/svc/qna/question_detail.php?queId=44107

제3부

영유아 **과학교육**의 **운영**

8장 영유아 과학교육과 교사

영유아교육의 성과는 프로그램의 철학이나 특성보다는 그 프로그램을 실행하는 교사에 달려 있다. 따라서 교사는 과학교육의 목적을 달성하기 위한 가장 중요한 요인 중 하나라고 할 수 있다. 특히 영유아교육 분야에서는 교육 내용의 선정, 구성, 지도 등 모든 과학교육 운영의 전반에 걸쳐 현장 교사들에게 재량권을 부여하고 있으므로 교사의 중요성은 더욱 부각된다. 이러한 입장에서 먼저, 영유아교사의 과학에 대한 태도, 과학적 지식, 성 고정관념 등이 영유아 과학교육에서 어떠한 중요성을 지니는지 살펴본 후 구성주의 과학교육의 관점에서 교사의 다양한 역할을 소개하기로 한다. 또한 과학교육 실제에 적용할 수 있는 여러 가지 상호작용 전략들을 알아볼 것이다.

1. 영유아과학교사의 기본 자질

1) 과학에 대한 자신감

과학은 영유아교육 현장에서 가장 소홀히 되고 있는 교과로 지적된다. 이는 현장의 미흡한 환경 여건, 과학 기기 및 장비의 부족이나 자원과 재정의 부족 등에서 비롯된 것이기도 하지만, 가장 큰 원인은 과학은 추상적이고 형식적인 사고를 요하므로 전조작기 인지발달 단계에 있는 영유아가 이해하기는 어렵다는 과학에 대한 소극적이고 편협한 관점에 있다. 또한 과학은 교사들이 가장 어려워하는 교과로서 많은 영유아교사들이 과학을 가르치는 것에 불편함을 느끼고 있는 것으로 보고된다. 이는 영유아교사의 양성과정이 인문계열에 속해 있음으로 인해 영유아 자신이 과학에 관한 지식이나 과학 교수방법에 대한 이해가 부족할 뿐 아니라 과학에 대한 흥미 자체가 결여된 경우가 많기 때문으로 보인다.

그러나 영유아교사는 과학을 가르치는 자신의 능력에 대하여 자신감을 느낄 필요가 있다. 교사가 과학을 가르치는 것을 편안해하지 않는다는 것을 영유아가 알아차린다면, 과학학습이 성공적으로 이루어지기 어렵기 때문이다. 교사가 과학을 가르치는 데에 자신감을 갖고 있어야 영유아도 과학에 대해 긍정적인 태도를 갖고 적극적으로 학습에 임할 수 있다. 또한 교사의 과학교수에 대한 자신감, 즉 과학교수 효능감(self-efficacy)은 교사의 교수방법에 직접적인 영향을 미친다. 일반적으로 과학교수 효능감이 높은 교사는 영유아에 대한 기대가 높고 영유아의 성취에 더 많은 관심과 책임감을 느끼며, 영유아의 내적 흥미와 자기주도 학습의 발달을 지원하기 위해 탐구중심, 아동중심 교수 책략을 사용하는 경향이 있다. 이에 비해 효능감이 낮은 교사는 영유아의 반응을 기다리기보다는 답을 말해 주며, 직접적인 강의나 교과서 읽기 등의 교사중심 책략을 사용하는 것으로 나타난다(한유미, 2003). 이와 같이 과학교수 효능감은 교사의 효율적인 교수와 영유아의 성공적인 성취에 중요한 변인이며, 특히 영유아 과학교육에 있어 더욱 중요한 것으로 알려져 있다. 과학교육을 전공한 후 과학 교과만을 전담하는 중등 교사와 달리 영유아교사는 모든 교과를 가르쳐야 하기 때문이다.

한편 영유아교사는 중등 교사와 달리 모든 과목을 잘 가르칠 수 있어야 한다고 기대하지만 사실 영유아교사도 과목에 따라 흥미나 지적 능력, 선호도 등이 다를 수 있다. 따라서 개인적으로 과학에 대해 부정적 경험을 갖고 있는 교사라면 동료교사의 도움이나 워크숍, 세미나, 연수 등을 통해 적절한 지원을 받을 필요가 있다. 또한 평소에 다음과 같이 과학과 관련된 서적이나, 잡지, 다큐멘터리 등을 보거나 과학과 관련된 취미를 갖는 것도 교사 자신의 과학에 대한 자신감을 증진하는 데 많은 도움이 된다.

〈표 8-1〉 과학 및 과학자 관련 권장도서

	제목	저자	출판사, 연도
일반 교양과학	KBS 과학 다큐멘터리 과학카페(시리즈)	KBS 과학카페 제작팀	예담, 2008
	야누스의 과학: 20세기 과학기술의 사회사	김명진	사계절, 2008
	과학을 알아야 미래가 보인다 : 세상을 바꾼 과학 천재들	김홍재	산하, 2007
	카오스(현대 과학의 대혁명)	박배식 역, 제임스 글리크 저	누림, 2006
	과학콘서트	정재승	동아시아, 2003
	우주콘서트	태의경	동아시아, 2007
	과학으로 수학 보기 수학으로 과학 보기	김홍종, 김희준	궁리, 2007
	과학 교과서 영화에 딴지 걸다	이재진	푸른숲, 2004
	과학 영화와 만나다	차동우, 홍주봉 역, 레로이 외 저	한승, 2006
	영화는 좋은데 과학은 싫다고	김상욱 지음	한승, 2009
	세계명작 속에 숨어있는 과학	최원석	살림, 2006
	요리로 만나는 과학 교과서	이영미 외	부키, 2004
	과학 읽어 주는 여자	이은희	명진출판사, 2003
	퀴리 부인이 딸에게 들려주는 과학이야기	최연순 역, 마리 퀴리 외 저	자음과 모음, 2004
영유아 과학교육	놀이를 통한 영유아 과학교육 활동자료	교육인적자원부	교육인적자원부, 2003
	보육시설 과학 · 환경 프로그램	보건복지부	보건복지부, 2002
	(문학적 접근에 의한) 영유아 과학교육	조부경	교육부, 1995
	물리적 지식 활동	이경우, 문미옥 역, 까미, 드브리스 저	창지사, 1989
	구성주의 영유아교육교수법	곽향림, 허미화, 김선영 역, 드브리스 외 저	창지사, 2007
	과정이 살아있는 창의성 프로그램	조복희 외	다음세대, 1999
	미술활동을 통한 영유아 과학교육: 영유아 및 초등학교 저학년 아동을 위한 과학 · 미술 통합활동	김선영, 최수경 역, 콜, 포터 저	학지사, 2005

과학에서의 성공은 실패에도 불구하고 새로운 영역에 도전하고자 하는 열정과 끈기에서 나오는 경우가 많다. 따라서 교사는 실수로부터 학습을 할 수 있으므로 실수도 매우 유익한 학습 기회임을 강조할 필요가 있다. 영유아가 시행착오나 실수를 통해 학습할 수 있다는 것을 경험한다면 중고등학생이나 대학생이 되어서도 자신감을 갖고 과학 학습에 참여하게 될 것이다. 반면, 교사가 정답이 하나뿐이라는 생각을 갖고 있다면 영유아는 무력감이나 불안감을 갖게 될 수 있다. 물론 영유아는 자기중심적이므로 과학 학습에 대한 불안이 많지 않을 수도 있지만 영유아교사가 과학을 가르칠 때 긍정적이고 지지적인 학습 환경을 제공해야 한다는 것은 여전히 중요하다. 교사는 영유아가 과학 지식을 스스로 발견하고 또래와 문제해결방법을 공유할 수 있는 다양한 학습기회를 제공해야 한다. 영유아에게 문제해결 책략과 조사 방법을 공유하게 하는 것은 타인의 이야기를 듣는 기회를 제공할 뿐 아니라 문제해결방법은 서로 다를지라도 자신과 친구 모두 과학을 할 수 있음을 깨닫게 해 주기 때문이다. 또한 교사의 열정은 영유아에게 이어지므로 교사는 과학을 가르칠 때 열정을 나타내는 것이 좋다(Gallenstein, 2003).

심화학습 과학교육에서 잘못된 교수

다음은 영유아교사들이 반성적 저널쓰기를 통해 보고한 과학교수에 대한 반성적 관점과 사례이다(안부금, 2002).

1. 욕심내기

교사의 욕심을 앞세워 교사가 계획한 내용을 모두 전달하기 위해 교사 수업을 진행하다 보면 영유아의 의견을 무시하거나 다른 반응이 나올 수 없도록 상호작용이 이루어지게 된다. 또한 영유아들의 참여나 흥미는 전혀 기대할 수 없다.

> 막상 책을 펼치니 아이들에게 이야기해 주고 싶은 내용이 너무 많았다. 교사 욕심에 모든 아이가 다 알았으면 하는 생각에 내용이 많아 길어져도 끝까지 앉아서 책을 다 보았다. 어떤 아이들은 눕기도 하고, 자세가 흐트러졌고, 내 자신이 판단해도 50% 이상이 관심이 없어 보였다….

2. 재촉하기

영유아의 관심이나 흥미를 고려하지 않은 채 교사 자신의 계획에만 치중하여 많은 학습 내용을 준비하고 이를 영유아들에게 전달해 주려고 하다 보면 항상 시간에 쫓기게 된다. 정해진 시간에 정해진 분량을 하려다 보면 영유아의 생각이나 의견을 묻기보다는 교사의 일방적인 전달로 끝나게 된다.

> 생일 축하도 겸하게 되면서 시간이 빠듯했다. 마음이 급하니 아이들의 행동이 느려 보이고, 아이들이 여유 있게 활동할 수 있는 시간을 주지 못했다. 그리고 미리 계획된 활동이 아니어서 교사로서 나 자신의 준비가 미흡했다. 시간이 부족하여 소그룹 활동으로 진행하지 못하고 대집단으로 실시하여 한두 명만 참석함으로써 영유아들이 충분히 욕구를 해소하지 못한 것 같다.

3. 직접적으로 유도하기

교사가 자기 의도대로 교수 상황을 끌고 나가거나 활동에 영유아를 참여시키기 위해 직접적으로 개입을 한다. 혹은 처음에는 영유아 주도의 교수를 계획했지만 결국 그 기회를 영유아에게 주지 못하고 교사주도로 수업을 진행해 나가기도 한다. 이러한 경우 영유아의 반응을 살펴보면 교사의 교수방법이 영유아에게 아무런 의미가 없으며, 영유아들 역시 자신의 의지와 의도가 있음을 알 수 있다.

> 아이들은 오줌이 어디서 만들어지는지에 대해 궁금해했고, 계속 그것으로 장난을 하려고 했다. 나는 나의 계획대로 그림 속에 제시된 대장, 소장, 이, 간, 심장에 대해서 하려고 하고, 아이들은 아이들대로 계속 오줌 얘기를 했다. 난 계속 간단히 언급하고 넘어가려고 했다. 점점 아이들은 흥미를 잃고 분위기가 소란스러워졌다. 난 계속 갈등을 하면서도 또 나의 계획대로 해 버렸다.

4. 방해하기

교사는 영유아들을 항상 관찰하면서 그들이 무엇을 생각하는지, 그래서 앞으로의 활동 방향은 어떠해야 하는지를 의사결정 해야 한다. 이러한 과정을 거쳐 적절한 시기에 적절한 방법으로 영유아의 활동에 개입해야 하는데, 영유아에 대한 철저한 관찰이 없다면 교사의 개입은 방해자로서의 역할만 할 뿐이다.

> '깨끗한 물 만들기' 실험을 했는데…… 아이들이 지금 무엇에 열중하고 있는지 신경 쓰지 않고…… 쉴 새 없이 내 질문만 던졌다. 결국 아이들은 내 질문에 아무런 대답도 반응도 하지 않았다. 한참 지나서 탐색을 다 하고 난 후에 스스로 아이들은 여러 가지 말을 하기 시작했다. 실험을 하고 탐색을 하고 난 후 아이들은 말할 거리를 찾은 것 같다. 그런데도 자꾸 물어봤으니 얼마나 방해되었을까? 교사가 잘해 보려고 하는 것이 결국 영유아들에게는 방해만 되었던 것 같다.

5. 감정적 개입하기

교사가 일방적으로 계획하고 의도한 것이 뜻대로 되지 않을 때 감정적으로 개입하거나 반응함으로써 결국 교사의 권위를 드러내고 만다.

> 세욱이가 과학영역에서 금붕어에게 볍씨를 주어 아이들이 소란스러워졌다. 나는 세욱이에게 다짜고짜 "너 왜 그랬니? 금붕어가 볍씨를 먹고 죽으면 어떡하냐?"고 하자 세욱이는 당황해하는 빛이 역력했다. 그리고 또 "당번도 아닌데 왜 먹지도 못하는 볍씨를 주었니?"하고 쏘아붙였다. 세욱이는 "조금 전에 금붕어가 볍씨도 먹었단 말이에요."라며 변명을 했다. 그제야 나는 "아하!" 하는 생각이 들었다. 세욱이는 자연에 많은 호기심을 가진 아이이다. 아이들은 원래 호기심이 많다는 것을 익히 알면서도 왜 그렇게 생각 없이 아이들 마음을 생각도 못 하고 함부로 말을 내뱉었는지…….

6. 계획 없는 교수활동 하기

영유아교사들은 항상 계획을 하고 있다고 생각한다. 이때의 계획은 주간교육계획의 의미로서 교사의 머릿속에 구체적이고 직접 적용할 계획이 아니라 막연한 계획 또는 계획을 위한 계획이라는 점에서 교수활동의 방향을 결정짓는 데 아무 도움이 되지 않는다. 내일 혹은 지금 이 순간의 교수활동에 적용될 계획은 구체적이고 상세화되어 있어야만 그 효과를 발휘할 수 있다.

> 이번 주에도 생각과 달리 수업에 대한 계획을 철저히 하지 못한 탓에 대충 넘어가야지 하는 생각이 마음속에 내재되어 있었던 것 같다. 개념망을 짜고 이야기 나누기를 하고 난 뒤 무엇을 할까? 남은 시간을 어떻게 보내야 하나? 빨리 머리를 굴려 생각해 내어 다음 활동으로 넘어갔다. 수업 준비에 대한 반성과 후회는 오늘뿐만 아니라 자주 있는 일이다. 즉흥적으로 추후 활동을 생각해 보니 가끔 그날의 주제와 맞지 않을 때도 있고 그런 날은 마음이 개운하지 않다

7. 이론과 실제에 괴리감 느끼기

많은 교사들은 학교에서 배운 이론적 지식과 실제 교육현장에서의 적용은 괴리가 있고 이론이 실제에 별 도움이 안 된다고 생각한다. 아래 교사의 고민은 자신이 이론을 형성하는 주체임을 인식하지 못하는 데서 비롯된다. 또한 이 교사는 교실 및 교육 상황이라는 복잡한 상황으로서의 이해가 아니라 하나의 정답이 있는 의문을 해결하는 것으로 문제를 접근하고 있다. 이러한 현상은 결국 교사의 전문성에 부정적 영향을 미치게 된다.

> 과학 영역에 병원놀이 도구를 준비해 놓았다. …… 시간이 지나면서 영유아들은 과학 영역에 있던 기구들을 다른 영역으로 가져갔다. 체온계를 막대기로 사용하며 놀고 또 X-ray나 CT 사진을 가지고 다니다가 아무 곳에나 놔 두었다. 그리고 다른 교구들은 소꿉놀이 영역으로 가져가 본래 교구의 용도가 아니라 소꿉놀이 소품으로 사용하고 있었다. 구성주의 물리적 환경구성의 첫 번째 원리는 영유아에게 선택의 자유를 제공하고 자유롭게 여러 영역으로 옮길 수 있도록 허락하는 것이라고 했다. 이럴 때는 어떻게 해야 할까? 다소 교실이 엉망이 되고 교구나 다른 기구들이 다른 용도로 사용되더라도 아이들의 행동을 수용해 주어야 할까? 아니면 오늘 했던 것처럼 다른 영역으로 못 가지고 가도록 해야 할까?

2) 성역할 고정관념

학생들에게 과학자의 이미지를 그림으로 그려보게 한 많은 연구들은 유사한 결과를 보고하고 있다. 즉, [그림 8-1]과 같이 전형적인 과학자의 이미지는 실험실 가운을 입고 안경을 낀 중년 남성으로 나타난다. 이와 같이 과학과 과학자에 대한 정형화된 이미지는 적어도 6세 이전에 형성되며, 영유아기부터 형성된 정형화된 인식은 상당 기간 지속되어 과학 관련 분야로의 진로 선택에 영향을 주게 된다. 우리나라의 경우 과거에 비해 과학기술 분야에 여성의 진출이 상당히 증가하긴 했지만, 보건, 의료(간호사와 약사가 다수)를 포함한 과학기술 직종에 종사하는 여성이 전체의 24%, 연구 · 개발직을 중심으로 한 여성 과학자가 전체의 12%로 여전히 서구 선진국에 비해 저조한 상태이다(한국여성과학기술총연합회 편, 2006).

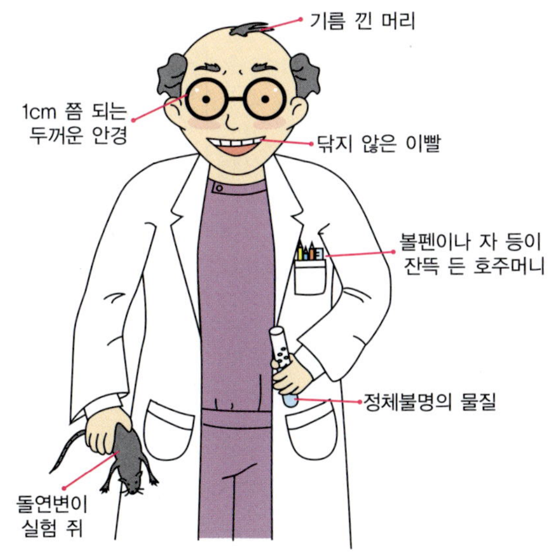

출처: www.yetiarts.com

[그림 8-1] 과학자에 대한 전형적인 이미지

여성이 대부분인 영유아교사 역시 과학자는 남성이라는 성역할 고정관념과 과학은 남성적인 학문이라는 느낌으로 인해 자신의 과학 능력을 과소평가할 뿐 아니라 영유아의 과학 능력도 성별에 따라 상이한 기대를 하는 경향이 있다. 예를 들어, 일부 교사들은 과학 활동에 여아보다 남아를 더 참여시키며, 남아에게 과학 질문을 더 많이 하며, 남아에게 과학과 관련된 문제를 해결하는 것을 도와줄 것을 기대한다. 또한 과학 활동을 할 때 남아에게 주도권을 부여한다. 이러한 교사의 행동은 동일한 학급에서도 남아가 여아보다 과학교육을 더 잘 받게 하는 결과를 초래할 수 있다(Baker, 1989; Becker, 1989). 따라서 교사 자신이 먼저 여성 과학자에 대해 관심을 갖고 현대 과학의 발달에서 여성이 이룬 공헌을 인식함으로써 과학이 남자의 것이라는 선입견을 버리고, 다음과 같이 모든 영유아에게 과학 학습 기회를 똑같이 제공하도록 노력해야 한다(Martin, 2001).

- 남아보다 여아의 이름을 더 자주 부른다.
- 여아에게도 남아만큼 질문을 많이 한다.
- 여아에게도 남아만큼 기다리는 시간을 준다.
- 여아에게도 남아에게 준 것과 똑같은 방법으로 피드백을 준다.
- 여아에게도 남아에게만큼 미소나 끄덕임 등과 같은 비언어적인 긍정 표시를 보여 준다.
- 여아와 남아에게 동일한 난이도의 질문을 한다.
- 혼성 집단에서는 여아가 남아와 똑같이 능동적으로 과학을 할 수 있도록 한다.
- 혼성집단에서는 여아가 비서와 같은 역할을 하지 않도록 한다.
- 여아도 남아만큼 핸즈 온 활동에 참여시킨다.
- 학급에서 여성 과학자에 대해 알아본다.

심화 학습 여성 과학자

우리는 성공한 '여성 과학자' 하면 노벨상을 두 번이나 받은 퀴리 부인, 즉 마리 퀴리(Marie Curie)를 떠올린다. 그러나 그녀가 여성이라는 이유로 파리 과학아카데미에서 회원으로 받아들여지지 않았다는 사실을 아는 사람은 그다지 많지 않을 것이다. 또한 남편이었던 피에르 퀴리의 도움과 후원이 없었더라면 과연 그 정도로 성공했을 것인지 의문이 남는다. 퀴리와는 매우 대조적으로 많은 여성 과학자들은 비범한 능력에도 불구하고 여성에 대한 차별과 편견에 부딪혀 번번이 좌절했다.

원자핵물리학의 발전과 더불어 많은 과학자가 우라늄에 중성자를 충돌시키는 실험에 몰두했던 1930년대 무렵 핵분열 및 연쇄반응의 메커니즘을 명확히 밝혀낸 것은 여성 물리학자 리제 마이트너(Lise Meitner)였다. 그러나 그녀는 자신의 업적을 제대로 인정받지 못했고 노벨상 수상자 심사에서도 여러 차례 탈락했다. 그녀가 유태인이었다는 점도 그 이유의 하나이지만 아인슈타인, 보른, 크렙스 등 여러 저명한 '유태인 과학자'들이 결국은 업적은 인정받고 대부분 노벨상을 수상한 것을 감안하면, 여성 과학자였기 때문에 끝내 노벨상을 받지 못했다고 볼 수 있다.

로절린드 프랭클린(Rosalind Franklin)은 모리스 윌킨스와 줄곧 DNA의 구조를 밝히는 연구를 하였으나 내내 심각한 불화를 겪었던 것으로 알려져 있다. 그 이유 중 하나는 두 사람은 별도의 연구그룹을 이끌던 동등한 동료의 위치였음에도 불구하고 윌킨스는 그녀의 위치를 자신의 실험조교 정도로 잘못 인식했기 때문이라고 한다. 왓슨과 크릭이 경쟁자였던 윌킨스와 함께 1962년도 노벨 의학생리학상까지 받게 된 DNA의 이중나선구조 발견은 프랭클린이 찍은 DNA의 X선 회절사진이 결정적 단서를 제공했다. 그러나 그들의 연구에 결정적 기여를 했던 프랭클린은 상을 받을 수 없었다. 37세에 요절을 했기 때문이지만, 설령 그가 살아 있었다고 해도 3인까지만 공동수상이 허용되는 노벨상 수상 규정과 여성을 차별하는 풍토 때문에 노벨상 수상자가 되지는 못했을 것이다.

아인슈타인이 특허청 하급 관리에서 상대성 가설 등으로 20세기 최고의 과학자가 된 데에는 첫 번째 부인 밀레바 마리치(Mileva Maric)의 수학적 뒷받침과 도움이 상당히 컸던 것으로 알려져 있다. 하지만 아인슈타인은 자신의 주요 논문들을 퀴리 부부의 경우와 달리 부부 공동명의로 발표하지 않았기 때문에 밀레바는 자신의 능력을 인정받지 못했다. 더구나 심신이 약한 둘째 아들이 태어난 이후 남편의 힘에 별 도움이 되지 못하고 불화 끝에 이혼한 밀레바는 세인의 기억에서 잊혀진 채 쓸쓸히 세상을 떠났다. 이로 인해 여성계에서는 아인슈타인이 과학자로서는 위대했을지라도 가정에서는 매우 나쁜 남편이었다고 평가하기도 한다.

출처: 최성우(2003)

리제 마이트너

로절린드 프랭클린

밀레바 마리치

2. 영유아과학교사의 역할

과학교사의 역할에는 여러 가지 유형이 있지만 전통적으로 교사는 전달자의 역할을 수행해 왔다. 전달자의 역할이란 과학적 지식이나 사실을 언어를 통해 직접 알려 주는 것을 말한다. 전달자의 역할은 빠른 시간에 가장 많은 지식을 가장 많은 학습자들에게 전달할 수 있지만, 발달 특성상 영유아는 언어적 이해력이 부족하며 영유아에게 지식을 가르치는 것은 적절하지 않다는 점에서 오늘날 바람직하지 않은 역할로 평가받고 있다. 그러나 과학교육 내용 중에는 교사에 의해 직접 가르침을 받지 않으면 안 될 부분(예 도구 및 자료의 사용법, 안전 문제)도 있으므로 전달자 역할을 전적으로 무시하기는 어려운 실정이다. 여기에서는 최근 구성주의 입장에서 강조되고 있는 과학교사의 역할을 살펴보기로 한다.

1) 제시자 역할

구성주의 입장에서 과학을 가르칠 때 가장 중요하고도 어려운 역할은 제시자(presenter)의 역할이다. 제시자의 역할이란 활동을 시작할 때 교사는 "~을 하자"라고 지시하기보다 영유아가 과학 활동에 흥미를 느낄 수 있도록 교구 및 자료를 배열하거나 암시를 줌으로써 활동의 최종 선택과 주도는 영유아가 하도록 하는 것이다[1]. 예를 들어, "오늘은 롤러가 어떻게 구르는지 실험을 해 보자"고 직접적으로 말하는 것보다는 롤러를 담은 박스를 갑자기 바닥에 쏟음으로써 영유아가 롤러가 부딪치는 소리와 굴러가는 모습에 흥미를 느끼고 활동을 시작하게 할 수 있다.

자료의 제시 방법뿐 아니라 제시 시점에 따라서도 영유아의 호기심과 행동이 달라질 수 있다. 위 활동의 경우 만약 교사가 처음부터 롤러와 함께 상자, 끈 등

1) 비록 교사가 활동을 미리 계획했을지라도 영유아가 교사의 지시가 아니라 스스로의 선택에 의해 활동을 시작했다고 느끼는 것이 중요하다. 타인에 의한 학습보다 자율적인 학습이 효과가 크기 때문이다.

을 제공했다면 영유아는 롤러의 구르는 속성을 충분히 탐색하지 않고 단순히 무엇인가를 만드는 작업에만 몰두하게 될 가능성이 있다. 그러나 롤러에 대한 탐색이 충분히 이루어진 활동 중반에 상자, 끈 등을 제공하면 롤러의 구르는 속성을 바퀴와 연결 지어 자동차를 만드는 활동으로 이어질 수 있을 것이다. 휴지를 물에 녹였을 때의 변화를 관찰하는 화학 활동의 경우에도 물감을 활동 초반에 제시하면 영유아가 물감에 의한 자극적인 변화에 몰두하여 휴지의 질감이나 용해, 모양 등의 관찰에는 관심을 느끼지 않을 수 있다. 그러나 영유아가 휴지의 속성을 충분히 관찰한 후 활동에 대한 관심이 서서히 감소하는 시점에서 물감을 제공하면 활동에 새로운 자극과 활력을 불러일으킬 수 있다.

또한 영유아가 교사에게 도움을 청할 때에도 교사는 즉각적인 해결방법을 제시하지 않고, 영유아 스스로 해결책을 찾아서 해결하도록 간접적으로 돕는다. 그러나 이미 영유아가 유사한 경험을 가지고 있고 새로운 방향으로 확장시키고자 하는 경우라면 어느 정도 활동의 방향을 제시해 줄 수도 있다. 앞의 예에서 영유아가 롤러를 모두 굴려 보고 더 이상의 새로운 방향으로 확장되지 않는 상황이라면, "이것들을 카펫이나 마루, 이불 위 등 서로 다른 바닥에서 굴려도 똑같이 굴러갈까?"라거나 "높이가 서로 다른 곳에서 굴려 보면 어떻게 될까?" 등과 같이 계속 활동을 확장시킬 수 있도록 활동 방향을 제시하는 것이 효과적이다.

〈지시자〉

〈제시자〉

[그림 8-2] 지시자 역할과 제시자 역할

2) 관찰자 역할

대부분의 교사는 교실에서 활동이 진행되는 동안 비형식적으로 영유아를 관찰하지만 영유아의 능동적 참여와 지식 구성을 강조하는 구성주의 입장에서 관찰자(observer)의 역할은 특히 중요한 의미를 갖고 있다. 관찰은 영유아가 무엇에 흥미를 느끼고 있으며, 무엇을 이해하고 있는지 등에 관한 정보를 주며, 개별 영유아의 욕구를 이해하고 이들의 문제해결을 도와줄 수 있는 실마리를 제공하기 때문이다. 또한 관찰은 교육과정을 개발하는 토대가 될 수 있다. 즉, 영유아를 관찰함으로써 교사는 자신이 개입할 필요가 있는지 그리고 필요하다면 어떻게 개입해야 하는지 등을 결정할 수 있다(Chaille & Britain, 1997). 예를 들어, 영유아들이 활동에 몰입해 있다면 교사의 개입을 시도할 필요가 없다. 그러나 영유아들이 처음부터 그 활동을 선택하지 않았거나 혹은 하다가 그만두었다면, 활동의 복잡성을 증가시킬 필요가 있음을 나타내는 표시로 볼 수 있다.

영유아를 교육하면서 동시에 관찰을 병행하는 것은 쉬운 일이 아니다. 그러나 형식적 · 비형식적인 방법으로 지속적으로 관찰을 함으로써만이 영유아의 과학 능력을 파악하고 과학 활동을 촉진할 수 있다. 따라서 10장에 제시된 다양한 관찰 기술들을 익힌 후 과학 시간이나 과학 영역에서뿐 아니라 일과를 통해 나타나는 영유아의 과학 활동을 관찰하고 평가해야 한다. 사진기와 필기도구를 이용하여 틈틈이 기록을 남기고, 영유아들의 과학 활동 결과물을 수집함으로써 시간의 경과에 따른 발달 변화를 평가하는 것이 바람직하다. 이는 프로그램을 진단 · 평가하고 다음 단계의 활동을 계획하고 실행하는 데 도움을 주며, 부모에게 자녀에 대한 정보를 제공할 수 있게 해 준다.

[그림 8-3] 영유아의 눈높이에 맞춘 관찰

3) 질문자 역할

영유아 과학교육에서는 질문자(question asker)로서의 역할도 중요하다. 적절한 시기에 적절한 질문은 영유아로 하여금 현재 다루고 있는 과학 개념을 인식하게 하며, 과학 용어를 익숙하게 사용할 수 있도록 해 준다(Forston & Reiff, 1995). 또한 영유아가 활동을 중단하려 한다면 교사는 질문을 하여 좀 더 복잡한 수준에서 탐색을 계속하도록 격려할 수 있다. 그러나 교사의 질문은 다음과 같이 영유아의 초점이 흐려지게 하거나 활동을 멈추게 할 수도 있다.

> 물놀이 영역에서 세진이는 컵에 물을 담아서 그릇에 계속 붓기 시작했다. 그릇이 넘치기 직전까지 물을 채운 후 그릇에 한 손을 넣자 물이 넘쳐흐른다. 다른 손으로 넘쳐흐르는 물을 붙잡으려고 하면서 그릇에 계속 물을 붓는다. 이때 교사가 "이 그릇에는 물이 몇 컵이 들어갈까? 셀 수 있겠니?"라고 질문한다. 그러자 세진이는 신나게 하던 실험을 멈추고 그릇의 물을 버린 후 숫자를 세면서 컵으로 물을 붓는다. 그리고 "모두 13컵이에요."라고 대답하고 물놀이영역을 떠난다(Chaille & Britain, 1997).

앞의 예에서 교사는 세진이에게 실험과 직접적 관련이 없는 질문을 함으로써 실험을 심화시키지 못했을 뿐 아니라 교사주도적인 과업으로 인해 지식 구성을 방해하였다. 차라리 교사는 아무런 질문을 하지 않음으로써 세진이의 실험을 중단시키지 말았어야 했다. 아니면 잠시 지켜본 후 세진이가 실험을 그만두었을 때 실험과 관련된 질문(예 "이 그릇에 큰 돌을 넣으면 어떻게 될까?")을 하는 것이 나았다.

이와 같이 교사는 자신의 질문이 영유아의 탐색을 강화할지 아니면 방해할지를 검토해 보고 적절한 시점에 질문을 해야 한다. 바람직한 질문자의 특성은 다음과 같다. 첫째, 교사의 주도적 역할을 줄이고 영유아의 자발적 참여를 격려하기 위해서는 폐쇄적 질문이나 수렴적 질문보다는 개방적 질문이나 확산적 질문을 한다. 그러나 위기 상황에서 안전을 유지하기 위해 영유아의 행동의 결과에 대해 이야기해 주어도 해결이 되지 않을 경우에는 폐쇄적 질문을 하고 영유아에게 선택을 하게 할 수 있다. 또한 영유아가 좌절감에 빠졌을 때에는 힌트를 주는 것이 바람직하다. 둘째, 문제해결력을 향상시키고 타인의 입장이나 감정을 수용하는 능력을 길러 주는 것을 목표로 하는 질문을 한다. 예를 들어, "~하는 방법은 없을까?", "~에 대해 좋은 생각이 없니?", "~에 대해 어떻게 생각하니?" 등과 같은 질문이 바람직하다. 셋째, 영유아를 지명해서 질문하지 않으며, 질문을 한 후에는 답을 생각할 시간을 충분히(최소 3초) 준다. 넷째, 옳은 답이 나온 후에도 다른 영유아들에게 어떻게 생각하는지 이야기해 볼 기회를 준다.

4) 촉진자 역할

과학교육에서는 영유아가 주도적으로 활동을 이끌어 나가는 것이 중요하다. 영유아가 반복적인 활동만을 하고 더 이상 활동을 확장시켜 나가지 못할 때, 교사는 활동을 심화시키고 촉진시킬 수 있는 역할(facilitator)을 해야 한다. 예를 들어, 영유아가 경사면에서 공을 굴리기만을 반복하다가 흥미를 잃고 활동을 중단하려고 할 때 교사가 활동을 확장시킬 수 있는 촉진자의 역할을 하지 않는다면 깊이 있는 탐색활동은 일어나지 않을 것이다. 이러한 상황에서 교사가 바닥 면을 다르게 하거나 경사로를 만들고, 공이 도달해야 하는 목표점을 다르게 하거나, 다양한 형태의 길을 만들어 보는 기회를 제공함으로써 영유아의 흥미를 지속시킬 수 있는 역할을 하는 것이 중요하다(보건복지부, 2002).

이와 같이 촉진자 역할은 영유아가 갖고 있는 과학 능력과 잠재력을 최대한 개발해 주는 것이다. 그러나 이를 위해 영유아에게 지식을 주입하거나 선행 학습을 통해 영유아의 발달 수준을 끌어올려야 한다는 의미는 아니다. 영유아의 발달 수준에는 개인차가 있으며, 또 모든 영유아가 획일적으로 학습하는 것도 아니기 때문이다. 촉진자 역할은 과학에 대한 영유아의 자연적인 흥미와 성향을 중요시하는 것과 관계있으며, 이를 이용하여 과학 활동에 대한 참여를 높이는 것을 말한다. 또한 적절한 비계의 역할을 하고 영유아의 개인차에 입각하여 과학 활동을 안내함으로써 수행된다.

5) 환경구성자 역할

환경에 따라 과학에 대한 영유아의 흥미 유발과 교육 효과가 크게 달라질 수 있다. 공간의 위치나 실내 디자인, 교재 교구 등의 물리적 환경은 영유아의 활동을 활성화할 수도 억제할 수도 있기 때문이다. 특히 영유아가 환경과 직접적인 상호작용을 통해 학습을 한다고 보는 구성주의는 입장에서는 물리적 환경을 구성하는 것이 매우 중요한 교사의 역할(environment organizer)이다. 9장에 제시된 원리에 따라 구성된 환경은 교사보다 영유아의 행동에 직접적인 영향력을 미칠 수 있다. 예를 들어, 융통성 있게 구성된 환경은 영유아로 하여금 환경을 변화시켜 달라고 교사에게 요구하거나 혹은 교사가 환경을 변화시킬 때까지 기다리기보다 영유아 스스로 환경을 변화시킬 수 있다는 메시지를 준다. 예를 들어, 영유아의 손이 쉽게 닿는 곳에 자료들이 있으면 이는 "마음대로 사용해도 된다."는 메시지를 담고 있는 것이다. 이와 같이 영유아가 손쉽게 접근할 수 있도록 자료가 비치되었을 때 영유아의 자기주도성이 촉진되며, 영유아 간의 상호작용을 조성하도록 환경이 구성되었을 때 영유아들은 교사에 의존하기보다 서로서로 돕고 그럼으로써 협동성도 길러진다.

교사의 구체적이고 직접적인 지시에 의존하는 교사중심적인 교실과 달리, 구성주의 교실에서는 영유아가 다양한 방법으로 자료와 상호작용할 수 있도록 환경이 구성되어야 한다. 즉, 환경구성자로서의 교사 역할은 영유아가 자료를 어떻게 사용할 것으로 기대되는가를 꼼꼼히 따져 보는 것이다. 이는 또한 교사가 불필요한 개입을 하지 않아도 되게끔 해 준다. 예를 들어, 교사가 접시 위에 물감을 짜 놓았다면 그는 영유아가 이것을 손으로 문지를 것을 기대했기 때문이다. 그러나 이를 원치 않는다면 교사는 물감을 뚜껑 있는 용기 안에 두어야 한다.

따라서 교육적 가치가 있고 영유아의 흥미 및 발달에 부합하는 과학교육 환경과 자료를 준비 · 제공하는 것은 매우 중요한 교사의 역할이다. 또한 교사는 영유아가 주도적으로 활동을 하고, 사회적 상호작용을 할 수 있도록 자료 배치를 계획하고, 계획에 따른 결과를 관찰하며, 그 효과성을 평가한 뒤 필요에 따라 계속 환경을 재구성해 가야 한다(Chaille & Britain, 1997).

6) 참여자 역할

참여자의 역할(participant)은 가장 간과되기 쉬운 교사의 역할이다. 교사는 극히 적은 시간만을 영유아와 함께 놀이를 하는 데 보내고 있으며, 영유아 역시 놀이를 할 때 교사를 놀이의 대상으로 여기지 않는 경향이 있다. 이러한 현상들은 교사가 영유아의 학습에 참여자로서의 역할을 하지 않는다는 것을 의미한다. 그러나 교사는 과학 게임을 할 때 영유아들에게 직접 게임 규칙을 결정하게 함으로써 자신도 다른 참여자들처럼 규칙에 복종하는 한 사람의 참여자가 될 수 있다(이윤경 · 이현순 · 장영희 · 정미라, 1985). 또한 교사는 자연스럽게 영유아들의 자발적인 놀이에 참여하고 시범을 보이거나 활동을 제안할 수 있다. 이와 같이 교사가 영유아와 대등한 위치에서 과학 활동에 참여할 때 영유아의 활동은 더욱 풍부해지며 확장될 수 있으며, 모델의 역할도 하게 된다.

교사: (레고로 널찍한 판을 만들고 정 가운데가 아닌 곳에 레고 조각 하나를 끼워 만들고)
"자, 봐. 나는 레고로 팽이를 만들었어. 멋지지?"
병진: "에이, 나도 그거 만들 수 있어요."
수미: "나도 만들 수 있어요. 보세요, 잘 돌아가지요?"
교사: "어? 근데 내 것보다 병진이랑 수미가 만든 게 더 잘 돌아가네. 아이참, 왜 그러지?"
병진: "보세요. (레고 조각 가운데를 보여 주며) 이렇게 딱 가운데 있잖아요. 여기에다가 붙이는 거예요. 해 보세요."

위의 예에서 교사는 영유아의 도움을 요청하는 듯이 질문함으로써 영유아가 교사에게 자신감 있는 태도로 응답하면서 놀이를 지속해 나가도록 하고 있다(임원신 외, 2006). 그러나 다음 권위적인 교사의 예와 같이 교사가 놀이에 지나친 개입을 하거나 권위적인 모습으로 개입하면 놀이의 흐름이 방해되거나 중단될 수 있으므로 주의해야 한다.

> 교사: "다 같이 넣으면 안 돼. 사마귀가 걔네 다 잡아먹는단다. 그리고 흙도 넣어야 하고 나뭇잎들도 넣어야 해. 좁잖니? 너무 많이 넣잖아?"
> 민섭: "누가 사마귀예요?"
> 교사: (사마귀를 가리키며) "얘가 사마귀인데 이건 이제 잡지 마."
> 영선: "왜요?"
> 교사: "무서운 거야. 그리고 물기를 좀 뿌려 줘야 해. 분무기 가져오렴."
> 민섭: "물은 왜요?"
> 교사: "있어야 돼."
> (이러는 사이에 많은 영유아가 자리를 떠났고, 결국 교사와 한 명의 영유아만 남았다.)

7) 이론정립가 역할

구성주의의 기본 관점은 인간이 스스로 지식을 구성해 나가며 이러한 과정은 지속되어 간다는 것이다. 따라서 구성주의 과학에서는 영유아를 스스로 지식을 구성해 가는 존재로 볼 뿐 아니라 교사 역시 끊임없는 학습자로서 스스로 지식을 구성해 나가려는 자세를 가져야 한다고 본다. 모든 것에 의문을 갖는다는 것은 구성주의 교사에게 특히 중요하다. 따라서 내가 계획했던 활동들이 활발히 일어나고 있는지 그렇지 않다면 나의 철학적 관점이나 교육목표 또는 영유아들을 위해 무엇이 적합한지에 대해 끊임없이 스스로 반문해 보아야 한다. 구성주의 교사들은 구성주의가 된다는 것이 무엇을 의미하는지에 대해 생각해야 한다. 또한 이론적 근거와 일어나고 있는 일들 사이의 관계에 대해 곰곰이 생각해 보아야만 한다. 흔히 교사들은 계획한 대로 활동이 전개되지 않는 경우를 분석해 보는 과정에서 계획 자체에 문제가 있었음을 발견하게 된다. 그러나 의문을 갖고 문제를 해결해 가는 그 자체가 구성주의를 실현하는 것이며, 구성주의 과학 활동을 효과적으로 전개하기 위해서는 교사의 끊임없는 노력이 필요하다. 이와 같은 이론정립자로서의 역할은 앞서 언급한 다른 모든 교사의 역할을 포괄하는 것이며, 전문가적인 자기 발전의 의지 및 열의가 없다면 교사는 다른 역할들을 효과적이고 열정적으로 수행할 수 없다.

3. 영유아과학교육의 교수학습방법

과학학습은 다양한 상황에서 행해질 수 있다. 일상생활에서 자연스럽게 과학학습을 경험할 수 있으며, 우연히 발생한 사건을 교사가 과학교육으로 활용할 수도 있고, 교사의 체계적인 계획에 의해 형식적인 과학교육이 이루어질 수도 있다. 이들 세 가지 과학교육 유형을 구체적으로 살펴보면 다음과 같다.

1) 자연적인 과학교육

영유아는 선천적인 호기심으로 인하여 자신을 둘러싼 환경을 탐색하며, 이를 통해 습득한 과학개념은 이후에 형성하게 될 형식적인 과학지식의 기틀을 이룬다. 따라서 영유아를 둘러싸고 있는 일상생활은 훌륭한 과학교육 현장이 될 수 있다. 자연적인 과학교육은 일상적인 활동을 하면서 영유아가 자발적으로 시작하는 활동을 말한다. 영유아교육기관에서 이루어지는 과학교육은 흔히 체계적이고 형식적인 교육만을 떠올리기 쉽지만 과학의 속성상 영유아교육기관에서도 자연스럽게 과학을 학습할 수 있는 기회는 매우 많다(Charlesworth & Lind, 2003).

자연적인 과학교육은 특히 감각운동기 영아에게 주요한 학습 방법이지만, 좀 더 나이 든 영유아에게도 귀중한 학습 방법이다. 자연적인 과학교육에서 교사의 주된 역할은 흥미롭고 풍부한 환경을 준비하는 데 있다. 즉, 영유아가 보고, 만지고, 듣고, 맛보고, 냄새 맡을 수 있는 물체들을 많이 구비하는 것이 중요하다. 또한 영유아가 이 활동에서 저 활동으로 급히 옮겨 다니지 않고 한 자료를 충실하게 탐색하고 과학개념을 발견할 수 있도록 충분한 시간을 제공해야 한다. 가능하다면 시간 부족으로 작업을 끝내지 못한 영유아가 자료를 그대로 놔두고 나중에 돌아와서 계속 작업할 수 있도록 여유 있는 공간을 제공하는 것이 좋다. 아울러 교사는 영유아의 과학 활동을 관찰하고, 활동이 어떻게 전개되고 있는지 기록하면서, 영유아에게 눈 맞춤, 끄덕임, 미소 등으로 반응해 주고 영유아의 행동을 말로 표현해 주거나 영유아의 말을 다듬어 주거나 영유아를 격려하기 위해 칭찬해 줄 수 있다(Gallenstein, 2003; Charlesworth & Lind, 2003).

2) 비형식적인 과학교육

비형식적인 과학교육은 교사가 사전에 특별한 시간을 마련하는 것이 아니라 교사가 경험이나 직관에 의해 스케폴딩을 할 시간이 되었다고 판단할 때 일어나게 된다. 또는 교사가 특별히 가르치고 싶은 개념이 있거나 가르칠 좋은 기회가 왔다고 생각했을 때에도 비형식적 교육이 일어날 수 있다. 비형식적 과학교육을 하고자 하는 교사는 교실이나 실외 영역에 과학영역을 설치할 수 있다. 교사는 자료를 선택하고 이것에 흥미를 느끼는 영유아가 사용할 수 있도록 해 준다. 영유아는 자유롭게 자료를 사용하는 것을 선택하며 다양한 방법으로 탐색한다. 비형식적인 과학교육은 주로 영유아가 도움을 필요로 하거나 혹은 문제해결을 잘 하고 있긴 하지만 힌트나 격려를 필요로 하는 상황에서 적절하다.

교사는 일과를 통해 우연히 일어난 과학 상황을 영유아의 요구와 흥미, 사건이 지닌 교육적 의미 등을 판단 · 검토하여 과학교육으로 확대할 수 있다(Forston & Reiff, 1995; Kammi & DeVries, 1976). 예를 들어, 간식 또는 식사 시간에 교사는 영양과 건강 등의 과학적 개념이나 올바른 식사법을 자연스럽게 가르칠 수 있다. 음식의 맛을 보고 냄새를 맡아보면서 입, 코 등이 하는 일을 알아본다든가 몸에 좋은 음식과 몸에 해로운 음식이 무엇인지 이야기하면서 올바른 식습관을 형성하고 음식을 골고루 먹어야 하는 이유를 이해하게 할 수 있다.

이와 같은 비형식적인 과학교육은 영유아가 과학이 우리의 생활 주변 모든 곳에 존재함을 인식하고, 과학이 일상생활의 문제해결 도구로 활용될 수 있음을 깨달을 수 있게 해 주는 이점이 있다. 따라서 교사는 과학영역뿐 아니라 다른 영역에서도 과학교육이 일어날 수 있는 상황을 잘 포착하여야 하며, 일과 속에 과학 활동이 자연스럽게 녹아들어 있게 해야 한다.

3) 형식적인 과학교육

형식적인 과학교육은 교사가 사전에 수업을 계획하고 자료를 준비하는 구조화된 교육을 말한다. 따라서 형식적인 과학교육은 특정 시간에 이루어지며, 이때 영유아는 개별적으로 혹은 소집단이나 대집단으로 참여하면서 교사의 지시를 따르게 되며, 자연적인 과학교육이나 비형식적인 과학교육에 비해 교사가 많은 주도권을 쥐고 있는 교육유형이라고 할 수 있다. 일반적으로 영유아교육기관에서는 생활주제를 중심으로 수업이 이루어지며, 각 생활주제의 특성에 따라 적절한 과학 내용을 다룬다. 따라서 교사는 해당 생활주제에서 영유아가 알아야 할 교육적 개념들을 추출하고 다른 영역의 교육계획과 더불어 과학교육의 내용이 생활주제 안에서 고르게 다루어지도록 계획해야 한다. 또한 한 해 동안 다룰 과학내용을 각각의 생활주제에 따라 편성해 봄으로써 과학내용이 고르게 제시되었는지 확인해 보는 것도 필요하다. 이와 같이 연간 과학내용의 기본 틀이 결정되면, 주간교육계획 및 일일교육계획을 작성한다. 이러한 과정을 거치면서 교사는 과학교육의 목표를 분명히 할 수 있으며, 구체적인 활동방법과 상호작용, 교재교구 등의 제반 준비를 체계적으로 할 수 있다. 또한 과학교육이 진행되면, 그 목표에 따라 영유아의 활동 수준을 다양한 방법으로 관찰하고 과학교육을 내용별로 분석하여, 다음 주제의 교육활동 계획에 반영할 수 있다. 형식적 과학교육은 일반적으로 도입-전개-마무리 단계에 따라 이루어진다(김형재, 2013).

(1) 도입

학습하고자 하는 과학 활동을 소개하고 학습 동기를 유발하는 단계이다. 사전 활동의 회상, 과학 활동의 주제와 관련된 개념의 이해를 돕는 '수수께끼', 관련된 개념을 구체적인 자료를 통해 설명하는 '자료 설명', 구체적인 자료를 탐색하고 직접 관찰해 보도록 하는 '자료 탐색', 관련 개념의 이해를 돕는 노래를 해 보는 '활동과 관련된 노래', 관련된 개념의 이해를 돕는 '동화, 동시' 등을 사용할 수 있다. 영유아가 학습 동기를 나타내면 교사는 다음 탐색 단계로 이동한다.

(2) 전개

자료에 대한 탐색이 충분히 이루어진 후 활동의 특성에 따라 영유아가 개별적 또는 집단으로 자신의 생각을 적용하거나 실험을 하는 단계이다. 교사는 활동목표를 인식하고 적절한 질문 기법 및 재반응 기법을 적용하고, 활동목표 도달을 위해 각 학습과제 유형에 이르기까지 과학적 지식을 습득하기 위한 발문을 구사하며, 과학적 탐구기능, 과학적 탐구태도 증진을 위한 교사-영유아, 영유아-영유아 간의 상호작용을 적용할 수 있다.

(3) 마무리

과학 활동을 하는 동안 영유아의 주도성을 극대화하기 위해 가급적 교사의 언어적 개입을 축소해야 하지만, 모든 활동이 끝난 후 마무리 단계에서는 활동목표를 평가하기 위한 언어적 상호작용을 실시하는 것이 바람직하다. 또한 이 단계에서는 이어질 확장활동을 공지하거나 활동을 통해 산출된 작품 등 다양한 표상활동을 통해 활동에서 알게 된 개념을 공고화할 수 있다.

〈표 8-2〉 과학교육의 3가지 유형

유형	특성	사례
우발적 과학교육 (incidental sciencing)	사전에 계획하는 것이 아니라 한 명 또는 그 이상의 영유아의 흥미를 끄는 사건이 우연히 일어났을 때 교사가 이를 정교화하고 확장함으로써 과학학습이 이루어진다.	- 교실에서 기르는 애완동물이 지난 주말에 죽었다. - 창문 밖으로 잠자리가 날아가는 것이 보인다. - 날씨가 갑자기 바뀌었다. - 기대하지 않았던 동물이 교실에 왔다.
비형식적 과학교육 (informal sciencing)	교실이나 실외 영역의 일부분에 과학영역을 설치한다. 교사는 자료를 선택하고 흥미를 느끼는 영유아가 사용할 수 있도록 해 준다. 영유아는 자유롭게 자료를 선택하며 다양한 방법으로 탐색한다.	- 새 둥우리나, 깃털, 씨앗 등 자연물에 확대경을 놓는다. - 저울 옆에 무게와 크기가 다양한 물체를 둔다. - 자석 옆에 종이 클립, 마커, 쇠숟가락 등 다양한 물체를 놓는다.
형식적 과학교육 (formal sciencing)	교사는 수업을 계획하고, 자료를 준비하고, 영유아에게 활동을 제공한 후 영유아가 활동을 하고 가능한 한 발견을 하도록 격려한다.	- 요리활동을 도입한다. - 애완동물을 소개한다. - 경사로를 설치한다. - 얼리거나 녹이는 활동을 제공한다.

출처 : Newman(1972)

심층 탐구 지식에 대한 소유의식을 길러 주는 질문들

"영유아가 교사의 지식과 자신의 지식 중 자신의 지식을 더 가치 있게 생각하게 하려면 교사는 영유아가 스스로 생각하도록 도와주는 것이 자신의 임무임을 인식해야 한다.

"빨간색이고 먹을 수 있는 것을 이야기해 보자."
"토마토요?"
"맞았어!"
"당근이요?"
"틀렸어!"

"요리를 하지 않고서도 그냥 먹을 수 있는 것을 이야기해 보자."
"닭이요?
"틀렸어!"

위의 예에서 모든 질문에는 정답과 오답이 있으며, 정답을 아는 사람은 교사이다. 영유아는 질문하는 목소리로 답하고, 교사는 "정말?", "잘했어."와 같이 미묘한 방식으로 영유아의 답이 맞았는지 틀렸는지를 나타낸다. 이러한 상황에서 지식을 소유한 사람은 교사이며, 영유아는 자신의 (맞을 수도, 틀릴 수도 있는) 답을 교사의 (항상 맞는) 답과 비교하고 교사가 듣고 싶어 하는 대답을 해야 한다고 생각하게 된다. 즉, 교사의 생각이 가치 있는 것으로 여겨진다. 결과를 미리 정해 놓고 활동하는 핸즈 온 상황에서도 비슷한 현상이 일어난다. "선생님 생각에는 그게 정답이 아닌 것 같아. 다시 해 보고 어떤 결과가 나오는지 보자."라는 말은 "너는 아직도 내가 원하는 결과를 얻지 못했어."로 들릴 수 있다.

블룸(Bloom)의 저차원적 질문은 정답과 오답을 만들어내지만 고차원적 질문은 토론을 촉진할 수 있다. 예를 들어, "꽃이 자라기 위해서 무엇이 필요한가?"라는 질문에는 "음식, 빛, 물"이라고 즉시 답할 수 있으나 "일주일간 꽃을 빨간 전등 아래 놓으면 어떻게 될까?"라는 고차원적 질문은 대답하기 전에 논리적으로 생각을 정리할 시간이 필요하다. 또한 교사가 침묵을 사용하면, 말을 많이 하지 않던 영유아도 말을 시작하고 흥미 있는 생각을 나타내게 된다. 이와 같이 기다리는 시간이나 생각하는 시간을 많이 주면서 개방형 질문을 사용하면 영유아는 자신의 생각이 중요하다고 믿게 된다.

또 다른 방법은 "맞아.", "잘했어.", "훌륭해." 등의 표현을 줄이는 것이다. 이러한 반응들은 영유아의 대답이 교사의 판단을 받는다는 암시를 주기 때문이다. 따라서 영유아에게 대답을 해서 "고맙다"라고 간단히 말하거나 미소나 끄덕임 같은 비언어적 반응을 보이는 것이 좋다. 또한 "왜 그렇게 말했니?", "어떻게 알았니?", "예를 들어보렴.", "OO가 답한 것에 보탤 이야기는 없니?", "찬성(반대)하니?", "~라면 무슨 일이 일어날까?", "어떻게 그런 생각을 하게 되었는지 말해 보렴.", "네 생각을 설명해 볼래?" 등도 영유아의 사고를 심화하고 소유의식을 높일 수 있는 반응이다. 단순히 영유아에게 말할 기회를 주는 것만으로도 교사는 자신이 영유아의 사고를 가치 있는 것으로 생각한다는 것을 보여 줄 수 있다. 이러한 과정에서 교사는 지식의 소유권을 영유아에게 부여하는 방법을 구성하게 될 것이며, 영유아는 교사의 안내하에 자신만의 질문을 하고 이에 대한 자신만의 탐색 방법을 고안하고 자신만의 답을 발달시킬 것이다.

출처: Martin(2001)

9장 영유아 과학교육의 접근법

영유아교육현장에서 과학교육은 문학, 과학사, 미술, 요리, 메이커스페이스 등 다양한 활동을 통해 이루어질 수 있다. 이들 각각의 과학교육 접근법의 의의와 실행 절차를 알아보고 구체적인 사례를 제시하면 다음과 같다.

1. 문학을 통한 과학교육

1) 문학을 통한 과학교육의 의의

문학과 과학은 서로 관련이 없는 것처럼 보이지만 사실 문학은 과학을 통해 얻고자 하는 과학적인 태도를 형성하는 데 영향을 주며, 과학자들에게 미래에 대한 비전을 제시해 왔다. 예를 들어, 에디슨의 경우「해저 이만 리」를 읽고 전기와 전구 발명의 꿈을 키웠으며, 오늘날의 로봇도 일찍이 그리스 신화에 소개된 청동인간에서 그 유래를 찾아볼 수 있다고 한다(이경우 · 장혜순 · 조부경 · 김정준, 1998). 문학을 통한 과학교육은 영유아에게 흥미로운 이야기책의 상황을 자연스럽게 과학교육 상황으로 전환시킴으로써 단편적인 과학적 지식의 암기가 아닌 의미 있는 상황에서 과학적 경험을 제공하기 위한 과학교육 방법을 말한다. 문학을 통한 과학교육은 교과서나 학습지에 의존하는 전통적인 과학교육에 대한 비판으로 등장했고, 이후 통합적 접근의 중요성에 대한 인식 및 총체적 언어교육에 대한 인기와 맞물려 급속히 확산되어 왔다.

문학을 과학의 기초로 사용할 경우 다음과 같은 효과가 기대된다. 첫째, 영유아는 교과서에 제시된 사실을 이해하는 것보다 이야기책에 있는 생각을 따라잡기가 쉽다. 흥미로운 이야기책은 영유아의 관심을 유지하고, 이야기 구조를 통해 영유아가 물질세계와 자신의 개인 세계 간의 관계를 이해하고 끌어내는 것을 도와주기 때문이다. 예를 들어, 나무를 사실적으로 다루고 있는 책은 객관적이고 추상적이며, 결국 아동의 세계와는 별 관련이 없지만 쉘 실버스타인의 『아낌없이 주는 나무(The Giving Tree)』는 '나무'라는 개념을 영유아가 동화할 수 있게 도와준다. 둘째, 사람이나 장소에 관한 이야기에서 과학적 개념이 나오기 때문에 과학이 일반 사람들의 생활의 일부라는 생각을 강화시켜 준다. 이는 또한 영유아가 교과서를 사용할 때보다 과학적 개념을 더 잘 이해하고 기억할 수 있게 해 주며(Butzow & Butzow, 2000), 과학적 용어도 친숙하게 익힐 수 있게 해 준다. 셋째, 주로 인지 능력과 관련된 과학교육에 감정이입이나 이타심 등을 더해 주므로 정서적 측면에서도 바람직하다고 볼 수 있다.

2) 문학을 통한 과학교육의 절차

〈표 9-1〉 문학에 나타난 생활주제별 과학교육 내용의 예

생활주제	제목	저자	출판사	과학교육 내용
유치원과 친구	호박에는 씨가 몇 개나 들어 있을까?	마거릿 맥나마라 /이혜선 역	봄나무	찰리는 학교가 좋아요. 티핀 선생님도 좋고요. 가장 친한 친구인 알렉스도 좋아요. 하지만 학교에 들어갈 때 줄을 서는 것은 싫어요. 찰리는 반에서 가장 작은 아이랍니다.
나와 가족	엄마, 아기는 어떻게 생겨요?	폴린 느뵈 /양진성 역	효리원	아기가 만들어지려면 남성의 세포인 정자와 여성의 세포인 난자가 만나야 해요. 이 두 세포가 결합되는 것을 수정이라고 해요.
우리 동네	나의 아름다운 바다	클레어 A. 니볼라 /이선오 역	봄나무	뉴저지주에 살았을 때 실비아는 바다에 가 본 적이 딱 한 번밖에 없었어. 그런데 새로운 집에서는 청록색 맑은 바다가 바로 눈앞에 보였던 거야. 집 뒤편으로 멕시코 만의 따뜻하고 조용한 바다가 한없이 펼쳐져 있었지.
동식물과 자연	개구리가 알을 낳았어	이성실	다섯수레	물렁물렁 미끌미끌 이게 뭐지? 개구리가 논물 속에 알을 낳았어. 가까이 들여다봐. 동글동글 알 속에 까만 점이 보이지? 이 까만 점이 점점 자라 올챙이가 되는 거야.
건강과 안전	황금똥을 눌 테야!	박성근	웅진 주니어	너, 변비에 걸렸구나! 똥을 잘 못 누는 걸 변비라고 하지. 변비에 걸려서 똥이 몸 속에 오래 머물면 얼굴은 뾰루지투성이가 되고, 배는 풍선처럼 빵빵해질지도 몰라.
생활 도구	세상을 움직인 동그라미	최연숙	창비	동그라미를 옆으로 굴려 볼까요? 데굴데굴 데구루루 굴러가요. 사람들은 움직이는 동그라미, 바퀴를 만들기 시작했어요. 바퀴는 사람들이 무거운 물건을 더 쉽고 빠르게 나를 수 있도록 도와주었어요.

생활주제	제목	저자	출판사	과학교육 내용
교통기관	데굴데굴 공을 밀어 봐	곽영직	웅진 씽크빅	자전거 페달을 힘껏 돌리고, 자동차의 엑셀러레이터를 힘껏 밟고, 비행기의 제트 엔진을 계속 작동시키면, 자전거는 쌩쌩, 자동차는 씽씽, 비행기는 슈웅. 모두 모두 빨라지죠. 힘은 천천히 가던 것을 빨리 가게 해요.
세계 여러 나라	빙산 루리와 함께 북극에서 남극까지	타카마도 히사코 /박매영 역	문학동네	아르헨티나 앞바다를 지나면서 루리는 가슴이 두근거렸어요. 멀리서 들려오는 이과수 폭포의 땅울림 소리를 들으며, 그곳은 어떤 풍경일까 상상하고, 안데스 산맥의 높은 봉우리를 날아오르는 콘돌을 생각하기도 했지요.
환경과 생활	흠흠 공기가 있어요	곽영직 등	웅진 씽크빅	온몸으로 바람을 느껴 보세요. 바람은 공기가 움직이는 거예요. 눈에 보이지 않고 만질 수도 없지만 공기는 우리 주변에 가득 차 있어요.
봄 · 여름 · 가을 · 겨울	겨울철 벌레를 찾아서	미야타케 요리오 /예상렬 역	한림 출판사	추운 겨울 동안 숲속은 고요하기만 하구나. 그렇다고 벌레들이 사라져 버린 것은 아니란다. 이 숲속 어딘가에서 여러 가지 모습으로 겨울을 나고 있거든. 그럼, 이제부터 아저씨와 함께 겨울철 벌레를 찾아가 보자.
지구와 우주	우리가 사는 지구	살비 보시에 /장석훈 역	아이세움	태양은 우리 지구를 환히 비춰 주고 우리 지구를 따뜻하게 해 주는 별입니다. 태양은 지금으로부터 수십억 년 전 우주에 떠돌던 먼지로 만들어졌습니다.

출처: 최우수, 이성주(2018)

활동 선정

최근 영유아 과학교육을 목적으로 고안된 과학 동화의 출판이 급격히 늘고 있으며, 일반적인 문학작품이나 수상작품 중에도 과학을 주제로 한 것들이 많이 있다. 문학을 통한 과학교육이 효과적으로 이루어지기 위해서는 우선 좋은 문학작품을 선정해야 하는데, 이때 주의해야 할 점은 개념을 직접 가르치려는 의도가 있는 책은 피해야 한다는 것이다. 따라서 교사는 먼저 생활주제와 관련된 문학작품 중에서 가르치고자 하는 과학적 개념이 들어가 있으면서도 영유아의 흥미를 끌며 문학적 가치가 높은 작품을 선택한다. 예를 들어, 생활주제가 '겨울'이고, 가르치려는 과학적 개념이 '화학' 또는 '기상'이라면 에즈라 잭 키츠(Ezra Jack Keats)의 『눈 오는 날(The Snowy Day)』을 선정할 수 있다.

활동 준비 및 제시

생활주제, 과학적 개념, 문학적 가치 등을 고려하여 문학작품을 선정한 후에는 이를 그림동화, OHP 동화, 융판 동화, 앞치마 동화, 텔레비전 동화, 슬라이드, 인형극 등의 매체를 사용하여 전달한다. 또한 동화의 내용에 대해 영유아에게 질문하거나 특정 부분을 다시 보거나 도서영역에 비치해서 반복적으로 읽게 할 수 있다.

활동 진행

선정된 문학작품에서 추출한 각각의 과학적 개념을 문학작품에 담긴 상황이나 자료를 이용하여 구체적인 활동으로 진행한다. 예를 들어, 『눈 오는 날』의 경우, 화학(물질의 변화)은 눈 덩어리를 다양한 장소(예 냉장고, 가열된 전기밥솥, 양지, 음지 등)에 두면 어떻게 될지 예측하고 실험해 보는 활동으로, 기상(자연현상)은 겨울이나 눈을 주제로 한 동시 짓기 활동으로 실시할 수 있다. 또한 활동 방법이 결정되면 이에 필요한 자료를 준비하거나 제작하고, 이에 따라 활동을 진행한다.

3) 문학을 통한 과학교육의 사례

제　　목: 눈 오는 날
저　　자: 에즈라 잭 키츠 글·그림/ 김소희 옮김
출판사항: 비룡소, 1995년, 22.5x20.5cm
줄 거 리: 피터는 아침에 일어나 온 세상이 눈으로 덮여 있는 것을 보았다. 피터는 너무나 신이 나서 눈이 쌓여 있는 밖으로 나온다. 피터는 눈길을 걸어 다니며 여러 가지 놀이를 마음껏 해 보았다. 한참을 신나게 논 후 피터는 눈 한 덩이를 뭉쳐 주머니에 넣어 집으로 돌아온다. 그러나 주머니 속의 눈은 어느새 녹아 없어지고 만다. 밤이 되어 잠이 든 피터는 밤새 온 세상의 눈이 모두 없어지는 꿈을 꾼다. 그러나 다음 날 깨어 보니 눈은 더 많이 내려 하얗게 쌓여 있다.

칼데콧 상 수상 작품인『눈 오는 날』은 영유아가 눈을 집으로 가져가고 싶어 두 손 가득 뭉쳐오지만 결국 다 녹아버린다는 친근한 경험을 정감 어린 그림과 함께 보여 주고 있다.『눈 오는 날』은 눈이 따뜻한 곳에서 녹아버린 장면이 인상적이기 때문에 물질의 변화를 관찰하는 활동으로 다루었지만 자연 현상 관찰하기의 주제로 활용하기에도 적합하다. 교사는 "피터의 눈이 어떻게 되었다고 생각하니?"와 같은 질문을 통해 영유아로 하여금 이야기 속의 사건들을 생각해 보고 눈에 대한 호기심을 갖도록 할 수 있다. 다음과 같이 영유아의 자연스러운 호기심에 기초를 둔 과학 활동을 통하여 영유아는 눈덩이가 어떻게 되었는지 발견할 수 있게 된다(이경우 외, 1998).

관찰

- 잡지나 안내 책자에서 피터나 우리가 눈 오는 날에 입은 옷의 그림을 찾아서 오리거나 그려 보기
- 눈이 내린 후 눈이 어디에 쌓여 있는지 살펴보기

- 눈덩이를 주머니에 넣고 어떤 일이 일어나는지 관찰하기
- 눈이 내릴 때 떨어지는 눈송이를 맛보기
- 눈에서는 어떤 것이 가장 잘 미끄러지는지 관찰하기
- 눈보라치는 소리를 묘사해 보기

측정/분류

- 눈이 내린 후 막대기로 쌓여 있는 눈의 높이를 재 본다. 며칠 동안 계속 그 높이를 비교해 보기
- 긴 종이로 눈에 찍은 손과 발자국을 재 본다. 크기를 비교하기
- 눈이나 얼음 중 먼저 녹는 것을 측정하기
- 눈을 담아서 교실 여러 곳에 놓고 어떤 것이 빨리 녹는지 비교하기
- 눈에 여러 가지를 섞어 본다. 소금, 모래, 돌, 물 등을 섞고 그 결과를 비교하기
- 눈이 내린 후 여러 곳에 쌓인 눈을 관찰하면서 어느 곳의 눈이 가장 오래 가는지 비교하기

의사소통

- 겨울에 재미있었던 경험을 이야기하기.
- "겨울은 …… 해요."라는 문장을 연결하여 함께 동시 짓기
- 자신이 좋아하는 겨울 활동이나 운동에 대해 이야기하고 그리기
- 눈이나 겨울을 묘사하는 단어를 적어 보기
- 동물들의 겨울 생활에 대해 친구에게 이야기하기
- 눈을 잡거나 만질 때 느낌을 친구에게 이야기하기

2. 과학사를 통한 과학교육

1) 과학사를 통한 과학교육의 의의

과학사(History and Philosophy of Science: HPS)를 적용한 과학교육은 과학의 역사를 이용한 과학교육을 말하는 것으로서, 개인이 과학을 이해하는 과정에서 갖게 되는 오개념과 과거의 인류와 과학자들이 겪어 온 과학적인 오류는 비슷하다는 점에 기초하고 있다(강영욱, 2005). 과학교육에서 과학의 결과뿐 아니라 과학의 방법과 역사를 가르쳐야 한다는 인식은 오래전부터 있었으나 스푸트니크 쇼크로 인해 한동안 힘을 잃었다가 1980년대 STS 교육운동으로 부활하여 오늘날 과학교육의 큰 조류를 이루고 있다. 과학사적 접근은 과학이론을 설명하거나 암기하도록 하는 것이 아니라 과학자라는 한 인간이 일상 속의 어떠한 상황에서 어떠한 과정을 거쳐 과학적 결과를 얻게 되었는지 그리고 그러한 이론들이 시대적으로 어떠한 반박과 변화를 겪었는가를 다룬다. 이와 같이 과학사적 접근은 다양한 과학적 실례를 포함하고 있으므로 어려운 과학적 개념을 생생한 과학적 사실로 배울 수 있게 해 주고, 인문학적이며 구체적인 요소를 제공해 줌으로써 과학적 흥미와 동기를 유발시키는 긍정적 효과가 있다. 또한 과학자들이 발견 과정에서 시도했던 여러 방법을 적용해 보도록 함으로써 학습자 스스로 과학적 사실과 법칙을 발견하여 과학적 지식을 습득하게 할 수도 있을 뿐 아니라 과학을 사회 속에서 고찰함으로써 과학에 윤리적인 측면을 부가해 준다(김현희, 2006). 특히 우리나라 과학사를 이용할 경우에는 그동안 서양과학에 밀려 박물관이나 민속촌에 유물이나 유적으로만 보관되고 우리의 일상생활과는 멀게만 느껴져 왔던 전통생활과학에 대한 가치를 인식하고 우리 문화에 대한 자부심을 느끼게 할 수 있을 것이다.

2) 과학사를 통한 과학교육의 절차

● 활동 선정

과학교육 내용 중에 과학사를 사용하기 적합한 주제와 그렇지 않은 주제가 있다. 활동주제를 선정할 때에는 유치원교육과정과의 연계성, 발달적합성, 영유아의 일상생활과의 관련성 등의 일반적인 기준 외에도 역사성과 과학성이 있는가를 고려해야 한다. 역사성 기준이란 선정된 주제들이 과학자의 생각이나 결과물의 변화 과정을 드러내는 것이 가능한 주제여야 함을 의미한다. 과학성 기준은 선정된 주제들이 과학적 현상, 문제해결, 원인과 결과 간의 관계 등을 포함할 수 있는 주제여야 함을 의미한다. 요컨대 과학교육에 과학사를 도입하려면 교사는 먼저 영유아의 사전개념을 정확하게 파악해야 하며, 가르치고자 하는 과학적 개념과 관련된 역사적인 정보를 충분히 이해하고 있어야 한다.

● 활동 준비 및 제시

과학적 맥락이 흐르면서 흥미 있는 과학사가 포함된 주제가 선정되면 주제 관련 역사 비디오, 도서, 인터넷, 모형, 각종 동화 매체 등을 활용하여 과학적 개념을 효과적으로 전달한다. 또한 과학사의 내용에 대해 영유아들에게 질문을 하거나 특정 부분을 다시 들려주어 "그때 과학자의 기분이 어떠했을까?", "너라면 그때 어떻게 했겠니?" 등에 대답하게 할 수 있다.

● 활동 진행

활동의 도입, 전개, 마무리 중 언제 과학사를 다룰지 결정해야 한다. 어떤 주제는 도입 단계, 어떤 주제는 전개 단계, 어떤 주제는 마무리 단계에서 과학사를 사용하는 게 유익하기 때문이다. 과학사를 도입 단계에서 다룬다면 과학자의 일화나 과학적 업적이 출현할 당시의 사회적 배경을 소개하는 것이 좋고, 전개 부분에서 다룬다면 과학적 업적이 출현하기까지의 시행착오나 그 원인 등 구체적인 연구과정을 소개하여 영유아의 오개념 교정이나 심화학습을 유도할 수 있고, 마무리 단계에서는 과학에 대한 인간의 책임이나 과학의 사회적 영향, 과학과 인간의 관계, 바람직한 과학관 등을 정리하기 위해 과학사를 사용할 수 있다. 또한 주제와 관련된 역사적 변천 과정을 탐색하거나 옛날 사람들의 과학적 지혜나 노력의 과정에 대해 이해하게 된 것을 회상 · 정리하는 데 필요한 질문들뿐 아니라 역할극이나 실험 등 다양한 형태의 활동을 준비할 수 있다.

〈표 9-2〉 과학사적 접근에 의한 과학교육이 가능한 주제의 예

과학교육의 내용	생활 주제	과학사 및 과학자	관련 이야기	자료		
				제목	저자	출판사
생명과학: 동물	봄	다윈	종의 기원을 발표한 영국의 다윈의 아동기 이야기. 어릴 때 꽃잎에 물감을 들이면서 꽃의 색깔을 바꾸려는 그의 호기심에서 시작한 다윈의 동식물에 대한 관심은 결국 동식물의 진화 연구에 일대 혁명을 일으켰다.	엄마와 함께 읽는 세계 위인전	김길빈	생활 지혜사
지구과학: 기상	지구와 우주	농사와 자연 현상과 관련된 이야기	옛날 사람들은 곡식의 씨앗을 언제 뿌리면 좋을지, 또 언제 거두어들이면 좋을지를 정하기가 무척 어려웠다. 그래서 달의 차고 이지러짐, 별의 움직임 등 규칙적으로 일어나는 일들을 이용하여 책력을 만들었다.	스탠다드 학생 대백과 사전	김일혁 외 3인	양우당
물상과학: 도구와 기계	도구와 기계	장영실의 물시계 이야기	장영실은 큰 항아리에 물을 가득 채운 다음 작은 구멍을 뚫어 한 방울씩 떨어진 물을 다른 항아리에 받아 재었다. 시간이 지남에 따라 떨어진 물의 양이 일정하게 증가하는 것을 알 수 있었다. 하루 동안 다른 항아리로 떨어진 물의 깊이를 재어 12로 나누면 한 시간 당 물의 양이 나왔다. 이렇게 하여 시간을 알았다는 이야기.	장영실	유인옥	계림사

출처: 문미옥 · 신현옥 · 김영숙 · 류칠선(2000)

3) 과학사를 통한 과학교육의 사례

과학사적 접근은 주로 중등학교 이상의 과학교육에서 활용되었으나 최근 영유아교육 분야에도 적용이 시도되고 있다(강영욱, 2006; 김현희, 2000; 문미옥 외, 2000). 그중 한 가지가 우리 민족의 전통생활과학 중 영유아의 일상생활과 관련된 것을 소재로 조상들이 생활 속에서 어떻게 과학적인 삶을 살아왔는지를 이해하게 하는 것이다. 물레를 통하여 실이 만들어지기까지의 역사적 변천을 살펴보는 '옛날 사람들의 옷: 실 자아내기' 활동을 소개하면 다음과 같다(강영욱, 2006).

목표 :

- 실의 발견과 발달 과정을 통해 사람들의 노력 과정이 어떻게 변화되어 왔는지를 이해한다.
- 물질의 변화 과정을 이해 · 탐구한다.
- 물체의 회전과 사물의 움직임 간의 관계를 이해한다.

준비물 :

모형 물레, 목화솜, 면실, 막대기(수수깡: 30cm × 1.5cm), 도서(『옷감 짜기』, 보림 전통과학시리즈).

〈옛날 사람들의 옷: 실 자아내기〉

우리 조상들은 오래전부터 다양한 재료로 실을 만들었다. 고려시대 문익점이 중국에서 목화씨를 가져온 이후 목화솜으로 실을 만들게 되었다. 목화솜은 뭉쳐 있기 때문에 실을 만들기 위해서는 좀 더 복잡한 과정이 필요했다. 목화를 따서 옷감을 짜는 과정은 솜 다듬기, 물레질하여 실 만들기, 씨실 날실 준비하기, 베 짜기 과정으로 이루어진다.

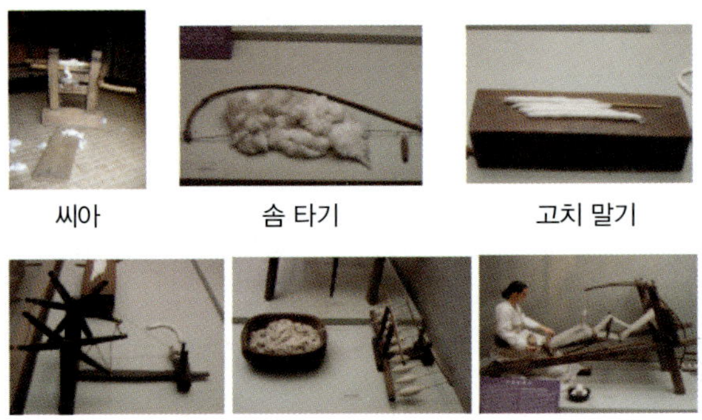

씨아 / 솜 타기 / 고치 말기 / 물레 / 실 뽑기 / 옷감 짜기

첫째, 솜을 다듬는 과정은 목화를 따는 즉시 볕에 활짝 널어 말리는 것으로 시작하여 '씨아'라는 기구를 이용해 말린 목화씨를 골라내고 껍질이나 티를 털어내서 깨끗이 한다.

둘째, 직경 2cm 정도의 솜활로 솜을 부풀리는 솜 타기를 한다. 활 끈을 걸어 당기면 활 끈의 진동과 더불어 잡티가 다 떨어지고 솜이 뭉게뭉게 피어난다.

셋째, 솜이 준비되면 실을 뽑기 편하도록 솜을 빈 대롱 모양으로 만든다. 이를 고치 말기라고 하며, 대롱 모양으로 만들어진 솜을 고치라고 한다. 말대는 수수깡이나 참대로 만드는데 붓대와 같이 둥글고 미끈하면 된다. 30~35cm 길이로 베어 됫박보다 약간 큰 나무상자를 엎어놓고 그 위에 솜을 떼어 가로 5~8cm, 세로 20~23cm 크기로 놓는다. 말대로 밖으로 누르면서 비벼 말면 대롱 모양의 고치가 된다. 고치가 만들어지면 실 만들 준비가 끝난 것이다.

넷째, 물레를 이용해 실고치에서 실을 뽑아낸다. 바퀴 모양으로 생긴 물레는 실 만드는 일과 실 감는 일을 한다. 물레를 돌리면 솜 속의 가늘고 짧은 실들이 조금씩 서로 꼬이면서 질기고 긴 실이 된다. 이렇게 만들어진 실은 실패 역할을 하는 물레 가락에 감긴다.

활동방법 :

〈도입〉

- 옛날 사람들은 실을 만들 때 어떤 방법을 사용했을까?
  - 자신의 생각을 자유롭게 이야기한다.
- 물레 이야기 소개

〈전개〉

- 솜으로 실을 만들기 위해 먼저 무엇을 해야 하나?
- 실을 뽑기 위해 고치말기를 한다.
- 솜을 잘 뭉치기 위한 방법을 탐색한다.
- 솜고치에서 실을 뽑아 보기
- 물레 탐구-물레를 이용해 실을 뽑아보기
- 옛날 사람들은 실을 어떻게 만들었나?
- 옛날 사람들의 실을 만드는 방법은 어떻게 변화하였나?

〈마무리〉

- 무엇을 알게 되었는지 질문한다.
- 생활 주변의 것들을 이용한 옛날 사람들의 지혜로움과 생각들의 변화 과정을 토의한다.

3. 미술을 통한 과학교육

1) 미술을 통한 과학교육의 의의

과학은 분석적이며 이성적이고 판단과 사실에 근거하는 반면, 미술은 감성적이고 상상력에 기초하며 가치에 중심을 두는 경향이 있다(김남연, 2012). 이에 미술과 과학은 무관한 것으로 생각하기 쉽지만 두 학문에는 밀접한 관련이 있다. 예를 들어, 미술에는 물과 물감의 혼합이나 색의 혼합 등과 같은 과학이 포함되어 있다. 역사적으로도 레오나르도 다빈치를 비롯한 르네상스 미술가들은 원근법이나 인체에 대한 생리학적인 지식으로 연결되는 해부학의 발전을 가져옴으로써 과학에 공헌하였다. 그리하여 당시에는 미술이 과학과 동일시되거나 응용과학으로 정의되었으며, 자연철학이나 수학에 포함되기도 하였다. 또한 과학 역시 여러 가지 측면으로 미술에 기여해 왔다. 예를 들어, 유채 물감의 발명은 미술작품에 사실적 표현이나 개성적 표현을 가능하게 하였으며, 색채 과학과 광학의 발전은 인상파에 영향을 주었다(http://www.sculpture.co.kr).

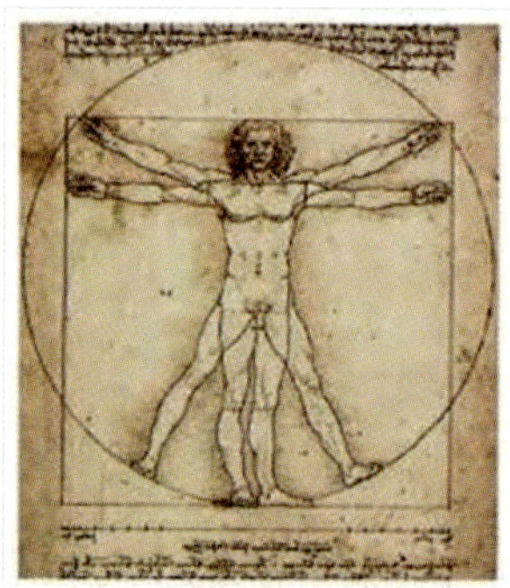

[그림 9-1] 해부학을 미술에 접목한 레오나르도 다빈치

[그림 9-2] 과학적 색체 이론을 미술에 접목한 점묘법의 창시자 쇠라

영유아기의 미술 활동 중에도 과학적 요소가 내재되어 있는 것이 많다. 예를 들어, 콜라주는 재료의 성질에 대한 관찰을 요하며, 찰흙으로 모양을 만들었다가 뭉치고 다시 모양을 만드는 과정은 재료의 속성이나 변화에 대한 과학 개념과 가역성을 경험하게 한다. 최근 과학과 미술이 지닌 유사한 맥락을 인식하고 서로 도움을 주고받을 수 있는 접점을 찾음으로써 과학과 미술의 융합이 모색되고 있다. 그러나 영유아교육 현장에서는 미술과 과학의 통합 활동보다는 미술 경험으로만 제공되는 경우가 많으며, 과학과 미술의 통합적 접근이 시도된 경우에도 과학보다는 미술에 치중하고 있는 경향이 있다(김남연, 2012; 조재은, 2006).

영유아 과학교육에서 미술적 접근이란 과학교육을 위해 다양한 미술활동을 수단으로 삼는 것을 뜻한다. 미술을 통한 과학교육은 미술뿐 아니라 과학에 긍정적인 효과가 있는 것으로 보고된다. 영유아가 다양한 자료로 활동을 해 보고, 자료 탐색에서 일어나는 현상을 관찰, 실험함으로써 자연스럽게 과학 원리를 이해하게 된다는 것이다(고현, 2005). 또한 활동 결과 남겨진 미술작품은 영유아가 경험한 과학 개념을 시각적으로 나타내 줌으로써 표상을 도울 수 있다. 아울러 미술은 영유아들이 가장 좋아하는 교과로 동기유발이 쉬우므로 과학 활동을 즐거운 경험으로 만들고 과학에 긍정적 태도를 형성하게 할 수 있다.

2) 미술을 통한 과학교육의 절차

● 활동 선정

미술적 접근에 의한 영유아 과학교육에는 그리기, 구성하기, 콜라주, 찍기, 점토, 조각, 감상 등 다양한 장르의 미술 활동이 사용될 수 있다. 먼저 교사는 이 중에서 자신이 가르치고자 하는 과학 개념에 적합한 미술 활동을 선택해야 하며, 평면 미술과 입체 미술, 표현 미술과 미술 감상을 안배하고, 특정 장르에 치우치지 않도록 하는 것이 바람직하다.

〈표 9-3〉 미술적 접근에 의한 과학교육이 가능한 미술활동의 예

과학주제	활동 제목	
물과 공기	• 젖은 종이에 그림 그리기 • 물과 기름 그림 • 색 소금물로 얼음 조각하기	• 밀가루 소금 물감으로 그림 그리기 • 색 습자지에 겹쳐서 붙이기
빛과 시각	• 그림자 시계 • OHP에 사물 비추기	• 실루엣 만들기 • 크레용 문지르기
운동과 에너지	• 자석으로 인형 움직이기 • 풍선 꾸미기	• 철가루 그림
반응과 변화	• 양초그림 • 서로 섞이지 않는 물과 기름	• 크로마토그래피 • 우유 점토
자연과 지구	• 나무껍질, 나뭇잎 찍어내기 • 새 발자국 찍기	• 천연 물감으로 그림 그리기 • 모래 점토

출처: 김선영 · 최수경 공역(2005).

● **활동 준비**

선정된 미술 활동의 특성을 잘 살릴 수 있으며, 구하기 쉽고, 영유아가 다루기 쉽고 매력적인 자료를 준비한다. 모든 영유아에게 동일한 자료를 제시하기보다는 영유아마다 다양한 자료를 제공함으로써 자료에 따른 결과의 차이를 경험하게 하는 것이 좋다. 예를 들어, 종이에 색깔 물을 들이는 활동을 할 때 영유아마다 다른 종이(휴지, 갱지, 모조지, 기름종이)로 활동하면 물이 흡수되는 과정의 관찰뿐 아니라 종이의 종류(질)에 따라 물이 흡수되는 정도가 차이가 있음을 알 수 있다.

● **활동 진행**

미술 활동 과정 중 영유아가 과학 개념을 발견할 수 있도록 각 단계마다 적절한 언어적 · 비언어적 상호작용을 계획한다. 동일한 미술 활동을 하더라도 교사가 미술 활동과정 속에 담긴 과학 개념을 인식하고 이에 초점을 둔 질문을 할 때와 이를 인식하지 못하고 단순히 미술 활동에만 치중할 때 영유아의 지식 구성은 커다란 차이가 있기 때문이다. 미술 작품이 완성된 후에는 함께 모아 비교하거나 작품 속에 담긴 과학 개념에 대해 토론한다.

3) 미술을 통한 과학교육의 사례

미술 감상은 과거에는 성인들의 전유물로 여겨졌으나 최근에는 영유아교육 분야에서도 관심이 증가하고 있다. 그러나 실제 현장에서의 적용은 아직 미흡한 편이며, 감상활동을 실시하는 경우에도 거의 미술관 관람에 의존하거나 교실 내에서 수동적 혹은 소극적인 활동으로 그치는 경우가 많다. 감상활동은 단순히 작품에 대한 느낌만을 이야기 나누는 것에서 그치지 않고 표현활동뿐 아니라 타 영역과의 통합 활동으로 이어질 수 있다. 다음은 신사임당의 초충도(草蟲圖)의 하나인「수박과 들쥐」를 교실 내에서 감상한 후 작품 내용과 관련한 과학 활동을 실시한 예이다(교육인적자원부, 2005).

「수박과 들쥐」 신사임당, 조선 16C,
지본채색, 34×28.25(팔폭 병풍의 각폭),
국립중앙박물관소장

「수박과 들쥐」는 한국 정원에서 흔히 발견되는 일상적인 채소와 곤충 및 동물을 아담한 구도와 형태, 중간 색조의 우아한 색채로 표현하고 있다. 또한 흔히 무시될 수 있는 삶의 작은 부분까지도 애정 어린 시선으로 표현한 대상의 선정과 수박씨를 갉아 먹는 쥐들의 모습에서 나타나듯이 생명에 대한 외경심, 뛰어나게 아름다운 조형에서 여성의 섬세한 취향을 한껏 드러냄으로써 한국적 정서와 미감을 잘 나타낸 것으로 평가된다.

〈감상 활동〉

- 작품을 관찰한다.
  - 이런 그림을 본 적 있니?
  - 이 작품에 무엇이 보이니? (흙, 식물, 산이 있고, 쥐, 벌레가 기어다녀요.)
- 미술의 요소 및 원리(공간감)에 대해 이야기 나눈다.
  - 그림에서 하늘과 땅이 어디인지 알 수 있니?
  - 땅은 어디일까? 어떻게 알 수 있니? (쥐하고 벌레가 기어다니니까요.)
  - 하늘은 어디 있지? 어떻게 알 수 있니? (나비가 날아다녀요.)
  - 이렇게 그림에서 하늘과 땅을 전부 그릴 수 있구나.
- 신사임당의 다른 작품(초충도)을 감상한다.
  - 이 작품에 어울리는 제목을 지어 보자.
  - 화가는 왜 이런 그림을 그렸을까 생각해 보자.
- 화가와 화풍에 대해 소개한다.
  - 이 작품의 화가는 신사임당이란다. 신사임당은 진짜인 것처럼 그림을 잘 그렸는데 풀과 벌레 그림을 특히 잘 그렸단다. 풀과 벌레를 그린 그림을 '초충도'라고 해. 신사임당은 여성 화가로서 '율곡 이이'의 훌륭한 어머니로도 잘 알려져 있어.

〈과학 활동〉

- 유치원 앞 공원에도「초충도」에 나온 풀과 벌레들이 있는지 관찰하기
- 씨앗을 심고 싹이 자라는 것을 관찰하기
- 풀과 벌레에 대해 궁금한 것들을 책이나 비디오로 찾아보기
- 다양한 식물을 채집하기
- 주워 온 꽃잎, 풀잎을 관찰하기
- 채집한 식물을 책 사이에 넣어 압축하기
- 꽃잎, 풀잎을 빻아 색깔 내기
- 그림책을 보며 초충도 만들기

[그림 9-3] 초충도 감상과 과학 활동

4. 요리를 통한 과학교육

1) 요리를 통한 과학교육의 의의

요리는 요리 종류의 선택에서 재료의 구입, 재료의 탐색, 음식 만들기, 맛보고 정리하기에 이르는 전 과정을 말한다. 요리 재료를 고르고 손질하는 활동은 재료를 가까이에서 탐색할 기회를 제공한다. 특히 재료를 다듬기 위해 단면을 자르는 것은 재료의 겉 부분뿐 아니라 속 부분(예 피망 속의 씨)도 관찰할 수 있게 해 준다. 또한 끓이기, 얼리기, 데우기, 볶기 등의 요리 과정 및 요리 후의 화학적 변화를 관찰, 예측하게 함으로써 과학적 발달을 촉진할 수 있다. 이때 시간과 온도는 필수적 요소로서 이 중 어느 한 가지라도 맞지 않으면 제대로 된 음식이 만들어지지 않으므로 요리 활동에는 양과 무게의 측정 개념뿐 아니라 시간과 온도의 측정을 경험할 기회가 많기 마련이다. 이외에도 요리는 다른 영유아 및 교사와 함께 팀을 이루어 활동하며, 새로운 어휘를 사용하며, 요리법을 따라하고 해석하는 것을 학습하고, 기초적인 영양 원리를 학습하는 등의 이점이 있다. 따라서 교사는 계절이나 생활주제(예 여름)와 관련 있으면서 요리 과정에서 생기는 화학적 변화가 뚜렷한 요리 활동(예 얼음과자)을 선정하고, 요리순서도를 만들어 요리 활동을 촉진해야 할 것이다(이경우 · 이정환, 1992; 정연희, 2006; Carmichael, 1982).

2) 요리를 통한 과학교육의 절차

● 활동 선정

요리활동의 선정은 기본적으로 생활주제와 영유아의 발달 수준, 학습하려는 과학 내용 등에 따라 정해지며, 실시 시기는 요리 재료가 나오는 때로 하는 것이 좋다. 기본적으로 요리활동에는 물질의 변화 과정을 관찰, 탐구하는 것이 포함되어 있으며, 활동에 따라 <표 9-4>와 같이 화학 외의 다른 과학교육 내용을 포함하고 있는 것들이 있다. 예를 들어, 과일 주스를 만들 때에는 고체에서 액체로의 변화(화학)를 경험하는 것 외에도 도구와 기계에 관심을 갖게 될 수 있다. 또한 특정 음식에 대한 영유아의 알레르기나 안전 문제 역시 고려해야 한다.

〈표 9-4〉 요리 활동에 의한 과학교육이 가능한 요리의 예

과학교육의 내용	생활주제	요리명	내용
• 생명과학: 인체	나와 유치원	과일과 채소로 만든 나	다양한 과일(예 바나나, 사과, 배, 옥수수, 건포도)과 채소(양배추, 오이, 당근)로 나의 얼굴과 몸을 구성해 봄으로써 인체에 대한 인식을 높이고 편식 습관을 없앤다.
• 지구과학: 기상 • 물상과학: 화학	지구와 우주	김장	배추, 무, 파, 마늘, 소금, 고춧가루, 젓갈 등의 재료와 칼, 도마, 그릇 등을 준비하여 김장을 담금으로써 김장을 담그는 이유를 알아보고 계절의 변화에 관심을 갖는다.
• 물상과학: 도구와 기계 • 물상과학: 화학	도구와 기계	주스 만들기	사과, 딸기, 바나나, 귤 등 다양한 과일을 체, 강판, 믹서, 빵 칼 등 다양한 도구를 이용해 주스를 만들어 봄으로써 재료의 변화를 경험할 뿐만 아니라 도구와 기계가 하는 일과 사용법을 이해한다.

활동 준비

요리에 필요한 재료와 도구를 준비해 놓는다. 요리 재료는 제철에 나는 것이 좋으며, 도구는 영유아가 다루기 쉽고 안전한 것으로 한다(예 칼 대신 빵칼). 또한 선정된 요리를 먹어 본 경험과 무엇이 필요하고, 어떻게 만들어야 할지 이야기를 나눈다. 교사가 요리순서도를 제공할 수도 있으나 가능하면 영유아들이 요리순서도를 직접 만들어 보는 것이 좋다. 영유아의 발달 수준을 고려하여 요리 과정을 간단하게 한다. 또한 요리 과정 중 지켜야 할 규칙에 대해 이야기 나눈다.

[그림 9-4] 빵칼을 이용한 요리 활동

● 활동 진행

요리순서도에 따라 영유아와 함께 직접 요리를 만들어 본다. 가급적 영유아가 능동적으로 요리 활동에 참여하도록 해야 하지만 열기구나 칼 등 위험한 도구를 사용하는 부분은 교사가 진행한다. 영유아가 재료의 특성과 변화를 관찰, 인식할 수 있도록 요리의 각 단계마다 적절한 언어적 상호작용을 제공한다. 요리가 완성된 후 요리를 맛있게 먹으면서 음식의 맛이나 요리 과정을 평가하며, 편식 습관을 고치고 올바른 식사법을 배우는 시간을 갖는다.

3) 요리를 통한 과학교육의 사례

모양 과자를 만드는 요리 활동은 요리 재료의 변화를 관찰하는 화학적 경험뿐 아니라 설탕이나 버터가 인체에 미치는 영향을 생각해 보는 건강 교육의 측면에서 유익한 활동이다. 구체적인 활동 내용은 아래와 같다(교육인적자원부, 2004).

〈모양 과자 만들기〉

〈도구〉

〈재료〉

1. 밀가루, 베이킹파우더, 소금, 설탕을 체에 넣고 친다.

2. 달걀을 거품기로 젓는다.

3. 녹인 버터와 달걀을 넣고

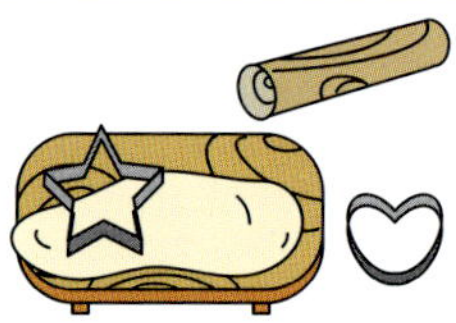

4. 반죽을 밀대로 밀어 모양틀로 찍는다.

5. 초코볼로 꾸민다.

6. 오븐에 넣고 굽는다.

활동방법

〈요리활동의 계획〉

- 과자를 먹어 본 경험을 이야기한다.
- 요리를 위해 어떤 것들이 준비되어 있나 재료와 도구를 살펴본다.
- 과자를 만들려면 어떻게, 어떤 순서로 할 수 있을까?
  - 엄마와 함께 집에서 과자를 만들어 본 경험이 있는 영유아의 이야기를 듣는다.
  - 원하는 영유아들이 생각한 방법을 각자 그림으로 그린다.
  - 영유아들이 생각하지 못한 부분이 있을 때에는 교사가 미리 준비한 순서도의 그림을 중간중간에 첨부하여 함께 사용한다.
  - 다른 영유아들은 잡지 등에서 다양한 과자 그림을 오려 붙인다.
- 요리할 때 주의하여야 할 점에 대해 이야기 나눈다.
  - 요리할 때 오븐의 온도는 어떨까? 오븐은 어떻게 사용해야 할까?

- 7~8명 정도가 한 조가 되도록 하고 교사가 준비한 요리활동 조 편성과 과자 모양 찍기 틀을 영유아들이 선택해서 판에 기록하게 할 수 있다.

〈요리활동의 전개〉

- 그릇에 체를 놓고 밀가루, 베이킹파우더, 소금, 설탕을 영유아와 함께 계량하여 체에 담아 내린다.
  - 왜 체에 내리는 걸까?
- 그릇에 달걀을 깨어 넣고 거품기로 한 방향으로 젓는다.
  - 달걀이 어떻게 변하고 있니? 왜 이렇게 거품을 내야 할까?
- 그릇에 버터를 넣고 상온에서 녹인다.
- 거품을 낸 달걀에 녹인 버터와 체에 친 가루를 넣는다.
  - 버터를 녹이지 않고 그냥 넣으면 어떻게 될까?
  - 녹인 버터를 넣으면 어떤 점이 좋을까?
- 교사가 반죽하여 충분히 섞은 후 영유아들이 차례로 손으로 주물러 반죽을 한다.
  - 반죽을 하니 어떻게 되었니?
  - 왜 반죽이 미끄러울까?
- 교사가 반죽을 나누어 주면 도마 위에서 밀가루 반죽을 밀대로 밀어 납작하게 만든다.
- 영유아들이 원하는 과자 모양을 선택한다.
- 과자 모양을 틀에서 떼어낸 후 여러 가지 색깔의 초코볼로 재미있게 꾸민다.
- 오븐용 쟁반에 잠시 전원을 켜 따뜻하게 한 후 버터를 조금 올려놓아 녹으면 종이타월로 한 번 닦아낸다.
  - 왜 버터를 발라 닦아낼까?
  - 오븐용 쟁반 위에 만든 것을 올려놓고 미리 180°~200°C에서 15분간 예열된 오븐에서 10~13분간 구워낸다.

  - 뜨거운 오븐 가까이에서는 어떻게 해야 할까?
  - 오븐 안에서 과자를 꺼내려면 어떻게 해야 할까?
    (교사가 요리용 면장갑을 끼고 꺼낸다)
- 과자가 구워지면 굽기 전 반죽의 모양과 색깔, 냄새, 촉감을 비교하며 이야기 나눈다.
  - 어떤 냄새, 어떤 색깔이니? 크기(부피)는 어떻게 달라졌니?
- 다 만들어진 과자를 접시에 담고 우유와 함께 간식으로 맛있게 먹는다.
- 요리에 대한 평가를 한다.
  - 맛은 어떠하였니?
  - 제과점에서 파는 과자를 비교하면서 먹어 보면 시판되는 과자는 설탕과 버터를 많이 넣었음을 맛을 통해 알 수 있다.
  - 설탕은 건강에 좋지 않음을 알고 가능한 한 적게 먹어야 함을 알고 실천할 수 있도록 한다.

5. 메이커스페이스를 통한 과학교육

1) 메이커스페이스를 통한 과학교육의 의의

메이커(Maker)에 대한 정의는 학자마다 다양하지만, 첫째 대중화된 도구의 사용, 둘째 공유 및 협업 등 두 가지를 공통 요인으로 꼽고 있다. 따라서 메이커란, 디지털 기기와 다양한 도구를 사용한 창의적인 만들기 활동을 통해 자신의 아이디어를 실현하고, 함께 만드는 활동에 적극적으로 만든 결과물과 지식, 경험을 공유하는 사람들로 볼 수 있다. 메이커 운동(Maker movement)이란, 이러한 메이커들이 일상에서 창의적 만들기를 실천하고 자신의 경험과 지식을 나누고 공유하려는 경향을 뜻하는 것으로, 최근 시제품 제작과 창업이 용이해지면서 소규모 개인 제조 창업이 확산되는 추세 역시 메이커 운동의 일부로 볼 수 있다(https://

www.makeall.com/). 메이커 운동은 목공이나 바느질, 전자기기 조립 등 무언가를 만들어 내는 취미활동이 디지털 기술의 획기적인 발달과 함께 온라인 네트워크를 통한 프로젝트, 디자인, 아이디어를 공유, 비판, 비교가 가능해지면서 활성화되었다. 메이커 운동보다 먼저 나타난 DIY(Do It Yourself) 유행이 '손으로 만든(hand made)' 나만의 가구나 옷이라는 개념이 강했던 데 비해, 메이커 운동은 디지털 기기나 동력장치를 이용하는 특징이 있으며, STEM(Science, Technology, Engineering and Mathematics) 등 학문의 융합정신이 반영된 4차 산업혁명시대를 상징하는 현상으로 평가된다.

메이커교육의 기본 정신으로는 공동체의 문제를 직접 자신의 손으로 해결하겠다는 적극성, 참여성, 자발성, 문제해결성, 공동체성 등을 꼽을 수 있다. 이러한 정신적 바탕 위에 점차 사회에서 컴퓨터와 전자기기, 교육용 3D프린터 등 관련 교구가 저렴하게 보급되기 시작하면서 메이커 운동의 확산 속도가 빨라지게 되었다. 메이커 교육의 3요소는 '메이킹(making)', '메이커(maker)', '메이커스페이스(maker space)'이다. 이 중 메이커스페이스는 다양한 창작활동과 실험실습을 가능하게 해 주는 각종 교구 및 창작도구 등이 구비된 안전한 물리적 공간을 의미한다(정은하, 2023). 메이커스페이스는 지역사회 공공기관(박물관, 도서관) 등 학교 안팎에 모두 설치될 수 있으며, 상시 또는 일시 운영될 수 있다. 학교에 설치된 메이커스페이스는 대개 STEM 교육과 연계되어 운영된다(Siu, 2022).

영유아교육기관에 메이커스페이스를 설치할 때에는 교실 내 놀이 환경과 유사한 형태로 만들어서 자유 놀이 시간에 메이커스페이스를 자유롭게 방문하여 창작활동을 할 수 있도록 운영한다. 교사는 구성된 메이커스페이스 내 자료들의 제작 및 사용 방법을 익숙하게 알고 영유아의 창작과정을 지원하고 함께하는 조력자로서 역할을 수행해야 한다. 담임교사가 교실 밖 메이커스페이스에서의 메이킹 경험을 자유 놀이 시간에 제공하기에 어려움이 있다면 영유아가 활용 가능한 메이커스페이스 내 재료 및 도구를 교실로 가져와 메이킹 경험을 제공한 다음 교실 단위로 메이커스페이스에 방문하여 영유아가 가공할 수 있는 공방의 형태로 운영할 수 있다(조형숙 · 김현명 · 정우영, 2021). 전통적 의미의 학습이 아니라 질문이 자유롭고 실수가 자연스러운 메이커스페이스에서는 시끌벅적하고 흥미진진한 분위기가 연출된다. 또한 메이커스페이스에 구비된 여러 자료와 디지털 기구들을 선택하여 다양한 메이킹 활동을 수행할 수 있으며, 정형화된 결과물을 산출하지 않는다는 점에서 영유아의 주도성을 길러 줄 수 있는 교육적 장점이 있다.

[그림 9-5] 지역사회에서 일시 운영되는 메이커스페이스

[그림 9-6] 학교에 설치된 메이커스페이스

2) 메이커스페이스를 통한 과학교육의 절차

● 활동 준비

메이커스페이스는 최소 3~4인 이상의 영유아들을 대상으로 작업대를 포함하여 1인당 2㎡ 이상의 공간을 제공하며, 교실 외 장소를 활용할 시 교실과의 접근성이 유리한 곳을 선정한다. 메이킹 경험을 수행할 수 있도록 1인당 최소 0.3㎡ (60cm × 50cm) 정도의 면적이 확보된 작업대를 중심으로 창작에 활용할 도구나 재료를 넣는 수납장을 설치하여 수납장과 작업대 사이에 자유로운 이동이 가능하도록 가구를 구성한다. 현장에서 적용한 메이커스페이스 모형은 3D프린터, 오븐, 커피포트와 같은 전기 및 가열 장비들을 안전하게 관리할 수 있도록 한쪽 측면에 배치한다. 기존에 활용하는 공작재료들을 포함하여 과학적 원리를 바탕으로 메이킹 경험을 수행할 수 있는 재료로서 LED, 모터 등의 전기재료, 메이킹

과정에서 물리적 특징이 변화함을 알아볼 수 있는 슈링클스, 물라스틱 등의 신소재, 물리적 특징을 활용하여 자유로운 창작이 가능한 고무, 금속, 종이 재질의 일상재료들을 제공한다. 이러한 메이킹 재료가 지닌 물리적 특징을 가공할 수 있도록 하는 제작 도구뿐만 아니라 제작 및 설계과정을 지원하는 필기구, 측정 도구들도 준비한다(조형숙 외, 2021).

〈표 9-5〉 메이커스페이스 재료의 예

과학적 원리를 바탕으로 메이킹 경험을 수행할 수 있는 전기재료	메이킹 과정에서 물리적 특징이 변화함을 경험할 수 있는 신소재	물리적 특징을 활용한 자유로운 창작이 가능한 고무, 종이 재질의 일상물	기존 영유아교육현장에서 활용하고 있는 공작재료(수수깡, 색종이)

활동 진행

메이커스페이스를 통한 과학교육은 모방적 만들기, 탐색적 만들기, 창의적 만들기 등의 3가지 교수학습 과정을 거쳐 이루어질 수 있다(김현명, 2022).

- 모방적 만들기: 메이커스페이스에 있는 도구 및 장비를 활용하여 구비된 재료로 만들 수 있는 결과물을 있는 그대로 만들고자 시도하는 과정이다. 모방적 만들기를 통하여 영유아는 메이킹 경험에 대한 호기심을 유지할 수 있다. 모방적 만들기 과정에서 교사는 활동으로 만들어질 수 있는 전형적인 결과물을 영유아에게 제시하고 재현해 보도록 자료를 제공하고 시연하는 역할을 수행한다.
- 탐색적 만들기: 모방적 만들기를 통해서 경험했던 메이커스페이스 내 장비, 도구, 재료 등에 대한 특징 및 그 사용법을 탐색하는 과정을 의미한다. 재료의 물리적 특성에 대한 탐색을 통하여 영유아는 관찰, 비교, 분류, 예

상, 추론과 같은 과학과정기술에 대한 경험을 쌓아 나간다. 교사는 과학적 사고를 유발할 수 있는 질문을 제시하고 영유아가 수행하려고 하는 메이커 활동을 지원하는 역할을 수행한다.

- 창의적 만들기: 만들기 자료에 익숙해진 영유아가 본격적으로 자신이 만들고 싶은 것을 구현하는 과정이다. 일상과 연계된 상황에서 필요한 새로운 작품을 구상하고 설계하여 만들어 보는 과정을 통하여 영유아는 창의적 활동뿐만 아니라 문제해결에 대한 경험을 가질 수 있다. 교사는 창의적 만들기 과정에서 창의적 사고를 유발할 수 있는 질문을 제시하며, 영유아가 만든 결과물을 공유하고 의사소통하는 경험을 제공한다.

3) 메이커스페이스교육의 사례

메이커스페이스가 영유아들에게 언제 어디서든 방문하기 위한 공간이 되려면 유치원 내에 메이커스페이스가 상시 활용이 가능한 공간으로 설치될 필요가 있다. 이미 영유아교육 현장에는 미술 영역 등에서 영유아의 만들기 활동이 적극적으로 이루어지는 공간이 구성되어 있으며, 다양한 재료와 매체가 제공되고 있다. 그러나 이는 실생활에 필요한 도구와 장치를 만들어 내는 것을 목적으로 하는 메이킹과는 차이가 있다. 메이커스페이스에는 색종이, 점토 외에 3D프린터, 3D펜 등 시제품을 제작할 수 있는 적절한 수준의 테크놀로지 장비와 도구가 구비되어야 한다(조형숙 외, 2021). 다음은 이러한 입장에서 영유아교육기관에서 메이커스페이스 교육의 사례이다(김현명, 2022).

〈모방적 만들기〉

- 도입: 새로운 재료를 소개하는 시간을 갖는다.
  - (완성된 3D펜 작품을 보여 주며) 이것은 무엇일까? 무엇으로 만들어졌을까?
  - 원래는 어떻게 생겼던 걸까?

- (3D펜 필라멘트를 보여 주며) 원래는 이렇게 생겼던 거야. 서로 어떤 점이 달라?
- 달라지지 않은 것도 있니?
- 어떻게 하면 이렇게 만들어낼 수 있을까? 왜 그렇게 생각했니? 왜 그렇게 될까?

- 전개: 3D펜 필라멘트를 탐색해 본다.
  - 만들기 전에 책상에 여러 색깔(최소 3~5가지 색)의 필라멘트를 나누어 줄게.
  - 이 필라멘트로 무엇을 만들어 볼 수 있을까?
- 마무리: 작품이 만들어지는 과정을 경험할 수 있도록 메이커스페이스로 초대한다.
  - 여기 있는 필라멘트는 메이커스페이스에 있는 3D펜을 이용하면 만들 수 있어.
  - 오늘은 선생님이 교실에 나누어 준 필라멘트 중 마음에 드는 색을 골라서 유치원 메이커스페이스에 놀러 오면 선생님이 어떻게 만들 수 있는지 도와줄게.
- 메이커스페이스 교실에서 3~4인씩 메이커스페이스에 필라멘트를 가지고 오면 필라멘트가 3D펜에 들어가 모양이 변하는 과정을 관찰할 수 있도록 한다.
  - 3D펜에 들어가면 어떻게 될까?
  - (3D펜에 넣어 보며) 어떻게 되었니?
  - 생각한 것처럼 변했니? 아니라면 어떤 것이 생각한 것과 달랐니?

〈탐색적 만들기〉

- 도입: 3D펜 경험을 공유하는 시간을 갖는다.
  - 메이커스페이스에 있는 3D펜을 가지고 어떤 색들을 만들어 보았니?
  - 내가 생각한 것처럼 만들어졌니?

- 아니라면 어떤 점이 어려웠니? 왜 생각한 것처럼 만들어지지 않았을까?
- 더 만들어 보고 싶은 것들이 있니?

• 전개: 생각한 대로 만들려면 어떻게 하면 좋을지 이야기 나눈다.
  - 생각처럼 만들려면 어떤 것들이 필요하니?
  - 그것들로 어떻게 하면 좋을까?
  - 왜 그렇게 생각했니?

• 마무리: 친구들의 생각이 발현될 수 있도록 메이커스페이스로 초대한다.
  - 친구들이 필요한 것들을 이야기해 주면 선생님이 메이커스페이스에서 만들 수 있도록 준비해 볼게. 친구들도 생각한 대로 3D펜이 만들어질 수 있도록 만들고 싶은 모습을 미리 그리고 와 줄래?.

• 메이커스페이스(소): 교실에서 3~4인씩 메이커스페이스에 개인 작품을 가지고 오면 아이들의 아이디어를 이야기 듣고 만들어 주는 과정들을 기록한다.
  - 오늘은 무엇을 만들고자 왔니?
  - 어떻게 만들어졌으면 좋겠니? 그럼 어떻게 만들면 좋을까?
  - (만들고 난 후) 이것은 어떻게 변할 것 같니?
  - 내가 생각한 것처럼 변했니? 아니라면 어떤 것이 생각한 것과 달랐니? 얼마만큼 달라졌는지 어떻게 알 수 있을까?

〈창의적 만들기〉

• 도입: 영유아들의 작품으로부터 3D펜 필라멘트의 특징을 공유하고 이 특징의 쓰임새에 대해 이야기 나눈다.
  - 3D펜에 들어가는 필라멘트는 어떤 특징들을 가지고 있니?
  - 그래서 무엇을 만들어 볼 수 있었니?
  - 그것은 어디에 쓰이면 좋을까?
  - 언제 쓰면 좋을까? 왜 그렇게 생각했니?

- 전개: 필라멘트의 특징을 이용하여 만들 수 있는 것에 대한 작품 구상도를 그려 본다.
  - 무엇을 만들 수 있는지 생각들을 한번 그림으로 그려 보자.
- 마무리: 친구들의 생각이 발현될 수 있도록 메이커스페이스로 초대한다.
  - 메이커스페이스에 오면 친구들이 다양한 생각들을 꾸며 주었어. 이 생각들을 만들기를 통해 나누어 보려고 해. 그래서 친구들의 생각들을 그림으로 그려 오면 메이커스페이스에서 그 생각들처럼 만들어 보고 만든 것들을 모아 교실에서 이야기해 보자.
- 메이커스페이스: 3D펜을 이용하여 아이들과 함께 작품을 만들며 공유한다.

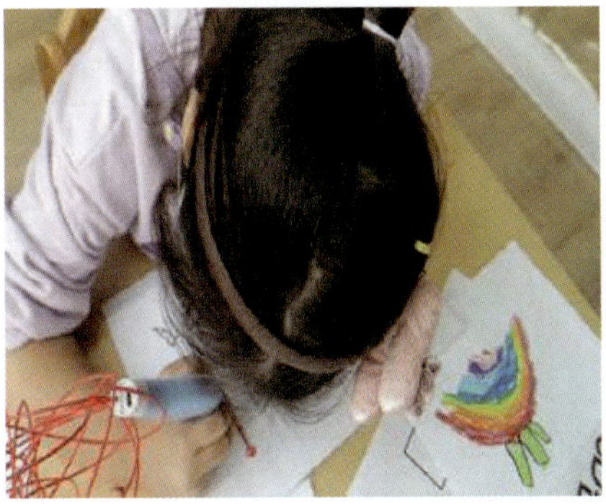

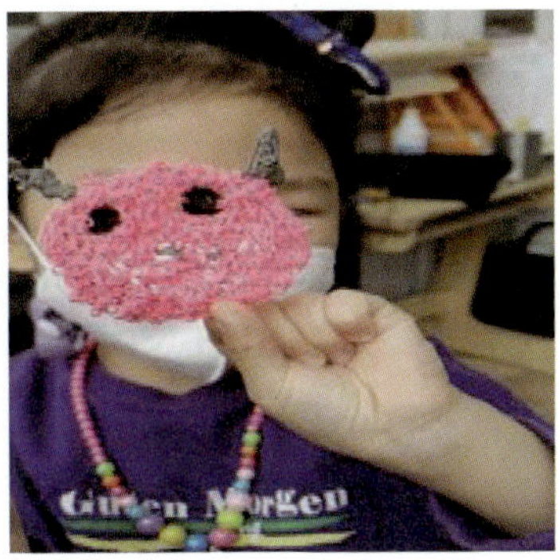

10장 영유아 과학교육의 환경

영유아 과학교육은 영유아교육기관, 가정, 지역사회 등 다양한 환경에서 이루어질 수 있다. 본 장에서는 영유아교육기관에서 과학영역을 구성하고 과학 활동 자료를 준비하는 방안과 가정 또는 부모가 과학교육에 기여할 수 있는 방법, 그리고 지역사회 자원을 과학교육에 활용하는 방안에 대해 살펴보기로 한다.

1. 영유아교육기관

1) 과학영역

과학영역을 구성할 때 고려해야 할 가장 주요한 요인은 융통성이다. 소집단 활동의 경우에는 4~5명의 영유아가 게임이나 요리, 그림 그리기 등의 협동 작업을 할 수 있도록 가구를 배열하며, 좀 더 많은 영유아가 프로젝트를 수행할 때에는 규모를 더 크게 한다. 대집단 활동의 경우에는 학급 전체의 영유아가 차트나 게시판, 과학 영역 등 근처의 바닥에 모여 앉을 수 있도록 한다(Martin, 2001). 공간의 융통성을 위해서는 고정된 가구보다는 이동식 가구를 사용하는 것이 좋다.

예를 들어, 너무 무겁고 큰 탁자는 영유아가 마주보고 상호작용하기 어려우므로 작은 탁자를 사용하거나 탁자를 두지 않고 바닥에 앉아 활동하는 것도 좋다. 또한 바닥재도 교체 가능한 것이 바람직하다. 예를 들어, 필요시 카펫 위에 방수가 되거나 세척이 용이한 장판이나 깔개를 테이프로 붙였다 떼었다 할 수 있게 한다(Chaille & Britain, 1997). 그리고 과학 영역에는 영유아가 조사할 흥미로운 물건을 비치하고 이들이 수업 중에 했던 활동을 계속하거나 수집품을 전시하고, 집에서 했던 조사 활동을 공유하거나 집에서 가져온 물건을 진열할 공간을 마련해야 한다. 과학 영역에 교재 · 교구를 진열, 보관할 때는 다음과 같은 사항을 고려한다.

- 다양하고 풍부한 자료를 제공하되 현재 다루고 있는 과학 개념에 초점을 둔다.
- 영유아의 눈에 잘 띄는 곳에 자료를 진열한다.
- 영유아의 욕구와 흥미에 따라 자료를 교대로 진열한다.
- 전시물의 성격을 띠어서는 안 되며, 영유아가 자유롭게 사용할 수 있어야 한다.
- 값비싼 교재교구(현미경, 온도계, 쌍안경 등)는 교사가 쉽게 다룰 수 있는 용기에 라벨을 붙여서 보관한다.
- 자료의 크기나 형태, 개수에 따라 적절한 정리함에 분류 · 보관한다.
- 플라스틱 바구니, 상자, 우유팩 등을 활용하여 선반이나 교구장에 비치하고, 쇼핑백이나 지퍼백, 봉투 등에 넣어 자료실에 보관할 수 있다. 이때 필요한 자료를 쉽게 발견하고, 활동 후 정리할 수 있도록 정리함에 명칭이나 그림을 붙여 놓는다.
- 여러 가지 교재 교구를 사용해야 하는 활동의 경우에는 필요한 자료를 모두 한 상자에 넣고 활동명을 적어 놓는다. 활동이 끝나면 소모품은 보충해 놓는다.
- 지속적, 정기적으로 자료를 관리 · 점검한다.

- 아무리 좋은 자료라고 할지라도 일부분이 분실되거나 파손되었을 때에는 그 기능을 다하기 힘들다. 특히 퍼즐 등 작은 조각들로 구성된 자료는 보관에 각별히 주의한다. 분실이나 파손으로 인해 보충 또는 보수가 필요한 자료는 별도의 상자에 따로 둔다.

영유아의 작품이나 최근 활동을 찍은 사진 등을 게시할 공간은 영유아가 쉽게 볼 수 있도록 낮은 곳에 설치하는 것이 좋다. 게시 공간에 어느 정도의 자료가 적절할지를 생각해야 한다. 벽면에 작품이 너무 많이 있다면 영유아는 게시물에 초점을 두기 힘들며, 과거의 경험을 되돌아보거나 현재의 작업을 확장하기도 어렵다. 따라서 벽면에는 적당한 빈 공간과 더불어 매력적으로 자료를 게시해야 한다(Seefeldt, 2002).

또한 교사가 일방적으로 구성하기보다는 영유아가 자유롭게 작업할 있는 상호작용적인 게시판을 설계하는 것이 바람직하다. 예를 들어, 상호작용적 게시판에는 다음과 같은 것들이 포함될 수 있다(Martin, 2001).

- 작은 비닐 백 달기: 젖은 종이타월에 씨앗을 붙여 넣고 영유아의 이름을 적고 씨앗이 싹트고 자라는 것을 관찰할 수 있도록 한다.
- 물고기, 농장동물, 애완동물, 식물 등의 사진으로 장식한 봉투 달기: 자유선택활동시간에 영유아가 잡지에서 오린 사진을 봉투에 넣고, 몇 주일 후 봉투를 다 비우고 사진을 어떻게 분류했는지에 대해 이야기를 나눈다.
- 지도 그리기: 여러 가지 곡물이 자라는 지역, 산의 위치 등에 영유아가 점을 찍을 수 있도록 한다.
- '씨앗 박물관' 만들기: 영유아가 집이나 가게 또는 야외에서 발견한 씨를 가져와서 투명한 봉투에 넣거나 작은 카드에 붙여서 게시판에 분류해서 전시한다.
- '열대우림' 만들기: 열대우림 동물과 식물 그림을 잘라내서 하늘, 땅, 땅속 중 적당한 위치에 붙인다.

심층탐구 안전한 환경 만들기

'안전제일'이란 말은 다른 어떤 상황보다 영유아 과학교육에 적합한 말이다. 안전을 위해 고려할 점을 살펴보면 다음과 같다.

- 헌 와이셔츠를 실험복으로 입고 활동한다.
  실험복을 과학과 관련된 주제로 장식하고 과학 활동에만 사용하면 더욱 효과적이다.
- 안전안경을 착용한다.
  특히 눈에 들어갈 가능성이 있는 액체나 고체가 있는 과학 활동(예, 물, 식초, 과일, 돌, 광물 등)을 하는 동안에는 반드시 안전안경을 써야 한다. 교사도 예외는 아니다.
- 안전한 재질로 만들어진 교구를 사용한다.
  유리 돋보기 대신 아크릴 돋보기, 유리 비커 대신 플라스틱 비커, 수은 온도계 대신 알코올 온도계, 쇠로 된 칼보다는 일회용 플라스틱 칼을 쓰는 것이 안전하다.
- 필기도구나 물감, 풀 등은 무독성 제품을 사용한다.
  물감의 경우에는 템페라 물감이나 식용색소를 쓰는 것이 안전하다.
- 화상 및 화재에 유의한다.
  전자레인지가 더 안전하며, 전기 프라이팬을 사용할 때에는 두꺼운 장갑을 사용한다.
- 실외에서 영유아가 해를 직접 보게 해서는 안 된다.
- 독성이 있거나 위험할 수 있는 동식물과 광물에 유의한다.
- 알러지에 유의한다.
  알러지를 일으킬 수 있는 자료를 다루는 활동을 하기 전에 반드시 알러지를 확인한다. 알러지가 있는 영유아들을 위해서는 유사한 활동을 대안으로 준비한다.
- 자료가 외부에서 온 것일 경우 특히 꼼꼼히 점검한다.
  예를 들어, 프로젝트에 사용될 나무에 가시가 없는지, 부모에게서 받은 재활용품이 깨끗하게 헹궈졌는지를 확인한다.
- 영유아에게 자료를 안전하게 사용하는 방법을 가르친다.
  예를 들어, 학기 초에 영유아와 함께 안전규칙을 정하고 영유아의 눈높이에 맞추어 게시판을 걸어둔다.
- 새로운 자료는 수업 전에 교사가 미리 다루어 본다.
- 영유아가 위험한 도구나 장비를 사용할 때에는 항상 교사가 옆에서 감독한다.

출처 : Martin(2001), Prairie(2005)

2) 과학교육 자료

과학교육을 목적으로 상당히 많은 자료들이 상업적으로 개발, 판매되고 있다. 예를 들면, 시계, 저울, 돋보기, 현미경, 자석, 식물 표본, 동물 모형, 자석 등이 회사별로 다양한 상품으로 출시되어 있다. 이러한 상업화된 자료는 가격이 비싸다는 단점이 있지만 제작 시간이 들지 않는다는 장점이 있다. 또한 과학교육을 목적으로 만들어진 상업용 자료가 아니더라도 일상생활 용품이나 재활용품 중에는 얼마든지 과학 자료로 활용할 수 있는 것들이 많다. 예를 들어, 부엌에서 쓰는 체, 과일 싸는 망, 거즈, 석쇠 등은 여러 가지 물질을 걸러 보는 활동에, 그리고 휴지심, 호일심 등은 물체의 구르는 속성을 탐색할 때 효과적으로 이용될 수 있다. 이러한 자료들은 경제적 측면과 환경보호 차원에서 가치가 있지만 더욱 중요한 점은 일상용품을 사용할 경우 영유아가 과학을 더욱 친근한 것으로 느낄 수 있다는 것이다. 예를 들어, 상품화된 깔때기를 사용할 경우 영유아는 과학을 형식적인 것으로 받아들일 수 있지만, 평소에 보던 콜라 페트병의 입구 부분을 잘라서 깔때기로 사용한다면 좀 더 편안한 마음으로 과학 활동에 임하게 될 것이다. 또한 어떤 물건을 기존의 용도(콜라 용기)와 다른 새로운 용도(깔때기)로 사용하는 것 자체가 창의성을 의미한다(조복희 · 곽혜경 · 김암이 · 양연숙 · 장미자 · 한유미, 1999).

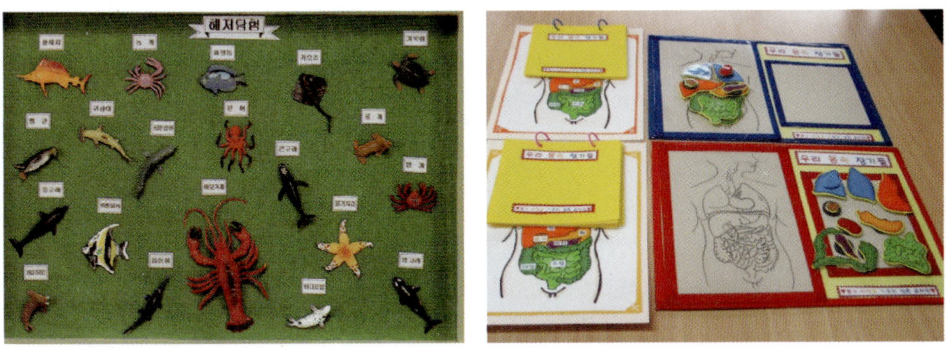

[그림 10-1] 바닷속 동물모형(상업용 과학교구)과 인체모형(교사제작교구)

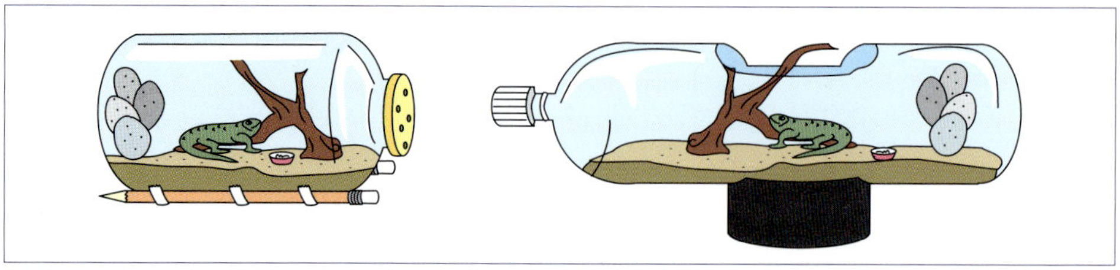

[그림 10-2] 유리병과 페트병 등 일상용품을 이용한 동물사육장(terrarium)

이와 같이 영유아 과학교육에는 일반적인 물체뿐 아니라 그림이나 사진 자료, 도구, 측정기구 및 특수기구, 동식물, 물모래 놀이 등의 다양한 자료와 과학동화, 과학CD, 과학 관련 인터넷 사이트 등을 활용할 수 있다.

〈표 10-1〉 영유아 과학교육에 사용되는 자료

종류	자료
일반적인 물체	자석, 자석에 붙는 물체와 붙지 않는 물체 전구, 전지, 전기가 통하는 물체와 통하지 않는 물체 다양한 돌 · 화석 · 조개껍데기 요리용 재료(설탕, 소금, 식초, 기름) 다양한 종류의 종이(거름종이, 기름종이, 휴지), 셀로판지, 사포
그림 및 사진 자료	과학 관련된 그림책이나 잡지, 신문 기사, 사진, 테이프, CD, DVD
일반적인 도구	거울(평면, 오목, 볼록), 돋보기, 프리즘, 손전등, 지렛대, 도르래, 바퀴 칼, 가위, 필기도구류, 요리도구(전기 프라이팬, 믹서 등)
측정기구	온도계, 자, 저울, 천칭, 추, 시계, 모래시계, 타이머, 계량기
특수기구	현미경, 망원경, 카메라, 녹음기, TV, 비디오, 컴퓨터, 실물화상기
식물 기르기	화분, 화분 받침, 삽, 물조리개, 씨앗, 식물, 흙 식물도감 등 식물 관련 책
동물 기르기	사육장, 동물(토끼, 닭, 햄스터, 새, 금붕어 등), 동물 표본 동물도감 등 동물 관련 책
물 · 모래 놀이	수도, 싱크대, 물놀이 대, 모래밭 양동이, 주전자, 다양한 용기, 주사기, 호스, 분무기, 삽, 깔때기, 체, 빨대 모양 틀, 공, 배, 물에 뜨는 물체와 가라앉는 물체 물감, 비닐 앞치마, 스펀지, 수건
목공놀이	목공놀이 탁자, 망치, 톱, 못, 나사, 톱밥, 나무 조각, 면장갑
놀이기구	시소, 그네, 미끄럼틀, 자전거, 호핑 볼

최근 4차 산업혁명시대에 진입하면서 영유아교육기관에서도 디지털 매체가 더욱 적극적으로 도입, 활용되고 있는 추세이다. 대표적인 디지털 매체의 종류와 활용방법을 소개하면 다음과 같다.

〈표 10-2〉 대표적인 디지털 매체의 종류와 활용방법

품목		용도	활용방법
세이펜		책 읽기	• 책의 내용을 읽어 주며 책과 상호작용 기능
드론		코딩 교구	• 무선전파로 조종할 수 있는 무인 항공기
VR기기	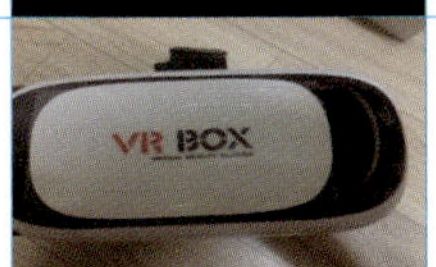	영상매체 실현	• VR 세계에 따른 다양한 효과 및 경험 기능
테블릿 PC		정보검색 및 탐색	• 작은 노트북으로의 모든 기능 가능
터치테이블		정보검색 및 탐색	• 디스플레이가 가능한 학습 테이블
플레도 AI 블록		VR기기	• 12개의 블록으로 한글, 영어, 숫자, 음악, 미술, 코딩 등의 학습이 가능한 블록 교구
AI 스피커		AI 음성 도출	• 인공지능 알고리즘을 이용, 사용자와 음성으로 의사소통 가능
포토 프린터	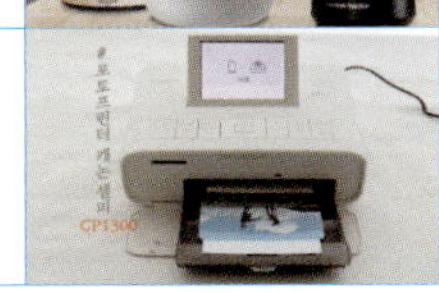	사진 인화	• 휴대폰에서 바로 사진 인화 기능

품목		용도	활용방법
3D펜 / 3D프린터	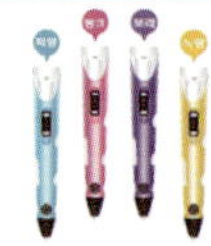	입체적 그림 도출	• 3D펜과 3D프린터기는 입체적인 모든 것을 출력하는 기능
책 읽어 주는 인공지능 로봇	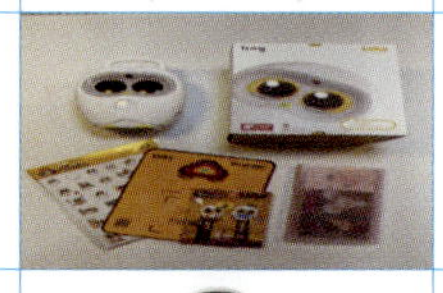	로봇 책	• 동화 및 동요를 들려주는 언어발달 상호작용 로봇
코팅로봇		코딩	• 코딩 프로그램마다 기능 상이함
코딩교구		코딩	• 코딩 프로그램마다 기능 상이함
크로마키		전자 칠판	• 전자칠판으로 전달 매체로서의 기능 및 참여성 기능 등을 수행
가상미디어 놀이체험 컨텐츠		가상미디어	• 가상 화면을 통한 다양한 상황 미디어를 경험(예: 인피니티 메니아, 멀티 짐)
AR 그림책		AR 그림책	• 동화 속의 내용을 애니메이션화하여 경험 가능
스마트팜		스마트 식물 재배기	• 자동으로 시간과 공간의 제약 없이 식물을 재배 · 수확할 있는 기능
스마트폰	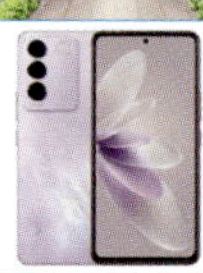	정보기능 탐색	• 다양한 정보과 탐색 등을 찾아 보고 결과를 도출해 낼 수 있는 기능

2. 가정환경

부모는 영유아의 일차적이고 직접적인 환경으로, 영유아의 발달에 막강한 영향을 미친다. 영유아가 자연 세계나 인공 세계에 대해 최초로 갖게 되는 태도는 부모에 의해 각인되며, 학습에 대한 성취동기 역시 부모의 지지적인 관심에 의해 형성되기 때문이다. 그러나 많은 부모들은 자신이 자녀와 공유할 수 있는 과학적 지식을 소유하고 있다는 것을 인식하지 못하고 있으며, 과학을 두려워하거나 과학에 성공적인 경험을 갖고 있지 않아서 가정에서 과학이 잘 이루어지고 있지 않다. 영유아교육기관에서 행하는 과학교육도 가정과 연계가 이루어질 때 보다 큰 효과를 얻을 수 있다.

가정에서 경험할 수 있는 과학은 매우 많다. 전기, 물, 난방, 냉방, 전화, 텔레비전, 컴퓨터, 인터넷, 재활용 등 일상적으로 접하는 경험들은 모두 영유아의 과학적 탐구과정을 발달시킬 수 있는 잠재적인 자원이다. 부모는 자녀에게 모든 감각을 이용해서 자세히 관찰하고, 무슨 일이 일어날지를 예측하고, 어떻게 정보를 더 구할 수 있는지 생각해 보도록 장려할 수 있다. 예를 들어, 부엌에서 핫케이크를 만들 때 부모는 영유아에게 재료를 계량해 보게 함으로써 측정을, 밀가루 입자를 살펴보게 함으로써 관찰을, 그리고 반죽이 왜 부풀어 올랐는지 질문함으로써 가설설정을 촉진할 수 있다(Harlan & Rivkin, 2004; Martin, 2001).

특히 영유아교육기관에서 영유아들에게 호기심을 유발시키면서 부모가 쉽게 접근할 수 있는 활동을 가정에서 부모와 영유아가 함께 할 때 교육효과가 매우 크다. 이때 교사는 사전에 부모교육을 통해 활동에 관한 내용과 지도방법을 부모와 함께 의논하고, 영유아교육기관에서 하는 활동의 진행과정을 부모에게 알려 주면서 활동을 진행한다. 가정연계 과학 활동에서는 교사와 부모가 동반자적인 관계에서 학습지원을 서로 협력하고 의사결정 과정에 폭넓게 참여하게 된다(이수남, 2001). 그리고 가정연계 과학 활동은 숙제의 개념이 아니라 가족에게 재미를 주는 의도로 행해지는 것이 중요하다.

··사례·· 가정연계 과학 활동 : 밀가루 관찰하기

밀가루는 영유아가 주위에서 쉽게 접하는 친근한 재료입니다. 밀가루를 재료로 한 식품에는 무엇이 있는지 영유아와 함께 이야기 나누고, 굵기가 다른 여러 가지 국수로 아래의 활동을 즐겁게 해 주세요. 영유아는 이러한 활동을 통해 밀가루와 물과의 관계를 발견하게 될 것입니다.

밀가루와 밀가루에 물을 넣은 반죽을 비교해 보세요.

	밀가루	밀가루 반죽
만졌을 때의 느낌은?		
만들고 싶은 것을 만들 수 있을까요? 무엇이든 만들어 보세요.		

재료 : 젖은 국수, 마른국수, 2개의 물을 끓일 수 있는 그릇
준비된 국수를 가지고 아래의 내용을 살펴보세요.

<table>
<tr><th></th><th colspan="3">젖은 국수</th><th colspan="2">마른국수</th></tr>
<tr><td>찬물에 국수를 넣었을 때와 물이 끓기 시작하여 국수를 넣었을 때 국수의 차이는 어떨까요?
– 모양은?
– 색깔은?
– 맛은?</td><td colspan="3"></td><td colspan="2"></td></tr>
<tr><th></th><th colspan="2">마른국수</th><th colspan="2">찬물에 담근 국수</th><th>끓인 국수</th></tr>
<tr><td>찬물에 담근 국수와 끓인 국수와 마른국수의 모양을 비교해 보세요. 어떻게 다른가요?</td><td colspan="2"></td><td colspan="2"></td><td></td></tr>
</table>

출처: 이수남(2001)

이와 같이 부모는 가정연계 활동을 통해 영유아교육기관에서 이루어지는 과학 활동을 지원, 강화할 수 있다. 부모의 참여를 높일 수 있는 몇 가지 방안을 제

시하면 다음과 같다(Martin, 2000).

● 가정통신문

자녀의 과학교육에 참여하려면 부모는 먼저 자녀가 기관에서 무엇을 하는지 알아야 한다. 부모에게 이러한 정보를 제공하는 한 가지 방법은 가정에 가정통신문을 정기적으로 보내는 것이다. 이외에도 가정통신문에는 가정에서 부모가 재활용품 등을 이용하여 영유아와 함께 할 수 있는 재미있는 과학탐구 활동을 안내하거나 과학과 관련된 서적, 영상물, 박물관, 지역사회 행사 등을 소개할 수 있다(전연주, 2006).

· · 사례 · · **가정통신문**

안녕하십니까?
항상 유치원 교육에 애정을 가지고 협조해 주시는 부모님께 감사드립니다.
이번 가정통신문은 유치원과 가정이 서로 협력하여 자연탐구중심 과학 활동을 좀 더 효과적으로 지도해 보고자 합니다. 유치원과 가정이 연계하여 자연탐구중심 과학 활동을 함으로써 영유아로 하여금 과학 활동에 흥미를 가지게 하여 부모에 대한 신뢰감을 쌓게 하는 데 목적을 두고 있습니다.

이번 활동은 자연탐구중심 과학 활동으로 다음과 같은 활동을 전개합니다.
① 무순 기르기 ② 누에 기르기
③ 시금치 기르기 ④ 달팽이 기르기

활동에 따르는 재료와 교재는 연구자가 제공하기로 하였습니다. 각 활동이 시작되기 전에 상세한 안내문을 보내드릴 것이며, 각 활동이 끝난 후에는 부모님들께서 영유아의 관찰일지를 체크하셔서 유치원에 보내주시면 됩니다.
이 자료는 영유아들에게 가치 있는 과학프로그램을 개발하는 데 도움이 되리라 믿습니다. 귀 자녀의 과학에 대한 관심과 긍정적인 태도를 향상시켜 주는 기회가 될 것이라고 확신하며 적극적인 협조를 부탁드립니다. 감사합니다.

출처: 전연주(2006)

● 과학수업 지원

부모는 과학 활동에 필요한 교구를 구하거나 준비, 배열하는 실험조교의 역할을 함으로써 과학수업에 막대한 도움을 제공할 수 있는 자원이다. 특히 페트병이나 휴지심, 상자 등 재활용품이 과학교육 자료로 필요한 경우 부모의 기증이 절대적으로 필요하다. 인체의 성장을 학습하기 위해 아기 때 찍은 사진이나, 옷, 장난감 등을 연령별로 전시하는 것도 부모의 협조가 없이는 불가능하다. 또한 부모는 교구 제작을 돕거나 야외 관찰이나 생물 채집 시 함께 참여하여 사진을 찍어 주거나 도우미로 활동할 수 있다. 과학에 특별한 관심이 있거나 전문가인 부모라면 초빙교사가 될 수도 있다.

● 부모초청일

부모가 과학 프로그램의 특성, 목표 및 목적에 익숙해질 수 있도록 '부모초청일'을 계획한다. 부모초청일에는 평소 영유아들에게 사용했던 것과 유사한 활동을 부모가 직접 해 볼 수 있도록 한다. 활동이 끝난 후에는 부모들과 과학 프로그램의 목표와 목적에 대해 이야기를 나누고 부모가 가정에서 자녀의 과학교육에 참여할 수 있는 방법에 대해 토의한다.

3. 지역사회환경

과학은 우리 생활의 일부이므로 지역사회 내에는 과학교육을 강화할 수 있는 자원이 놀라울 정도로 많이 있다. 영유아 과학교육에 지역사회 자원을 활용하기 위해서는 다음과 같이 다양한 지역사회 기관이나 장소를 방문하거나 지역사회 전문가를 영유아교육기관에 초빙할 수 있다.

1) 현장학습

과학 프로그램을 심화하기 위해서는 부모 외에도 수많은 지역사회의 다양한 장소 및 자원을 알아보는 것이 좋다. 이러한 환경으로는 <표 9-4>와 같이 동물원, 식물원, 시장, 박물관 등이 있다. 일반적으로 지역사회 환경은 교실 내에서 충족하기 어려운 직접적인 경험을 제공함으로써 구체적인 학습을 가능케 하며, 전문가와 접촉함으로써 영유아의 지식을 심화, 확장한다는 장점이 있다. 또한 일상적인 장소에서 벗어나 다양한 지역사회 장소를 방문하는 것 자체가 영유아의 호기심과 학습동기를 불러일으킬 뿐 아니라 방향, 지형, 지도, 공간 등의 과학적 개념과 직접적인 관련이 있다.

현장학습이 의례적이거나 형식적인 행사로 그치지 않기 위해서는 철저한 계획과 준비가 필요하며, 계획 과정에 영유아가 함께 참여하는 것이 좋다. 첫 번째 단계는 어디를 갈 것인지 정하는 것이다. 현장학습은 학습 중인 주제를 보완하기 위해서 교사가 제안할 수 있고, 조사를 하는 도중 영유아 자신의 생각에서 나올 수도 있다. 교사는 해당 과학 개념을 효과적으로 반영하고 있는 지역사회 환경은 무엇인지, 그리고 이를 과학교육에 어떻게 적용할 수 있는지 생각해 보아야 한다. 특히 특정 시간에 영유아를 위한 이벤트나 단체 견학 안내를 제공하는 경우도 있으므로 이를 활용하는 것이 효과적이다. 아울러 현장학습을 할 지역사회 환경을 결정하면 세부계획을 세우기 위해서 답사를 가는 것이 효과적이다. 필요한 경우 현장학습 장소에서 허락을 받고, 입장료 등 경비를 확인하고, 영유아가 할 수 있는 활동 목록을 만든다. 또한 현장학습을 얼마나 오래 할 것인지, 점심식사나 휴식 공간은 어떻게 할 것인지, 영유아가 특별한 옷을 입거나 준비물을 갖고 와야 할지 계획을 세우고, 영유아의 관심을 끌 특별한 것이 있는지를 살펴본다. 그리고 영유아교육기관에 돌아와서는 날짜, 경비 마련 방법, 교통수단, 필요한 자원봉사자의 수를 결정한다. 모든 것이 결정되면 영유아에게 현장학습에 대해 소개하고 현장학습을 가서 무엇을 하고 싶고 무엇을 학습하고 싶은지 이야기 나눈다(Martin, 2000). 또한 현장학습을 다녀온 후에도 현장학습의 경험을 다양한 방법으로 회상하고 재구성할 수 있는 사후활동을 실시하는 것이 바람직하다. 예를 들어, 놀이동산에서 롤러코스터를 타 본 다음 교실에서 경사면의 기울기에 따라 공이 구르는 속도를 실험해 보는 활동을 할 수 있다. 다양한 외부 환경에서 경험할 수 있는 주요 과학 개념의 예를 들면 다음과 같다.

〈표 10-3〉 영유아 과학교육과 관련된 지역사회

생명 과학	식물	식물원, 수목원, 연못, 꽃시장, 농산물 공판장, 과수원, 논 · 밭, 비닐하우스, 쌀가게, 목공소
	동물	동물원, 연못, 갯벌, 동물병원, 수족관, 양계장, 목장
	인체	병원, 한의원, 치과, 목욕탕, 보건소, 약국
지구 과학	천체	천문대, 전망대, 국립서울과학관
	지질	산, 공원, 갯벌, 강, 호수, 바다, 부동산 중개소
	기상	기상청, 계절 및 날씨를 관찰할 수 있는 야외 공간
물상 과학	물리	놀이터, 놀이동산, 수영장, 볼링장
	화학	김치공장, 아이스크림 가게, 방앗간
	도구와 기계	방송국, 철도박물관, 가전제품 대리점, 전자상가, 자전거 수리소, 폐차장, 고물상, 엑스포공원(자동차관, 자기부상열차관)

2) 전문가 초빙

지역사회 자원을 활용하는 또 다른 방법은 의사, 간호사, 수의사, 엔지니어, 건축가 등 지역사회 전문가들을 교실로 초청하는 것이다. 지역사회 내에는 과학과 관련된 다양한 직업이 있게 마련이다. 대부분 지역사회의 과학자들은 자신의 전문 분야에 대한 지식과 경험을 영유아들에게 기꺼이 제공하고자 하지만 어떻게 어린 영유아들의 눈높이에 맞추어서 자신의 전문성을 전달해야 할지 자신 없어 한다. 교사 역시 초빙된 과학자가 제시하는 교구가 영유아의 눈높이를 넘어서지 않을까 걱정한다. 그러나 이러한 염려로 인해 지역사회 전문가들을 자원봉사자로 활용하는 것을 주저할 필요는 없다. 지역사회 과학자를 초빙하면 과학교육이 심화될 뿐 아니라 과학자들의 입장에서도 과정지향적인 구성주의 과학교육이 무엇인지 경험할 수 있는 좋은 기회가 되기 때문이다(Martin, 2001).

사례

전문가 초빙

병원에 대한 주제를 전개하면서, 학부모 중에 현재 간호사 일을 하고 있는 학부모가 있어 화요일쯤 연락을 했더니 흔쾌히 호응해 주시면서 수업에 참여해 주셨다. 영유아들은 사전에 질문할 것을 준비해서 그런지 서로 질문하느라 야단들이었다. 그 학부모는 이런 경험이 처음이라 무척 당황해하면서도 병원에서 하는 일, 환자들의 이야기, 병을 미리 예방하는 방법 등에 대해 구체적 예를 들어가며 잘 설명해 주었다. 여러 가지 진행상의 어려움도 있었지만 이렇게 병원에서 직접 일하는 사람을 모셔 놓고 수업을 해 보니 영유아들에게 훨씬 더 도움이 되는 것을, 그렇게 어려운 일도 아니고 전화 한 통으로 이루어진 수업이었는데, 왜 이때까지 이렇게 효과적인 방법을 활용하는 데 인색했을까 생각하면 앞으로 더욱 치밀한 계획을 세워 지역사회 인사를 적극적으로 활용해야겠다고 생각하였다.

출처: 안부금(2002)

11장 영유아 과학교육의 평가

평가 없이는 어떠한 개념도 효과적으로 가르칠 수 없으므로 영유아 과학교육에서도 평가 과정이 필수적으로 포함된다. 본 장에서는 먼저 영유아의 과학 능력을 평가하기 위해 사용할 수 있는 다양한 평가 방법들과 평가 내용들을 소개하고, 교사를 대상으로 한 평가를 제시하고자 한다.

1. 영유아에 대한 평가

교사는 과학교육의 계획을 세우기 전에 영유아의 발달 수준을 정확히 평가하고 있어야 하며, 수업을 진행하는 중에도 영유아들의 과학 활동 진행 과정을 관찰하고 자신의 교수법이 적절한지 평가함으로써 수업 진행 방법을 개선하여 효율적으로 목표를 달성하고, 다음 교수 활동을 계획할 때에 반영해야 한다. 한편 과학과 관련하여 영유아를 평가를 할 때에는 관찰, 면담 검사, 작품 수집, 과학일지 쓰기, 포트폴리오 등 여러 가지 방법을 사용할 있으며, 평가 내용 역시 과학 태도, 과학 과정, 과학 개념 등 다양하다.

1) 평가 방법

(1) 관찰

관찰은 일상생활에서 나타나는 자연스러운 행동을 기록하는 평가 방법을 말한다. 따라서 교수-학습 과정의 자연스러운 일부분이므로 관찰은 실제 '평가'로 인식되지 않는 경우도 있다. 그러나 다른 평가 방법에 비해 관찰은 영유아의 발달 수준을 보다 사실적으로 보여 줄 수 있는 유용한 방법이다. 특히 발달 특성상 언어적 의사소통이 원활하지 않는 영유아에게 특히 적합하며, 비언어적 행동에 대한 정보도 제공한다는 점에서도 그 유용성이 인정된다. 영유아 과학교육과 관련하여 현장에서 많이 사용되는 관찰에는 일화기록, 체크리스트, 평정척도 등이 있다.

① 일화기록

일화기록은 과학 활동 중 특정 행동이나 태도의 변화를 있는 그대로 기술하는 방법으로서 현장에서 가장 많이 사용되고 있는 평가 방법이다. 일화기록을 하기 위해서 교사는 관찰 상황이나 환경을 미리 설정할 필요 없이 영유아를 관찰하여 중요하다고 생각되는 것을 그때그때 기록하면 된다. 따라서 영유아가 우발적으로 표출하는 과학적 지식이나 행동을 기록하는 데 매우 유용한 방법이다. 일화기록에는 특별한 양식이 필요하지는 않지만 영유아의 성명, 관찰자, 관찰 일시 및 장소, 과학적 사건 및 상황에 대한 요약, 그리고 영유아가 어떤 말을 했고, 어떤 행동을 했는지가 구체적이고 간단·명료하게 적혀 있어야 한다. 교사는 관찰 당시 일어난 상황에 대하여 전혀 모르는 사람도 이해할 수 있도록 관찰 내용을 객관적으로 기록해야 한다. 주관적 의미가 포함된 단어들을 사용하면 사실을 왜곡시킬 수 있으며, 주관적 해석의 가능성이 증가하기 때문이다. 일화에 대한 교사의 해석이나 평가는 따로 칸을 구분하여 기록한다.

사례 일화기록의 예

관찰영유아: 공진우 생년월일: 2000. 11. 5. 성별: 여
관 찰 자: 김정임 관찰일자: 2006. 9 .9. 관찰시간: AM 10:00~10:15
관찰일 현재 영유아 연령: 3년 10개월 관찰장면: 자유선택놀이시간 중 블록영역

기록

진우가 블록영역에서 소방차를 가지고 이리저리 굴리며 10초간 놀고 있다. 상운이가 옆에서 공룡을 가지고 노는 것을 보더니 소방차 사다리를 길게 펴서 "얏얏얏!" 하며 공룡을 6회 정도 때린다. 상운이가 공룡의 입을 벌려 보이자, 진우는 빙빙 블록을 하나 들더니 "티라노사우르스다." 하며 블록으로 상운이가 가지고 있던 공룡을 8회 때린다. 상운이가 공룡을 놓고 다른 곳으로 간다. 진우는 상운이가 놓고 간 공룡을 들고 소방차 위에 올려놓고 "야~" 하고 소리를 지르며 소방차를 4초 동안 끌고 다닌다. 다시 공룡을 내려서 입을 벌려 보고 배를 벌려 보더니 공룡 배가 찢어져 있는 것을 보고 "공룡이 아픈데 병원 가야 해!" 두 번 말하고는 소방차에 올려놓는다.

소방차가 움직이자 공룡이 떨어진다. 공룡을 다시 올려서 소방차를 끌고 가자 공룡이 또 떨어진다. 진우는 공룡을 들어 옆으로 던져버린다. 그러고는 옆에 있는 코뿔소를 들어 소방차에 올려놓고 끌고 간다.

요약

진우는 사물을 대치하여 이름을 붙일 수 있다.
상징놀이를 할 수 있다.
공룡에게 공격적인 행동을 보인다.

출처: 전남련 · 김재환 · 이혜배(2007)

② 체크리스트

체크리스트(checklist)는 평가하고자 하는 과학 행동을 미리 목록으로 작성한 후 각각의 행동이 나타나는지를 관찰하여 '예/아니오'로 표기하는 방법이다. 체크리스트에는 '분류 능력이 있다.'와 같은 포괄적인 문항보다는 '물에 뜨는 물체와 물에 가라앉는 물체의 이름을 말할 수 있다.'와 같이 관찰 가능하고 구체적인 문항을 사용해야 하며, 교사는 각각의 행동 목록에 대해 잘 이해하고 있어야 한다.

사례 체크리스트

	예	아니오	비고
전기가 왜 필요한지 아는가?	___	___	___
전기를 필요로 하는 물건의 이름을 글자와 짝지을 수 있는가?	___	___	___
전기를 안전하게 사용하는 방법을 아는가?	___	___	___
전기를 아껴서 사용해야 하는 이유를 아는가?	___	___	___

③ 평정척도

평정척도(rating scales)는 체크리스트의 제한점을 보완하여 행동의 출현 유무뿐 아니라 행동의 질이나 발생 빈도에 따라 점수를 부과하는 방법이다. 체크리스트와 마찬가지로 평가하고자 하는 과학 행동 목록이 미리 준비되어 있어야 한다. 한편 평정척도를 사용할 때에는 대개 중앙값에 점수를 주기 쉬우며, 관찰자의 성향에 따라 지나치게 높거나 낮은 점수를 주는 경향이 있다. 또한 가까이 위치한 문항끼리 비슷한 점수를 주는 오류에 빠지기도 쉽다. 따라서 평정척도를 사용할 때에는 객관적인 자세를 유지하는 것이 가장 중요하다.

사례 다중지능 중 자연주의 지능

	전혀 아니다	아니다	보통이다	그렇다	매우 그렇다
애완동물을 잘 돌보는 편이다.					
애완동물의 상태(먹이, 물 등이 필요한지)를 잘 파악하는 편이다.					
애완동물을 잘 다루거나 간단한 명령(예 앉아, 그대로 있어, 이리와 등)을 잘 하는 편이다.					
의사나 조련사가 되고 싶어 한다.					
다양한 애완동물들의 차이를 쉽게 아는 편이다.					
자연에 대해 호기심을 갖고 식물, 동물 등을 수집한다.					

출처: 최기란(2002)

(2) 면담

관찰이 교사가 영유아의 과학 행동을 자세히 살펴봄으로써 평가하는 것이라면, 면담(interview)은 교사가 영유아가 특정 과학 개념을 정말로 이해했는가를 질문을 통해 직접적으로 알아내는 방법이다. 교사와 영유아 간의 직접적인 상호작용을 통해 이루어지는 면담은 관찰로는 쉽게 얻기 어려운 정보를 수집할 수 있다. 예를 들어, 영유아가 보존개념을 갖고 있는지는 자연적인 상황에서는 잘 드러나지 않으므로 관찰로 평가하기는 힘들며, 면담을 통해서 파악하는 것이 효과적이다.

면담은 다양한 형태로 이루어질 수 있으나 가장 쉬우면서 실용적인 방법은 과학 활동을 하는 동안 교사가 개별 또는 집단에 순차적으로 질문하는 것을 일과로 만드는 것이다. 교사가 영유아에게 질문을 할 때 영유아가 강요나 위협의 느낌을 받지 않고 교사가 자신의 활동에 정말로 관심을 갖고 있다고 느끼게끔 해야 한다. 즉, 비형식적이고 일상적인 대화와 같은 형식의 면담이 되어야지 질문 공세가 되어서는 안 된다. 또한 면담은 특정 과제에 초점을 두고 이루어질 수도 있다. 예를 들어, 물에 뜨는 것과 가라앉는 것을 알아보는 것을 학습한 후에 영유아에게 설명을 하거나 문제를 해결하도록 하는 과제를 제공하는 것이다(Bloom, 2006).

이와 같은 면담은 면담 주제와 관련된 과학 활동에 대한 영유아의 관심을 높임으로써 과학 학습에 대한 동기를 유발시킬 수 있다. 면담은 읽고 쓰는 능력이 부족한 영유아에게 적합한 방법이나 모든 영유아가 면담 상황에 잘 반응하는 것은 아니며, 교사에게도 많은 훈련을 요하는 평가 방법으로서 다음과 같은 점들을 고려하는 것이 바람직하다(Treagust, Duit, & Fraser, 1996).

● 편안하게 시작하기

면담에서 영유아가 편안함을 느낄 수 있으려면 약간의 시간을 주어야 한다. 자연스러운 주제로 대화를 시작하고, 서먹서먹함을 없애기 위해 영유아와 나란히 앉을 수도 있다.

● 대답을 유도하지 않기

면담이 시험은 아님을 강조함으로써 영유아가 있는 그대로의 생각을 말하게 한다. 때때로 영유아는 예기치 않은 대답을 하는데, 이는 교사가 계획한 것은 아니더라도 영유아의 생각을 알 수 있는 귀중한 정보가 된다. 개방형 질문이 효과적이지만 영유아가 당황해하면 단답형 질문으로 다시 물어보고, 두 유형의 질문을 적절히 조합해서 사용한다.

● 수용하고 격려하기

영유아는 교사가 정답을 듣기 위해서 면담을 한다고 생각할 수 있다. 면담 동안 "이것에 대한 네 생각은…"과 같이 말하거나 고개를 끄덕이거나 미소를 보여 줌으로써 있는 그대로의 생각을 말하게 한다. 또한 주제에서 벗어난 말을 하더라도 중단시키거나 꾸짖기보다는 수용적으로 이끌어 주는 것이 바람직하다.

● 인내심을 갖고 기다리기

면담이 효과적으로 되는 데는 시간이 걸린다. 침묵이 흐르는 동안에 이야기를 계속하거나 서두르는 것은 도움이 안 된다. 침묵을 깨기 위해서는 "선생님은 네 생각에 흥미를 갖고 있어. 그러니까 천천히 생각해도 돼." 또는 "다른 방법으로 물어볼게."라고 한다.

● 대답을 되짚어 주기

영유아의 대답을 주의 깊게 듣고 이전에 한 대답과 관련지어 질문한다. 예를 들어, "왕나비는 곤충이기 때문에 동물이 아니라는 거구나. 그런데 너는 아까 벼룩은 동물이라고 하지 않았니? 네 생각을 좀 더 말해 볼래?"와 같이 영유아가 전에 한 말을 정확히 되짚어 주면 영유아의 생각을 파악할 수 있다.

● 효과적으로 기록하기

영유아의 반응을 빠르고 정확하게 기록한다. 면담 도중 "내가 적을 때까지 기다려 주겠니?"라고 자꾸 말하면 면담이 중단될 수 있다. 영유아가 한 말을 모두 기억했다가 면담 후에 기록하는 것도 어려우므로 녹음기를 이용하는 것이 좋다. 녹음기는 교사가 영유아의 말을 들을 때에는 감지하지 못했던 것까지 드러내 준다.

사례

과학, 과학자, 과학 활동에 대한 영유아의 인식 면접

과학에 대한 개념 1문항, 과학에 대한 선호도 1문항, 과학에 대한 흥미도 1문항, 과학자에 대한 인식 2문항, 과학 활동에 대한 인식 2문항 등 총 7개 면접 문항을 다음과 같이 질문할 수 있다.

<table>
<tr><td colspan="2">과학에 대한 개념</td><td>• 과학이 무엇이라고 생각하니? 과학은 어떤 거니?</td></tr>
<tr><td colspan="2">과학에 대한 선호도</td><td>• 과학을 좋아하니? 싫어하니? 왜 좋아/싫어하니?</td></tr>
<tr><td colspan="2">과학에 대한 흥미도</td><td>• 과학은 재미있니? 왜 재미있니?</td></tr>
<tr><td>과학자에 대한 인식</td><td>• 개념
• 선호도</td><td>• 과학자가 과학하고 있는 모습을 그려 주겠니?
• 커서 어떤 사람이 되고 싶니? 과학자가 되고 싶니?</td></tr>
<tr><td colspan="2">과학 활동에 대한 인식</td><td>• 유치원에서 본 과학 활동을 말해 주겠니?
• 유치원 밖에서 본 과학 활동을 말해 주겠니?</td></tr>
</table>

과학에 대한 개념이나 선호도, 흥미도 문항, 과학 활동에 대한 인식에 관한 문항은 구두로 질문하고 영유아가 구두로 답하게 한다. 영유아가 응답할 경우 그렇게 생각하는 이유를 질문한다. 예를 들어 과학을 좋아한다고 대답하면, "왜 좋아하니?" 하고 질문하여 이유를 설명하게 한다. 과학자에 대한 인식을 알아보기 위한 문항은 "과학 활동을 하고 있는 과학자의 모습을 그려 주겠니?"라고 질문하여 영유아의 생각을 그림으로 표현하게 한 다음 자신의 그림을 설명하게 한다. 그림에 세부항목이 확연히 드러나지 않을 경우 내용을 명확히 하거나 확인하기 위해 "이 그림에 나오는 과학자는 여자이니?" 등의 질문을 한다. 영유아가 그림 그리기에 부담을 느끼거나 거부할 경우에는 장면을 머릿속에 그려보면서 이를 말로 표현하도록 한다. 영유아가 그린 그림은 실험복, 안경, 수염, 연구를 상징하는 것(과학기구 또는 실험도구), 지식을 상징하는 것(책, 노트 등), 과학의 산물인 기술을 상징하는 것(로봇, 컴퓨터 등), 과학자의 성, 과학자의 나이, 과학 활동에 대한 위험성 표시(예 '접근금지', '위험'), 과학을 하는 장소, 허구적 또는 상상적 이미지(예 지킬박사) 등의 항목들의 출현 여부를 분석한다.

출처: 김정화 · 조부경(2001)

(3) 검사

검사(test)는 일정 시간 안에 객관적인 형식과 절차를 통해서 행동 특성을 측정하는 평가 방법이다. 영유아의 과학 능력을 검사하기 위해서는 학습준비도 검사나 지능검사 중에서 과학과 관련된 부분을 선택해서 사용할 수 있으며, 표준화 검사로는 과학 지식수준은 파악할 수 있지만, 문제해결과 같은 고차원적인 능력이나 탐구과정 등을 측정하는 것은 어렵다(NCTM, 1995). 특히 진위형(○, ×), 단답형, 짝짓기형, 선다형, 그림형 등 다양한 형식으로 구성되는 지필식 검사는 집단검사로 간편하게 실시될 수 있지만 영유아에게 적용하기는 어렵다. 영유아의 과학 능력을 정확히 평가하기 위해서는 개별검사가 효과적이다. 따라서 표준화 검사의 결과 하나만으로 영유아의 과학 능력을 판단하는 것은 무리가 있으므로 다른 평가 방법과 병행해서 사용하는 것이 바람직하다. 또한 교사가 교실에서의 과학 활동에 근거하여 영유아의 경험을 적용해 볼 수 있는 내용으로 검사를 직접 만들어 사용할 수도 있다.

〈표 11-1〉 유아용 표준화 검사

	검사 명	제작자	제작 연도
지능 검사	한국 웩슬러 아동용지능검사 Ⅲ (K-WISC-Ⅲ)	곽금주 · 박혜원 · 김청택	1991
	한국 웩슬러 유아 지능검사 (K-WPPSI)	박혜원 · 곽금주 · 박광배	1996
	카우프만 아동용 개별지능검사 (K-ABC)	문수백 · 변창진	1997
	유아지능검사 (KISC)	한국행동과학연구소	1993
학습 준비도 검사	기초학습기능검사	한국교육개발원	1989
	계몽학습준비도검사	이영석 · 구학봉 · 노명완 · 김승훈 · 차미정 · 고승자	1993
	유아학습준비도검사	한국교육개발원	1988

· · 사례 · · 과학적 탐구능력 검사

〈관찰〉

평가목표: 오감을 사용하여 관찰한 내용을 적절한 언어로 기술한 것을 찾을 수 있다.

1. 유치원 마당에서 주운 나뭇잎이에요. 친구들은 이 나뭇잎을 자세하게 관찰했어요. 다음 글 중에서 관찰한 사실을 가장 바르게 나타내고 있는 것은 어느 것입니까? ………………………………………………………………… (　　)

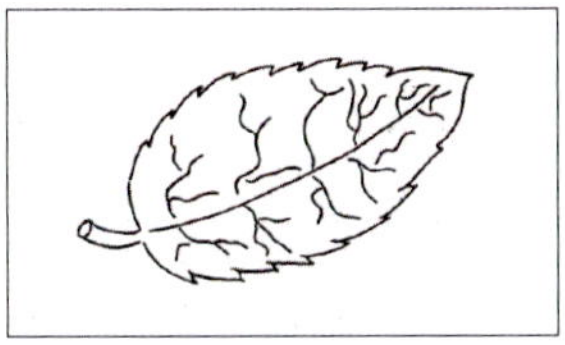

질문

① 나뭇잎은 두 개입니다.
② 잎이 줄기에 붙어 있습니다.
③ 잎의 줄이 나란히 있습니다.
④ 잎의 끝부분이 톱니처럼 생겼습니다.

〈분류〉

평가목표: 주어진 여러 가지 사물을 복합 특성에 따라 분류할 수 있다.

5. 현우는 다음의 여러 가지 사물들을 분류하려 합니다.
   먼저 물에 뜨는 것과 물에 가라앉는 것을 골라보세요.
   그리고 물에 뜨면서 네모난 것을 골라 보세요.
   물에 가라앉으면서 동그란 것을 골라 보세요. ………………………… (　　)

질문

① 풍선

② 주사위

③ 자석

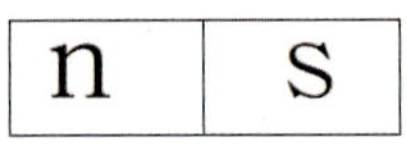

④ 동전

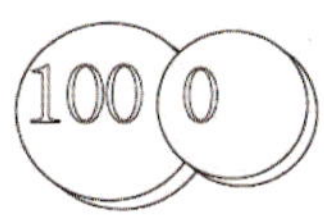

	물에 뜨는 것	물에 가라앉는 것
네모난 것	②	③
동그란 것	①	④

출처 : 배소정(2002)

(4) 작품 수집

영유아가 수행한 결과에 초점을 두는 것이 아니라 활동이 진행되는 과정에 나타난 모든 것을 함께 모아 평가하는 방법이다. 영유아의 작업 결과물을 지속적, 체계적으로 수집하면 과학에 관한 표상 수준을 파악할 수 있는 좋은 평가 자료로 삼을 수 있다. 입체물이 많은 과학 활동 결과물의 경우에는 사진으로 찍어서 수집할 수 있으며, 작품의 제목과 날짜, 주변 상황을 메모하고 작품에 대한 교사의 의견을 첨부해 두면 차후 작품을 평가할 때보다 정확한 진단을 할 수 있다. 또한 작품 수집은 가정과 연계하여 이루어질 수 있을 뿐 아니라 가정과의 연계를 강화하는 데에도 효과적으로 활용될 수 있다. 예를 들어, 영유아의 작품을 가정 통신문에 첨부하여 보내거나 부모초청일에 영유아의 작품들을 전시할 수 있으며, 가정에서 과학 활동을 해 보도록 하고 그 결과물을 수집할 수 있다. 체계적인 작품 수집이 이루어지기 위해서는 다음과 같은 사항을 고려할 수 있다(한유미 · 오연주, 2003).

사례 가정연계활동을 통한 작품 수집

가정연계활동 18 – 〈호주 원주민 회화〉

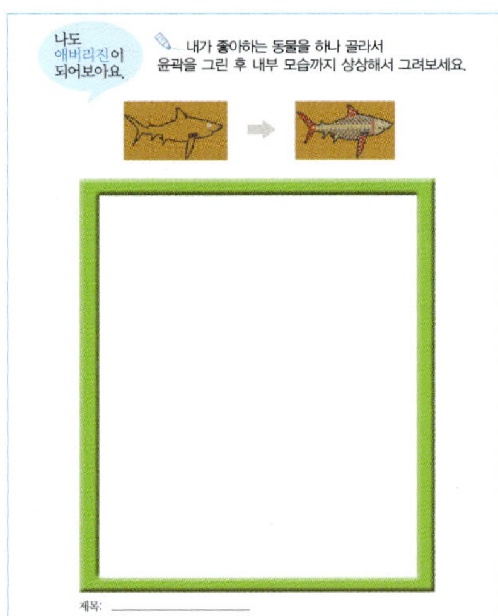

- **작품 수집의 원칙을 세우기**

어떤 작품 샘플(최상의 것/ 전형적인 것/ 두 가지 모두)을 수집할 것인지 그리고 얼마나 자주 수집할 것인지 정해야 한다. 교사의 지시에 의한 작품에는 영유아의 개성이 잘 드러나지 않으므로 고정된 스케줄에 집착하지 말고 영유아의 자발적인 작품을 수집하는 것이 좋다.

- **작품 샘플에 대한 영유아의 의견을 첨부하기**

"이 작품을 어떻게 만들었니?", "이 작품에서 어떤 점이 마음에 드니?", "다르게 할 걸 하는 생각이 드는 것은 무엇이니?", "이런 작업을 또 해 보고 싶니?" 등과 같은 질문을 할 수 있으며, 영유아가 글을 못 쓰면 교사가 받아 적어 준다.

- **작품 샘플에 교사의 의견을 첨부하기**

작품을 누가 주도했는지(교사/영유아), 작품이 영유아에게 비약적인 성취인지, 영유아가 새로운 상황에서 개념을 작품에 적용하거나 확장하고 있는지 등을 기록한다.

(5) 과학일지 쓰기

과학일지 쓰기는 영유아에게 자신의 과학 활동 경험을 다양한 상징매체로 일지에 표상함으로써 과학적 지식과 사고를 고찰하고 반성할 수 있게 해 주는 유용한 학습 방법이다. 교사의 입장에서는 순차적 쓰기 활동이 이루어지는 과학일지를 통해 영유아의 학습 태도 및 진보의 변화를 평가할 수 있다. 즉, 영유아가 과학 활동을 어떻게 생각하고 있는지, 과학개념을 어느 정도 이해하고 있는지, 자신이 아는 것을 어떻게 표현하는지 등을 상세하게 알 수 있다. 아울러 과학일지를 통해 교사는 자신의 교수방법의 문제점을 평가할 수 있다. 과학일지를 효과적으로 활용할 수 있는 방법을 살펴보면 다음과 같다.

● **과학일지 쓰기를 소개하기**

영유아에게 과학일지를 쓰는 목적과 절차를 소개하고 일지가 어떻게 평가될 것인지에 대해 자세히 설명한다. 일지 쓰기에 필요한 준비물을 마련하며, 영유아가 일지 쓰기에 대해 자신감과 소유의식을 가질 수 있도록 과학일지 노트의 표지에 그림을 그리게 할 수 있다.

● **과학일지 쓰기를 함께 하기**

교사도 영유아와 함께 과학일지를 쓰는 것이 바람직하다. 또한 교사는 영유아가 쓴 것을 항상 읽으며, 영유아가 이 사실을 알 수 있도록 피드백을 남긴다.

● **과학일지 쓰기를 지속하기**

매일 또는 정기적으로 과학일지를 쓰도록 격려하고, 일지를 쓰는 시간을 제공한다. 각 활동이 끝난 후 영유아가 기록한 것에 대해 이야기를 나누는 시간을 계획한다. 또한 교사가 주시하고 있음을 인식하게 함으로써 영유아가 과학일지를 꾸준히 써나가도록 한다.

● **과학일지 쓰기를 도와주기**

일지 쓰기를 표현할 때 힘들어하는 영유아에게는 교사가 적절한 도움을 주어야 한다. 예를 들어, 교사가 설명하는 것을 그림으로 그리거나 교사가 말하는 것을 일지에 받아 적는다.

● **과학일지 쓰기를 공개하기**

영유아의 승인을 받은 후 우수한 과학일지를 전시하거나 부모초청일에 학급 모든 영유아의 과학일지를 공개할 수 있다.

··사례·· 과학적 탐구능력 검사

제목: 쑥갓, 열무, 얼갈이배추 씨앗 관찰
준비물: 다양한 필기도구, 자, 지우개

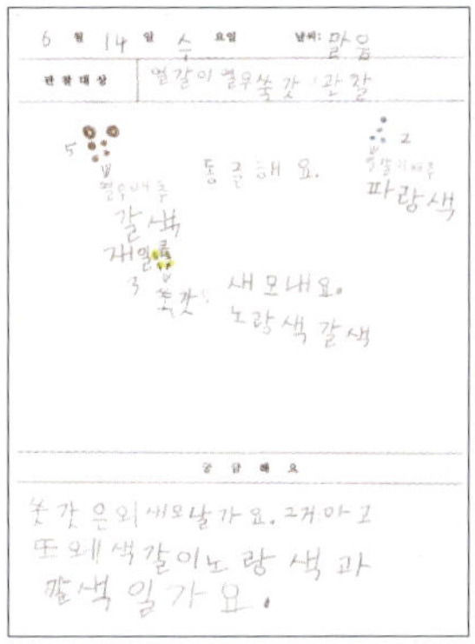

- 과학일지에 기록하도록 한다.
- 원하는 필기도구를 이용해서 과학일지를 써 보세요.
- 기록하는 동안 영유아들의 과학일지를 둘러본다.
- 씨앗을 구분하기 쉽지 않았을 텐데 나누어 볼 수 있었네.
- 씨앗의 크기는 얼마만큼 달랐니?
- 과학일지의 내용을 그룹별로 토의하게 한다.
- 그룹별로 자기의 과학일지 내용이 친구의 내용과 같은지 이야기 나누어 보세요.

출처: 천현미(2007)

(6) 포트폴리오 평가

[그림 11-1] 포트폴리오평가 자료들

포트폴리오 평가는 관찰, 면담, 검사, 작품 수집, 과학일지 쓰기 등 앞에서 설명한 모든 방법으로 얻은 결과를 장기간에 걸쳐 모아 둔 자료집을 보고 평가하는 것이다. 포트폴리오 평가는 다양한 평가 방법을 포괄할 뿐 아니라 교사, 또래, 가족과 영유아 자신이 모두 평가 주체가 된다는 점에서 총체적인 평가 방법이다. 특히 과학의 경우 영유아의 직접적인 활동 및 그 과정에 대한 탐구가 강조되므로 포트폴리오가 적절한 평가 방법이라고 할 수 있다. 과학영역의 포트폴리오 평가를 위해서는 영유아에 대한 체계적인 관찰기록과 영유아들이 성취한 과학 활동의 결과물, 활동이나 프로젝트에 대한 보고서, 과학영역의 참여 정도 등에 대한 기록 등을 수집할 수 있다. 과학 활동 결과물 중에는 블록 구조물과 같이 입체적인 작품 샘플은 사진을 찍어서 보관하고, 과학 활동 장면이나 면담 과정 등은 녹음 테이프나 녹화 테이프의 형태로도 만들 수 있다(문연심 · 이화영, 2006).

2) 평가 내용

(1) 과학태도

현대사회에서는 사회와 기술의 모든 영역에 과학이 침투해 있으므로 영유아가 과학 자체와 과학을 하는 것에 대해 긍정적인 태도를 발달시키는 것이 중요하다. 영유아는 과학에 대한 태도를 여러 가지 간접적인 방법을 통해 나타낼 수 있다. 몇 가지 예를 들면 다음과 같다(Martin, 2001).

- 과학적으로 조사하는 데 시간을 많이 보낸다.
- 과학을 즐겁고 신나고 재미있다고 한다.
- 호기심을 말로 나타낸다.
- 영유아교육기관에서 했던 과학을 기관 밖으로 확장한다.
- 영유아교육기관 외부의 과학 활동에 자발적으로 참여한다.
- 박물관, 식물원, 기타 과학과 관련된 공공 기관을 방문한다.
- 과학과 관련된 활동을 더 하고자 한다.
- 과학영역이나 교실에서 동식물을 유치하는 데 적극적인 역할을 수행한다.
- 과학과 관련된 TV 프로그램을 선택하여 시청한다.
- 과학과 관련된 판 게임이나 컴퓨터 게임을 한다.
- 과학과 관련된 책이나 인쇄물을 읽는다.
- 가정에서 과학과 관련된 활동에 참여한다.

태도를 판단하는 것은 주관적인 활동이다. 그러나 과학에 대한 긍정적인 태도를 나타내는 지표 목록을 준비하고, 목록 아래 부분에는 영유아가 목록에 없는 행동을 보일 경우를 대비해서 여백을 남겨 둔다. 영유아가 행동을 나타낼 때마다 각각의 지표 옆에 체크 표를 하거나 날짜를 기입하면 과학에 관한 태도 및 태도의 변화를 알 수 있다.

· · 사례 · · 과학적 태도 평가

요소	평가준거	전혀 아니다	아니다	그저 그렇다	그렇다	매우 그렇다
호기심	1. 질문을 자주 하는가?	1	2	3	4	5
	2. 새로운 대상에 관심을 기울이는가?	1	2	3	4	5
	3. 문제가 있을 때 원인을 찾으려고 하는가?	1	2	3	4	5
적극성	1. 실험이나 활동에 스스로 참여하는가?	1	2	3	4	5
	2. 문제해결에 적극적으로 임하는가?	1	2	3	4	5
	3. 의문 나는 점을 해결하려고 시도하는가?	1	2	3	4	5
솔직성	1. 자신이 예상한 점이나 관찰한 점을 그대로 나타내는가?	1	2	3	4	5
	2. 어려운 점이나 안 되는 점을 그대로 나타내는가?	1	2	3	4	5
	3. 활동결과를 그대로 나타내는가?	1	2	3	4	5
객관성	1. 사물을 자기가 본대로 정직하게 표현하는가?	1	2	3	4	5
	2. 결론을 내릴 때 실험결과를 근거로 하고 있는가?	1	2	3	4	5
	3. 문제해결에 있어서 몇 가지 가능한 해결책을 고려하는가?	1	2	3	4	5
개방성	1. 자기주장에 대한 비판을 수용하는가?	1	2	3	4	5
	2. 실패한 것에 대해서 좌절하거나 의기소침해하지 않는가?	1	2	3	4	5
	3. 한 가지 문제에 대하여 여러 가지 의견을 듣는가?	1	2	3	4	5
비판성	1. 다른 사람의 의견에 대하여 여러 가지 의견을 듣는가?	1	2	3	4	5
	2. 결론을 성급히 내리지 않는가?	1	2	3	4	5
	3. 어떤 주장에 대한 대안을 제시하는가?	1	2	3	4	5
판단유보	1. 결론을 내리기 전에 많은 자료를 찾는가?	1	2	3	4	5
	2. 결론을 성급히 내리지 않는 편인가?	1	2	3	4	5
	3. 확실한 근거를 찾을 수 없는 것은 다시 생각해 보는가?	1	2	3	4	5
협동성	1. 실험활동에 있어서 역할을 맡아서 하는가?	1	2	3	4	5
	2. 소집단 전체의 생각이 드러나는가?	1	2	3	4	5
	3. 실험 후 정리정돈을 같이 하는가?	1	2	3	4	5
끈기성	1. 실험 도중 실패했을 때 반복하여 실험결과를 찾으려 하는가?	1	2	3	4	5
	2. 해결되지 않은 문제는 계속해서 해결하려고 하는가?	1	2	3	4	5
	3. 한 문제가 해결되면 또 다른 문제를 해결하려고 하는가?	1	2	3	4	5

출처: 이경민(2000)

(2) 과학과정

과학과정은 사고하고 탐구하며 문제를 해결하기 위해서 사용하는 모든 것을 말한다. 과학과정에는 관찰, 측정, 분류, 양화, 추론, 예측, 관계, 의사소통, 데이터 해석, 변인조작, 조작적 정의, 가설 설정, 실험 등의 다양한 기술이 포함되지만 영유아가 사용할 수 있다. 영유아도 초보적이긴 하지만 이 중 몇 가지 과학과정 기술을 이용하여 과학사실을 발견할 수 있다. 최근 과정중심의 과학교육의 중요성이 부각됨에 따라 영유아의 과학과정기술은 보다 많은 관심을 받고 있다. 영유아의 과학과정기술을 측정하는 방법으로는 다음 몇 가지가 있다. 첫째, 관찰하는 것이다. 좀 더 형식적인 관찰 평가를 원한다면 관찰 지표를 목록으로 작성한다. 영유아마다 관찰 목록을 한 장씩 준비하고 해당 행동을 나타낼 때마다 체크한다.

사례 과학적 탐구능력 검사

예측하기: 〈비밀장갑〉	1. 장갑 속에 한 가지 이상의 감각을 요구하는 사물을 넣어 묶는다. (나무블록, 천 조각, 클립, 리본, 연필, 나무인형, 나무구슬, 유리구슬) 2. 영유아에게 장갑을 제시한다. 3. 보는 것만으로 장갑에 무엇이 들어 있는지 예측하게 한다. 4. 왜 그렇게 예측했는지 설명하게 한다. 5. 보는 것 외에 장갑 속에 무엇이 들어 있는지 알 수 있는 방법은 무엇이 있는지 묻는다. 6. 감각을 이용하여 장갑 안에 무엇이 있는지 탐색하게 한다. 7. 예측한 내용을 말하게 하고 그 이유를 설명하게 한다.
관찰하기: 〈어떤 점이 있을까?〉	1. 장갑을 열어 내용물을 공개한다. 2. 감각들과 주어진 도구(돋보기)를 이용하여 관찰한다. 3. 관찰한 내용을 이야기한다.
분류하기: 〈나무로 된 것과 아닌 것〉	1. 나무로 만들어진 것과 그렇지 않은 것을 섞어서 제시한다. 2. 제시한 사물들 간의 공통점과 차이점을 이야기하도록 한다. 3. 한 가지 혹은 그 이상의 준거에 의해 분류하여 보도록 한다. 4. 분류한 기준을 설명하게 한다.
측정하기: 〈끈의 길이 측정〉	1. 몇 가지 사물과 사물의 길이를 잴 수 있을 만큼의 동전을 준비한다. 2. 볼펜을 제시하며 볼펜의 길이를 어떻게 측정할 수 있을지 생각한 후에 측정해 보도록 한다. 3. 측정도구와 단위를 이야기한다.
토의하기: 〈요술상자〉	1. 4명의 영유아가 둥근 책상에 서로 마주 보고 앉게 한다. 2. 영유아들에게 물건이 들어있는 요술 상자, 돋보기, 자석, 손전등을 제시한다. 3. 요술 상자 속에 무엇이 들어있는지 함께 알아보도록 한다.

출처: 이경민(2000)

(3) 과학 개념

영유아 과학교육의 목적은 영유아가 과학에 대해 학습하는 것보다는 과학하는 방법을 학습하는 데에 있지만 과학 개념을 습득하는 것을 중요시하는 사회적 분위기가 있음을 부정할 수 없다. 과학 개념의 습득을 평가하는 것은 구두로 이루어질 수도 있고 지필검사를 통해 이루어질 수도 있다. 과학 개념에 대한 성취도 평가는 전체 과학교육 평가의 일부분으로 받아들여져야 한다. 즉, 과학 개념에 대한 성취도에 초점이 주어져서는 안 되며 탐구과정이나 영유아가 과학하는 법을 얼마나 잘 학습하고 있는지에 초점이 놓여야 한다.

사례 과학적 개념 평가

영역	내용	개념이 아주 없음 (비개념)	개념이 어느 정도 있음 (관찰개념)	개념이 있음 (구성개념)	개념이 이론화 되어 있음 (이론개념)
생명과학	1. 영유아는 식물(도물)이 여러 가지 종류가 있다는 것을 안다.	1	2	3	4
	2. 영유아는 살아있는 것(인간, 동물, 식물)은 물, 공기, 영양분, 적당한 온도를 필요로 한다는 것을 안다.	1	2	3	4
	3. 영유아는 살아있는 것은 성장하고 변화한다는 것을 안다.	1	2	3	4
	4. 영유아는 살아있는 것은 서로에게 영향을 주고받는다는 것을 안다.	1	2	3	4
	5. 영유아는 씨앗이 뿌리와 줄기, 잎을 가진 식물로 성장한다는 것을 안다.	1	2	3	4
물상과학	6. 영유아는 물리적인 변화가 외형상으로 변하지만 물질 자체는 같은 상태라는 것을 안다.	1	2	3	4
	7. 영유아는 어떤 물질이 속성까지 변하여 새로운 물질로 만들어질 수 있다는 것을 안다.	1	2	3	4
	8. 영유아는 우리가 살고 있는 이 세계에 다양한 형태의 에너지가 존재한다는 것을 안다.	1	2	3	4

영역	내용	개념이 아주 없음 (비개념)	개념이 어느 정도 있음 (관찰개념)	개념이 있음 (구성개념)	개념이 이론화 되어 있음 (이론개념)
물상과학	9. 영유아는 기계가 다양한 기능을 가지고 있고 분해와 조립이 가능하다는 것을 안다.	1	2	3	4
	10. 영유아는 사람들이 기계를 이용하여 물건을 쉽게 이동할 수 있다는 것을 안다.	1	2	3	4
지구과학	11. 영유아는 지구에는 물, 돌, 흙, 화석 연료 등과 같은 물질이 있다는 것을 안다.	1	2	3	4
	12. 영유아는 지구에 있는 물질은 다른 방식으로 사용될 수 있는 속성이 있음을 안다.	1	2	3	4
	13. 영유아는 물의 무게와 위로 미는 힘이 물체를 뜨게 한다는 것을 안다.	1	2	3	4
	14. 영유아는 지구의 물질 중 물의 형태는 액체이나 조건에 따라 변할 수 있음을 안다.	1	2	3	4
	15. 영유아는 물이 다른 물질을 녹일 수 있다는 것을 안다.	1	2	3	4

출처: 안경숙(2003)

사례 생명에 대한 개념 평가

1. 영유아에게 "왜? 왜 그렇게 생각하는데?"라고 하면서 여러 가지 물건들이 살았는지 죽었는지 질문한다.
2. "해는 살았니? 책상은? 자동차는? 산은? 전등은? 시계는? 종은? 새는? 바람은? 꽃은?"이라고 질문한다.
3. "다음 두 개 중에서 어떤 것이 살아 있는 걸까?", "바람하고 꽃 중에서 어떤 것이 살아 있니?", "비하고 종 중에서 어떤 것이 살았을까?"라고 질문하고 "왜 그렇지?"라고 묻는다.

평가

1. 생명에 대한 개념 없음(No Concept of Life: NG): 살아 있다고 하든지 죽었다고 하든지 같은 기준을 사용함

2. 움직임과 생명을 혼동(Life confused with Movement: Mo/Us): 움직이거나 사람에게 도움이 되면 살아 있다고 함.
3. 자율적으로 움직여야 살아 있음(Autonomous movement makes something alive: AU): 스스로 움직이는 것은 살아있다고 함.
4. 동물과 식물만 살아 있음(Only Animals and Plants are alive: An/Pl): 식물보다 동물이 더 생명이 있다고 생각하지만 식물 역시 살아 있다고 인식함.

	반응	이유	반응
해	예, 아니오	빛을 주니까요	2
책상	예, 아니오	움직이지 않아요. 먹을 수도 없어요.	3
자동차	예, 아니오	혼자서 움직여요.	2
산	예, 아니오	난 알아요.	1
전등	예, 아니오	그건 장식품 같은 거예요. 사람이 만들었어요. 혼자서	4
시계	예, 아니오	움직여요.	1
종	예, 아니오	철로 만들었어요. 말을 못해요.	4
새	예, 아니오	움직이고, 걸어 다니고, 날아요. 먹을 수도 있어요.	4
바람	예, 아니오	물체를 미니까요.	2
꽃	예, 아니오		
비	예, 아니오	물이에요. 말을 하지 못하고 달리지도 못해요. 스스 로 움직이지 않아요.	4

출처: Howe & Jones(1993)

2. 교사에 대한 평가

교사는 대개 평가하는 위치에 있으므로 자신에 대한 평가는 생각하지 않는 경향이 있다. 그러나 평가는 영유아에게만 행하는 것이 아니며 교사 자신에 대한 평가도 필요하다. 영유아에 대한 평가와 더불어 과학학습을 위한 사전 계획과 환경 구성 및 자료의 준비, 교수방법 등을 평가하고, 그 결과를 다음 활동에 반영함으로써 교수활동을 개선시킬 수 있다. 영유아 과학교육과 관련된 교사의 자기평가의 예를 들면 다음과 같다.

사례 교사에 대한 평가

일반적인 과학 활동에 대한 교사의 자기평가

교사 이름:	날짜 :				
	전혀	거의	중간	가끔	항상
• 나는 과학 활동에 대한 연구를 충분히 안다.	①	②	③	④	⑤
• 나는 과학 활동을 일상생활과 관련시켜 제시한다.	①	②	③	④	⑤
• 나는 과학 활동에 대한 준비물을 검토하고 실험방법 및 결과를 바르게 제시한다.	①	②	③	④	⑤
• 나는 과학 활동에 대한 영유아의 선행지식을 고려한다.	①	②	③	④	⑤
• 나는 과학 활동에서 영유아들끼리 공유하고 협력할 수 있는 기회를 정기적으로 제시한다.	①	②	③	④	⑤
• 나는 하나의 과학 활동이 끝나면 교수방법을 반성한다.	①	②	③	④	⑤
의견 :					

과학 활동에 대한 교사의 자기평가 포트폴리오

교사 이름:	날짜 :				
생활주제 : 기계와 도구 과학 주제 : 물시계	과학 활동명 : 물시계 만들기				
	전혀	거의	중간	가끔	항상
• 나는 물시계의 개념을 충분히 이해한다.	①	②	③	④	⑤
• 나는 역사적 지식을 현재와 연결하여 좀 더 일반적인 개념으로 변화시켜 영유아에게 설명할 수 있다.	①	②	③	④	⑤
• 나는 장영실의 물시계 탐구과정에 대하여 영유아가 관심을 갖도록 제시하였다.	①	②	③	④	⑤
• 나는 물시계의 역사적 유래를 설명하면서 영유아의 사고력을 신장시킬 수 있는 기회를 주었다.	①	②	③	④	⑤
• 나는 영유아들이 물시계를 만드는 과정에서 생길 수 있는 질문과 호기심을 표현할 수 있는 분위기를 만들었다.	①	②	③	④	⑤
• 나는 영유아들이 이 단원을 통하여 영유아 자신의 아이디어가 중요하다는 것을 느끼게 하였다.	①	②	③	④	⑤
• 나는 영유아들끼리 각자 만든 물시계에 대해 영유아 자신이 사용하는 시계와 무엇이 같은지/다른지 이야기 나누도록 하였다.	①	②	③	④	⑤
물시계 만들기 활동에서 영유아가 잘한 점은 무엇인가?					
물시계 만들기 활동에서 영유아가 잘못한 점은 무엇인가?					
이 단원을 통하여 앞으로 반성해야 할 점이 있다면 무엇인가?					

출처: 문미옥 외(2000)

·· 사례 ·· 과학영역 운영 평가지

관찰기관: 어린이집, 유치원(만 세)　　　관찰일시: 　.　.　.

과학영역 치여부	구성되어 있다	별도구성					
		다른영역과 통합구성					
	구성되어 있지 않다						
과학영역에 제시된 자료	동물류						
	식물류						
	어류 · 어패류						
	기계류						
	도서 및 그림						
	기타						
과학 활동에 대한 평가	평가를 함	학기별 평가					
		주제별 평가					
		수시로 평가					
	평가하지 않음						
과학영역에 제공된 과학교육 내용	지구과학						
	생물						
	물리						
	화학						
과학적 과정	관찰						
	분류						
	측정						
	가설설정						
	실험						
	해석						
기록방식 및 기록체제	기록방식	실시함	개별				
			집단별				
			기타				
		실시하지 않음					
	기록체제	그림					
		글					
		글+그림					
		기타					
활동결과 확인기간	단시간 내 확인 가능						
	일정 기간이 지난 후 확인 가능						
생활주제 관련 여부	생활주제와 연관됨						
	생활주제와 연관되지 않음						

출처: 김정주(2006)

심층탐구 구성주의 교실에서 과학 평가

구성주의 교사들은 영유아가 어떠한 논리적 능력을 갖고 있으며, 이를 어떻게 생활에 적용하는지에 관심이 있다. 논리적 능력의 발달은 일회적인 사건이 아니라 과정이기 때문에 이들은 교실에서 평가를 계속 진행되는 요소로 여긴다. 즉, 평가는 영유아가 무엇을 알고, 무엇을 행하며, 어떻게 논리적으로 사고하는지, 그리고 교실에서 이루어지는 활동들과 교육적인 실제들이 어떻게 학습을 촉진하거나 방해하는지를 관찰하고 기록하고 해석하는 과정이라는 것이다. 이러한 입장에서 DeVries, Zan, Hildebrandt, Edmiaston, & Sales(곽향림, 허미화, 김선영, 2007)가 제시한 구성주의 교실의 과학 평가 원리와 실제를 살펴보면 다음과 같다.

① 평가를 교실 활동으로 포함한다.

구성주의 교실에서 평가는 교육과정의 내용뿐 아니라 교실에서 일어나는 교육적 실제를 반영한다. 즉, 실제 생활에서 영유아들이 교구 및 또래들과 상호작용하는 방법을 기록하는 것으로부터 영유아들이 사실과 개념을 분석, 종합하고 평가하며 해석하는 과정을 이해하는 것을 포함하는 것이 평가인 것이다. 예를 들어, 요리 영역에서 머핀을 만드는 활동으로부터 측정에 대한 영유아의 이해를 관찰할 수 있다.

② 다양한 출처로부터 평가 증거를 수집한다.

영유아에 대해 다양한 정보가 있을 때 최선의 평가가 이루어질 수 있다. 관찰을 통해 구성주의 교사는 영유아에게 특별한 행동을 요구하거나 일상적인 활동을 중단시키지 않고서도 평가정보를 수집하고 일화기록을 한다. 수의 명칭과 같은 형식적인 지식의 습득 여부를 간편하게 체크리스트로 기록하며, 영유아의 작품(미술, 쓰기, 구조물)이나 작품 사진들도 평가 자료로 활용한다. 녹음기로 대화를 녹음하거나 캠코더로 활동 모습을 그대로 담는다.

③ 체계적인 관찰을 위한 시간을 마련한다.

교사들은 관찰에 시간을 보내는 것에 죄책감을 느끼는 경향이 있지만, 관찰은 영유아의 요구에 반응하는 능력을 향상시켜 주므로 영유아와 상호작용하는 시간만큼이나 중요하다. 구성주의 교사는 관찰 전에 무엇을 관찰할지, 어떤 정보를 원하는지, 어떤 활동에서 영유아의 지식을 가장 잘 입증할 수 있는지, 이러한 정보를 어떠한 방법으로 기록할 것인지 결정한다. 예컨대, 경사면의 높이와 거리의 관계에 관심 있던 교사는 경사로 영역을 관찰하기로 정하고, 영유아가 만든 구조물을 촬영하고, 이들의 행동을 일화기록 했다. 또한 관찰 가능성을 높이기 위해 경사로 옆에 장난감 자동차를 놓았다. 영유아가 경사면 높이와 거리의 관계를 이해했음을 발견하자 부모면담에 활용하기 위해서 포트폴리오를 만들었다.

④ 시간의 경과에 따라 평가한다.

단일한 시점에 기초하여 영유아를 판단하는 것은 불완전하거나 왜곡된 결론을 만든다. 구성주의 교실에서는 시간의 경과에 따라 영유아의 성장을 기록하는 것을 중요시한다. 예를 들어, 교사는 영유아에게 그림자에 관해 표상해 보게 하였다. 처음 그린 그림은 그림자 스튜디오를 장치하고 나서 며칠이 지난 후 완성된 것으로, 친구의 존재와 함께 놀이를 한 것이 강조되어 있었다. 이틀 후 그린 그림은 빛, 화면, 그리고 물체 사이의 관계에 초점이 있었다. 이는 그림자 현상에 대한 영유아의 이해가 증가하고 있음을 보여 주는 증거이다.

⑤ 영유아의 말과 행동을 통하여 영유아의 논리적 능력을 점검한다.

구성주의 교실에서 질문의 진정한 의의는 영유아의 학습을 확인하기 위한 것이기보다는 이들의 사고방식을 알아내는 데에 있다. 교사는 영유아의 질문과 행동에 응하여 개입할 수 있다. 예를 들어, 영유아가 공룡 퍼펫 그림자 만들기 활동을 할 때 공룡의 눈과 이빨을 오려내지 않았다. 스크린에 이것들이 나타나지 않자 놀란 영유아는"선생님은 눈과 이빨을 만들 수 있어요?"라고 말한다. 이는 영유아가 아직 그림자 생성에서 빛의 역할을 완전히 이해하지 못했다는 평가 정보와 더불어 교사의 개입 방향을 제공해 준다. 이와 같이 구성주의 교실에서 평가와 교수는 서로 뒤엉켜 있어 서로 분리하기 어렵다.

⑥ 영유아의 말과 행동을 통하여 교육과정을 점검한다.

구성주의 교사는 교육과정의 목표와 수행기준을 달성하기 위해 영유아의 진보를 기록해야 한다. 영유아의 말과 행동은 교육과정의 요구를 달성하는 데에 최고의 답을 준다. 예를 들어, 구멍의 크기가 다른 세 개의 컵을 이용해 물의 흐름을 관찰하는 활동에서 지수는 구멍이 가장 작은 컵을 맨 위에 놓고, 구멍이 가장 큰 컵을 맨 아래에 놓고 물을 부었다. 이때 물이 빨리 빠져나가지 않자 지수는 활동을 그만두었다. 그러나 윤하가 컵의 위치를 거꾸로 한 후 "지수야, 이것 봐! 아래 컵들에 물이 채워지고 있어." 하면서 물을 붓기 시작했다. 교사는 이러한 윤하의 말과 행동을 지수의 탐색을 지속 · 확장하는 계기로 삼았다.

⑦ 협력적으로 평가한다.

구성주의 교실에서는 교사뿐 아니라 또래, 부모, 그리고 영유아 자신도 평가 과정에 참여한다. 영유아와 친근한 사람들과 함께 기록물을 모으고 토의하는 것은 자료의 해석에 도움이 되기 때문이다. 또한 교사 1인이 영유아들에게 일어나는 모든 학습을 관찰하기는 어려우므로 교실 안의 모든 성인(보조교사, 자원봉사자, 부모)이 관찰에 참여하는 것이 좋다. 일례로 교사가 영유아에게 자신이 그린 그림에 제목을 써 보라고 했을 때 친구들은 교사에게 그 영유아가 이름을 쓰지 못한다는 정보를 주었고, 교사는 그 영유아에게 이름 쓰는 법을 가르쳐주었다. 이와 같이 영유아 자신들도 평가 과정에서 협력자가 되었다.

출처: 곽향림 등(2007)

제4부

영유아 **과학교육**의 **실제**

영유아 과학교육 활동

물상과학	물리	비눗방울 놀이 투명 볼링 고무줄놀이
	화학	휴지를 주물럭주물럭 특별한 핫케이크 물에 섞어보자
	도구와 기계	신기한 체 바퀴야 굴러라 바람개비
생명과학	식물	키 큰 나무 관찰 여러 가지 씨앗 식물 실험실을 만들어요
	동물	누구일까요? 금붕어 관찰 개구리의 일생
	인체	손바닥 발바닥 사슴 예쁜 이, 튼튼한 이 내 성장과정 병풍 책
지구과학	천체	달님 얼굴을 찾아 주세요 나의 별자리 우주 공간 꾸미기
	지질	모래야 모래야 신기한 흙 지진
	기상	산책 가요 화장 솜 구름 눈이 좋아

활동1-1-1 | 물상과학 • 물리

비눗방울 놀이

연 령	영아
과학개념	물상과학 – 물리
활동목표	• 비눗방울에 호기심을 느낀다. • 비눗방울의 움직임에 따라 신체를 조절해 본다.

활동준비

- 비누 액: 구입할 수도 있지만 직접 만들어 쓸 수 있는 방법도 여러 가지이다.
  - 주방세제와 글리세린을 1:2 정도로 섞어 만든다.
  - 주방세제에 물풀을 섞어서 만든다.
  - 주방세제에 물을 약간 넣고 물엿을 작은 스푼 하나 넣어 잘 저어서 만든다.

※ 방울이 크고 잘 안 터지게 하려면 설탕을 약간 첨가한다.

- 불대: 구입할 수도 있지만 다음과 같이 만들어 쓸 수도 있다.
  - 빨대 끝에 가위집을 세 번 정도 넣어 끝을 벌려 준다.
  - 나무젓가락 끝에 철사나 볼펜 스프링을 동그랗게 구부려 매단다.

활동과정

- 실외에서 비눗방울을 불어 비눗방울을 관찰한다.
  - 비눗방울이 점점 많아지네.
  - 비눗방울이 둥둥 떠다니네.
  - 비눗방울이 '톡' 하고 터졌구나.
- 비눗방울을 영아의 키에 맞춰 낮게 불어서 영아가 잡아 보게 한다.
  - 손으로 비눗방울을 잡아 볼까?
  - 비눗방울이 손에 닿으니까 사라져 버렸네.
- 음악에 맞춰 비눗방울의 움직임을 따라가 본다.
  - 비눗방울이 어느 쪽으로 날아갔지?
  - 비눗방울이 날아간 곳으로 우리도 함께 가 볼까?
- 비눗방울을 영아의 입 앞에 대 주고 '후~' 하고 불어 보도록 한다.
  - 선생님처럼 '후~' 하고 불어 볼까?

심층 탐구 비누의 거품은 왜 흰색일까요?

비눗방울 놀이를 할 때 비누거품은 투명하지만 무지개같이 여러 색깔이 반짝반짝 하는 것으로 보인다. 그러나 작은 비누 거품은 왜 흰색으로 보일까? 이는 비누의 색이 하얗기 때문이 아니라 비누의 자잘한 거품 알갱이들이 빛을 산란시키기 때문이다. 즉, 흰색은 거품의 색이 아니라 산란의 색이다. 산란은 기본적으로 프리즘과 비슷한 역할을 한다. 빛을 퍼뜨림으로써 스펙트럼이 갈라져 보이게 하는 것이다. 그런데 비누거품이 너무 작을 때에는 이 갈라진 스펙트럼이 충분히 나뉘어져 색을 내지 못하고 우리 눈에 한꺼번에 들어오게 된다. 이때는 다시 합쳐져 흰빛을 내게 된다. 이것은 원래 비누의 색이 어떤 색깔이었는지와는 전혀 관련이 없는 것이다. 따라서 비누가 흰색이라서 흰 거품이 나오는 것은 아니다.

그렇다고 해도 파란 비누나 빨간 비누는 색소를 넣어 만든 것일 텐데 어째서 그 색소의 색이 거품에 나타나지 않는 것일까? 이것은 비누가 잘 퍼지는 성질과 관련이 있다. 비누거품은 아주 적은 양의 비누로도 매우 넓게 만들 수 있다. 즉, 비누가 매우 잘 퍼지기 때문에 비누거품 속에 들어있는 비누의 양은 상대적으로 매우 적다. 매일같이 세수를 하고 목욕을 해도 주먹 만한 크기의 비누를 다 쓰는 데에는 상당히 오랜 시간이 걸린다는 점을 생각하면 비누가 적은 양으로 얼마나 많은 거품을 내는지 상상할 수 있다. 비누의 색을 내기 위해 넣는 색소는 덩어리째 보았을 때 색이 나도록 하기 위한 것이다. 따라서 그다지 많은 양이 들어가지 않는다. 더구나 이것이 희석되어 거품이 되면 그 양은 더욱 줄어들게 된다. 따라서 거품 속의 색소의 양은 거의 무시할 수 있는 정도라고 해도 좋다. 그러므로 비누의 색과 무관하게 거품은 항상 흰색을 띠는 것이다.

출처: www.scienceall.com

활동1-1-2 | 물상과학 • 물리

투명볼링

연 령	만 2세(31~36개월)
과학개념	물상과학 - 물리
활동목표	• 공을 굴려서 페트병을 쓰러뜨린다. • 페트병을 잘 쓰러뜨리기 위한 방법을 탐색한다.

활동준비

- 공
- 빈 페트병 10개

활동과정

- 공을 굴려서 페트병을 쓰러뜨린다.
  - 페트병이 몇 개가 쓰러졌지? 모두 몇 개가 남았니?
- 페트병의 배열을 바꾸어서 쓰러뜨려 본다.
  - 한 줄로 배열하기
  - 두 줄로 배열하기
  - 한데 모아 놓기
- 활동 결과에 대해 이야기를 나눈다.
  - 어떻게 하니까 페트병이 제일 많이 쓰러졌니?
  - 페트병을 더 쉽게 쓰러뜨릴 수 있는 방법은 없을까?

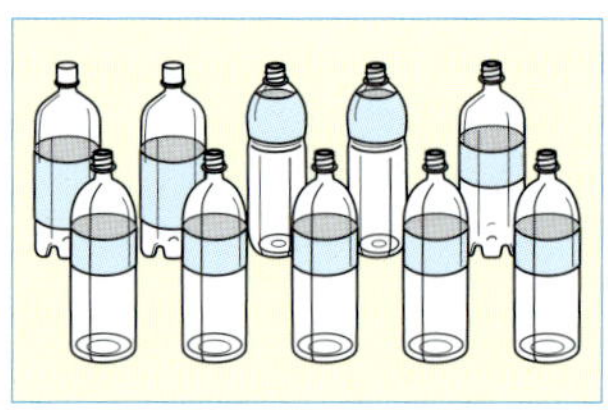

참 고

- 페트병이 잘 쓰러지지 않거나 영아가 공을 굴리기 어려워하면 바닥에 훌라후프를 놓고 그 안에 페트병을 세운 후 공을 던지게 한다.
- 페트병이 너무 쉽게 쓰러지면 안에 모래나 물을 조금 넣는다.
- 확장활동으로 큰 공을 이용해서 페트병을 쓰러뜨려 본다.

활동1-1-3 | 물상과학 · 물리

고무줄놀이

연 령 만 5세

과학개념 물상과학 – 물리

활동목표
- 물체에 따라 고무줄에 튕겨 나가는 거리가 다름을 경험한다.
- 튕기는 방법에 따라 물체가 다르게 날아감을 실험한다.
- 고무줄과 실의 탄성이 다름을 발견한다.

활동준비
- 고무줄
- 짧고 굵은 막대: 예 파마 말이
- 다양한 물체: 스티로폼 공(지름 3cm), 바둑돌, 유리구슬, 윷

활동 1
- 고무줄과 재료들을 탐색한다.
  - 고무줄을 잡아보고 늘였다 놓아 본다.
  - 물체들의 모양, 무게 등을 느껴 본다.
- 막대 2개에 고무줄 1개를 연결하여 묶고, 다양한 물체를 튕겨 본다.
  - 바둑돌은 잘 튕겨 나가지 않고 바닥에 떨어졌어요.
  - 윷은 이만큼 날랐어요.
- 막대 2개에 고무줄 2개를 연결하고, 공을 튕겨본다(바둑돌, 윷 등은 치우고 공으로 통일).
  - 좀 전에 고무줄 하나로 할 때보다 멀리 튕겨 나가요.
  - 고무줄 위로 공을 굴려 보고 싶은데 자꾸 공이 고무줄 사이로 빠져요.
- 고무줄 2개의 폭을 좁혀 본다.
  - 이제 공이 안 빠지고 잘 굴러가요.
- 2개의 고무줄을 하나로 꼬아 본다.
  - 공이 높이 튀어 올라가요.

활동 2

- 고무줄 하나는 느슨하고 하나는 팽팽하게 하고 그 위에 구슬을 놓는다.
  - 구슬이 자꾸 빠져요.
  - 어떻게 하면 구슬이 빠지지 않고 굴러가게 할 수 있을까?
  - 이쪽 고무줄을 이렇게(팽팽하게) 잡아당기면 돼요.
- 두 고무줄을 팽팽하게 한 후 구슬을 끼워서 세로로 들어본다.
  - 이것 봐요. 구슬이 안 떨어져요.
- 두 고무줄을 팽팽하게 한 후 구슬을 세게 튕겼다 약하게 튕겼다 한다.
  - 살살 튕기니까 구슬이 멀리 안 가요.
- 고무줄 대신 털실을 연결한다.
  - 구슬이 안 튕겨 나가요.
  - 털실은 구슬을 잡아 주지도 못해요. 고무줄은 꼭 잡아 주는데.
  - 털실은 왜 안 되는 거죠?

참 고

- 처음에는 다양한 물체를 튕겨 보게 하지만 고무줄을 튕기는 방법을 실험할 때에는 물체를 스티로폼 공으로 통일해 준다.
- 고무줄과 실을 비교하는 활동 2에서는 유아가 고무줄을 조절해 볼 수 있도록 스티로폼 공 대신 유리구슬을 제공한다.

고무줄놀이 통해 유아가 구성한 과학적 지식은

- 고무줄은 팽팽하다.
- 고무줄은 물건을 튕겨 나가게 할 수 있다. 그러나 실은 안 된다.
- 고무줄은 유리구슬이나 스티로폼 공을 안 떨어지게 잡아 준다. 그러나 털실은 안 된다.
- 스티로폼 공은 잘 튕겨 나가고 잘 굴러간다. 그러나 유리구슬은 잘 안 된다.
- 고무줄을 두 줄로 하면 한 줄로 할 때보다 더 잘 튕겨 나간다.
- 고무줄을 꼬아서 튕겨 보면 더 잘 된다.

활동1-2-1 | 물상과학 • 화학

휴지를 주물럭주물럭

연 령 영아

생활주제 물

과학개념 물상과학 – 물리

활동목표
- 휴지를 물에 넣었을 때의 변화를 관찰한다.
- 휴지와 물의 양에 따른 농도의 변화를 경험한다.

활동준비
- 휴지
- 미지근한 물과 투명한 그릇
- 물을 사용하는 활동이므로 책상에 비닐을 깐다.

활동과정
- 자유롭게 휴지를 뜯어서 물에 넣어 본다.
  - 한(몇) 칸씩 펼쳐서 넣기 / 뭉쳐서 넣기 / 잘게 찢어서 넣기 / 한 통 다 넣기
- 휴지의 변화를 관찰한다.
  - 휴지가 물에 뜨네.
  - 휴지가 색깔이 없어졌지?

- 휴지와 물의 양을 조절하면서 변화를 관찰한다.
  - 휴지를 주물러 봐. 느낌이 부드럽지?
  - 휴지를 더 넣어 볼까? 물이 걸쭉해졌네.
  - 이번엔 물을 더 넣어 볼까? 다시 묽어졌네.
- 휴지에서 물을 짜낸다.
  - 휴지를 손에 넣고 꼭 쥐어 볼까? 물이 빠지고, 휴지가 뭉쳐졌어.
  - 이걸로 무엇을 만들어 볼까?

참 고 영아가 휴지에서 물을 짜기 어려워하면 체로 휴지를 건져 올리며 흔들어서 물을 뺀 후 손으로 짜 보게 할 수 있다.

활동1-2-2 | 물상과학 • 화학

특별한 핫케이크

연　령	만 4세
생활주제	모양
과학개념	물상과학 – 화학
활동목표	• 재료를 섞어서 반죽의 농도를 조절한다. • 반죽이 열에 의해 변화하는 과정을 관찰한다.

활동준비

- 핫케이크 가루, 버터
- 흰 우유, 초코 우유, 초콜릿
- 수저, 거품기, 국자, 전기 프라이팬
- 모양 틀:쿠킹호일을 접어서 세모, 네모 등의 틀을 만든다.

활동과정

- 핫케이크를 만들 계획을 세운다.
  - 핫케이크 요리 순서도와 재료를 본다.
  - 선생님은 초코 맛 나는 핫케이크를 먹고 싶은데 어떻게 하면 될까?
    초콜릿을 부숴서 넣어요. / 흰 우유 말고 초코 우유를 써요.
  - 모양도 색다르게 만들 수는 없을까?
    나는 세모난 모양으로 만들고 싶어요.
- 재료를 섞으면서 변화를 관찰한다.
  - 흰자와 노른자를 휘젓는다.
  - 투명한 부분이 없어졌네. / 작은 거품도 생겼어요.
  - 계란, 핫케이크 가루, 우유를 섞는다.
  - 너무 빡빡하다. 우유를 좀 더 넣을까?
  - 초코 우유를 넣으니까 반죽 색깔이 진해졌어.
- 핫케이크 반죽을 전기 프라이팬에 부친다.
  - 버터가 녹아서 물처럼 되었네.

- 프라이팬에 모양 틀을 올려놓고 핫케이크 반죽을 붓는다.
- 반죽에 기포가 생기면 뒤집는다.

• 핫케이크 만든 경험을 이야기하면서 맛있게 먹는다.

참 고 프라이팬에 데지 않도록 주의한다.

활동1-2-3 | 물상과학 • 화학

물에 섞어보자

연 령 만 5세

과학개념 물상과학 – 화학

활동목표
- 물에 여러 물체를 섞고 그 변화를 관찰한다.
- 물과 섞이는 물질과 섞이지 않는 물질이 있음을 이해한다.

활동준비
- 큰 그릇에 담은 물
- 투명한 컵 4개
- 식용유, 세제, 밀가루, 설탕
- 나무젓가락
- 수건

활동과정
- 식용유, 밀가루, 설탕, 세제 등을 물에 섞으면 어떻게 될지 예측한다.
  - 물에 섞으면 어떻게 될까?
  - 왜 그렇게 생각하니?
- 식용유, 밀가루, 설탕, 세제 등을 물에 섞어 본다.
  - 어떻게 하면 잘 섞게 할 수 있을까?
  - 젓가락으로 휘휘 저어 보아요.
  - 물을 더 넣어요.
  - 물컵을 흔들어 보아요.
- 물에 섞었을 때의 변화를 관찰한다.
  - 물에 다 섞인 것은 무엇이니?
  - 밀가루를 섞은 물은 색깔이 어떻게 변했니?
  - 가루비누에서는 무엇이 생겼지?
  - 기름은 어떻게 되었지?
- 실험결과를 기록한다.

참 고

- 유아들이 먹지 않도록 주의한다.

섞어보자	어떻게 변했나?	왜 그렇게 되었을까?
 물 + 식용유		
 물 + 밀가루		
 물 + 설탕		
 물 + 세제		

활동1-3-1 | 물상과학 • 도구와 기계

신기한 체

연 령 만 4세

생활주제 가을

과학개념 물상과학-도구와 기계

활동목표
- 체를 이용하면 물체를 효율적으로 분류할 수 있을 경험한다.

활동준비
- 곡물 3~4가지: 조, 쌀, 콩, 대추 등 크기의 차이가 뚜렷한 것
- 눈의 크기가 다른 체 3~4가지: 상업용품보다 일상용품 이용
  (예 거즈, 꽃 싸는 망, 과일 싸는 망, 부엌에서 쓰는 체, 석쇠)
- 투명 볼, 접시, 국자, 깔때기(페트병을 뒤집어서 자른 것) 등

활동과정

- 혼합된 곡물을 같은 곡물끼리 손으로 분류한다.
  - 좁쌀은 너무 작아서 손가락으로 집기가 힘들어요.
- 깔때기에 곡물들을 부어 본다.
  - 깔때기 구멍이 너무 커서 곡물이 다 빠져나왔어요.
  - 그럼, 깔때기보다 구멍이 작은 것을 사용하면 될까?
- 다양한 체를 관찰한다.
  - 이런 것을 본 적이 있니? 무얼 할 때 쓰는 거니?
    부엌에서요. / 과일 싸는 거예요. / 김 구울 때 써요.
- 다양한 체를 이용하여 같은 것끼리 나누어 본다.
  - 큰 곡물은 체도 큰 걸 쓰고 작은 곡물은 작은 체를 써야 할 것 같아요.
  - 구멍보다 작은 것은 아래로 빠지고 큰 것은 위에 남아요.
- 주변에서 체의 원리를 사용하는 상황에 대해 이야기한다.
  - 조리로 쌀을 씻을 때 / 공사장에서 모래와 흙을 분리할 때
    / 그물로 고기를 잡으면 새끼 물고기는 빠져나가고 큰 물고기만 남음

참 고
- 활동 전에 반드시 곡물 입자의 크기와 체의 눈의 크기가 맞는지 확인한다.

활동1-3-2 | 물상과학 · 도구와 기계

바퀴야 굴러라

연 령 만 5세

생활주제 교통 기관

과학개념 물상과학-도구와 기계

활동목표
- 바퀴의 구르는 속성을 탐색한다.
- 바퀴를 이용한 탈것을 만든다.

활동준비

- 「돌돌이와 바퀴」(이경우 · 이정환, 창지사)
  융판동화: 수레에 여러 가지 모양의 바퀴를 붙였다 뗐다 할 수 있게
- 롤러-2.5cm와 5cm 지름의 PVC 파이프를 35cm 정도 길이로 자르고 절단면을 사포로 다듬는다. 충분한 개수를 준비한다.
- 널빤지(25×65cm 정도)
- 상자(유아가 들어가 앉을 수 있는 크기- 예 라면 박스)
- 끈, 테이프, 가위

활동과정

- 동화 「돌돌이와 바퀴」를 읽고 이야기를 나눈다.
  - 걸어갈 때와 자전거를 탈 때의 차이를 이야기해 보자.
  - 우리 주변에 바퀴가 있는 물건들을 말해 보자.
  - 어떤 모양의 바퀴가 제일 잘 굴러갈까? 왜 그럴까?
  - 바퀴의 개수는 몇 개일까?

- 롤러를 자유롭게 탐색한다.
  - 롤러 여러 개를 나란히 놓고 굴려 본다.
  - 롤러를 한 발로 움직여 본다.
  - 롤러에 올라가 균형을 잡아 본다.
- 롤러 위에 널빤지를 얹고 널빤지를 멀리 보내는 방법을 실험한다.
  - 굵기가 다른 롤러를 사용하면 널빤지가 미끄러진다.
  - 굵기가 같은 롤러를 사용하면 널빤지가 잘 굴러간다.

- 롤러를 많이 배열하면 널빤지가 멀리 간다.
- 널빤지나 상자를 이용해서 탈것(퀵보드, 자동차, 수레)을 만든다.
  - 바퀴가 있는데 왜 잘 움직이지 않는 것일까?
  - 롤러 구멍 속에 끈을 관통시킨 후 몸체(상자나 널빤지)에 붙인다.
  - 탈것에 세부 장식을 덧붙여 완성한다.

참 고

- 롤러를 제시할 때 상자에 담은 롤러를 바닥에 쏟으면 롤러가 큰 소리를 내면서 굴러가므로 유아가 자연스럽게 관심을 갖는다.
- 테이프, 끈, 상자는 처음부터 제시하기보다 롤러의 속성을 충분히 탐색한 이후 제공하는 것이 좋다.
- 탈것을 만들 때 유아는 처음에는 몸체에 직접 붙이지만 바퀴가 몸체에 붙어서 움직이지 않는 것을 곧 발견하게 된다. 이때 병행놀이를 하듯 "선생님은 이 끈으로 해 봐야지."라고 하거나 끈을 눈에 잘 띄는 곳에 놓아 준다.

● 돌돌이와 바퀴 ●

돌돌이는 집을 짓기 위해 돌을 옮기는 일이 너무 힘들었다. 그래서 어떻게 하면 힘들이지 않고 한꺼번에 많은 돌을 옮길 수 있을까 생각하다가 수레를 만들기로 했다. 그런데 수레가 움직이지 않자 수레에 바퀴를 달기로 했다. 먼저 세모난 바퀴를 달았는데 수레는 잘 굴러가지 않았다. 네모난 바퀴를 달아도 수레는 잘 움직이지 않았다. 이번에는 동그란 바퀴를 달자 조금만 힘을 주었는데도 수레가 잘 굴러갔다.

활동1-3-3 | 물상과학 • 도구와 기계

바람개비

연 령 만 5세

과학개념 지구과학-도구와 기계

활동목표
- 바람을 이용한 도구와 기계를 알아본다.
- 바람을 이용한 도구와 기계를 알아본다.

활동준비

- 풍차, 돛단배, 연 등의 사진이나 그림
- 바람개비

활동과정

- 바람과 바람을 이용한 도구에 대해 소개한다.
  - 공기가 움직이는 것을 바람이라고 한단다. 바람을 본 적이 있니?
  - 바람은 눈으로 볼 수 없지만 바람이 하는 일은 많단다.

  예 빨래가 날림 / 깃발이 펄럭임 / 물결이 출렁임 / 머리카락이 나부낌
  - 바람을 이용한 도구를 알아본다.

  예 풍차 / 돛단배 / 연
- 바람개비를 여러 가지 방법으로 돌려본다.
  - 바람개비 날개(색종이)를 손으로 돌린다.
  - 바람개비 대(수수깡)를 손으로 비빈다.
  - 부채 / 선풍기, 입으로 바람개비를 돌린다.
  - 교실을 돌아다니며 바람개비를 돌린다.
- 바람개비를 가지고 실외로 나간다.
  - 밖에 나오니까 바람개비가 저절로 돌아가요.
  - 걸어가니까 바람개비가 빨리 돌아가요.
  - 바람이 부니까 바람개비가 더 빨리 돌아가요.

- 바람개비를 들고 뛰어 보자.
- 바람이 부는 방향 / 반대 방향으로 달려 볼까?

참 고

- 색종이, 수수깡, 실 핀, 가위 등으로 유아가 직접 바람개비를 만들 수 있다.

활동2-1-1 | 생명과학 · 식물

키 큰 나무 관찰

연 령 영아

생활주제 가을

과학개념 생명과학–식물

활동목표
- 주변 나무에 관심을 갖는다.
- 나무의 특징을 거울을 통해 자세히 관찰한다.

활동준비 나무, 거울

활동과정
- 정원, 인근 공원으로 나간다.
- 여러 가지 나무를 탐색한다.
  - 큰 나무 둘레를 팔로 감아보기
  - 나무의 촉감을 느끼기
  - 떨어진 나뭇잎을 주어 보기
  - 나무의 키를 비교하기
- 키 큰 나무를 거울로 자세히 관찰한다.
  - 거울을 위로 향해서 볼 수 있도록 해 준다.
  - 반대로 아래를 향해 놓고 보도록 해 준다.
- 교실로 들어와 활동 결과를 이야기 나눈다.

참 고
- 거울을 이용하면 높은 곳의 나무를 가깝게 볼 수 있고, 나무 주변의 땅 모습도 재미있게 볼 수 있다.
- 거울은 영아들에게 맡기지 말고 교사가 관리한다.

활동2-1-2 | 생명과학 • 식물

여러 가지 씨앗

연 령	만 4세
생활주제	봄
과학개념	생명과학–식물
활동목표	• 씨앗의 모양, 크기, 색깔 등을 관찰한다. • 씨앗을 통해 생명의 경이로움을 느낀다.

활동준비

- 씨앗 5가지 정도: 모양과 크기, 색깔의 차이가 뚜렷한 것
  (예 강낭콩, 옥수수씨, 봉숭아씨 등)
  씨앗을 종류별로 용기에 담고, 각각의 용기에는 씨앗의 이름이나 씨앗이 자라서 되는 식물의 사진을 붙여 둔다.
- 돋보기, 종이, 그림 도구, 셀로판테이프

활동과정

- 여러 가지 씨앗을 탐색한다.
  - 손으로 만져 보고 촉감과 소리를 즐긴다.
  - 돋보기를 이용하여 씨앗의 특징을 자세히 관찰한다.
- 씨앗을 관찰한 결과를 이야기 나눈다.
  - 제일 큰 / 작은 씨앗은 어떤 것일까?
  - 색깔 / 모양이 같은 씨앗들은 어떤 것일까?
- 각각의 씨앗이 자라서 된 모습(사진 자료)을 보고 이야기 나눈다.
  - 씨앗이 자라서 식물이 된 모습에 따라 분류해 볼까?

  예 키 큰 식물과 작은 식물 / 꽃씨와 채소씨 / 열매 있는 것과 없는 것 / 꽃의 색

- 씨앗이 자란 모습을 상상하고 그림을 그린다.
  - 종이 밑부분에 땅을 그리고 씨앗을 셀로판테이프로 붙인다.
  - 꽃이나 줄기 등 나머지 부분은 그림으로 완성한다.

참 고

- 씨앗을 종류별로 빈 통에 담아 악기(마라카스)를 만들고 소리를 비교할 수 있다.

● 여러 가지 씨앗의 특징 ●

	강낭콩	수세미	옥수수	벼	봉숭아
씨앗					
씨앗 모양	크고 갸름하면서 통통함	납작하며 표주박 모양임	둥글면서 한쪽은 모가 나있음	길쭉하고 통통하며 꺼칠꺼칠 함	작고 표면이 꺼칠꺼칠함
씨앗 색깔	자주색	검은색	대개 노란색이지만 종자에 따라 자주색도 있음	황토색	검은색
식물					

출처: http://primary.edupia.com

활동2-1-3 | 생명과학 • 식물

식물 실험실을 만들어요

연 령 만 5세

생활주제 봄

과학개념 생명과학–식물

활동목표 • 식물이 자라는 데에 필요한 것들을 실험을 통해 알아본다.

활동준비

- 같은 종류의 식물 화분 4개
- 투명 비닐봉투, 검은색 비닐봉투, 물 조리개, 관찰 기록지, 사진기

활동과정

- 식물이 자라려면 무엇이 필요할지 이야기 나눈다.
  - 우리가 밥을 먹어야 키가 크듯이 식물이 자라려면 무엇이 필요할까?
  - 물, 햇빛, 공기, 이것들이 모두 필요할까?
  - 정말 햇빛이 없으면 식물이 살 수 없을까?(공기, 물도 반복)
- 실험 방법에 대해 유아와 이야기 나눈다.
  - 어떻게 하면 물 / 햇빛 / 공기를 없게 할 수 있을까?(실험 조건)
  - 물: 화분에 표시를 하고 물을 주지 않는다.
  - 햇빛: 화분에 검은 비닐을 씌운다.
  - 공기: 화분에 투명 비닐을 씌우고 고무줄로 묶는다.
  - 물을 누가 주기로 할까?(유아 한 명이 책임 / 당번제 / 교사)
  - 어떻게 주기로 할까?(시간대 / 며칠마다)
- 화분 4개를 실험 조건을 표시한 후 창가에 나란히 놓는다.
- 관찰 일지를 쓰고 10일 정도 지난 후 화분들을 비교한다.

참 고

- 실험 시작한 날, 중반, 마친 날 사진을 찍어서 비교하면 효과적이다.

활동2-2-1 | 생명과학 • 동물

누구일까요?

연 령 영아

생활주제 동물

과학개념 생명과학-동물

활동목표
- 동물의 특징에 관심을 갖는다.
- 동물의 일부분을 보고 전체 모습을 연상한다.

활동준비

- 동물 카드 5종:동물마다 전체 그림 1장과 부분 그림 1장의 세트로 구성

  전체 그림: A4 용지에 동물 전체 모양을 그린다.

  부분 그림: 전체 그림 위에 OHP 필름을 놓고 동물의 특징적인 부분(예 귀, 코)만을 그린다.

활동과정

- 동물원에 다녀온 경험을 이야기한다.
  - 동물원에서 어떤 동물을 보았니?
  - 그래, 귀가 큰 토끼, 목이 긴 기린, 코가 긴 코끼리를 보았구나.
  - 호랑이는 어흥, 소는 음매, 오리는 꽥꽥 울었어.
- 부분 그림 카드를 보고 무슨 동물인지 말한다.
  - 귀가 이렇게 생겼고 깡충깡충 뛰는 동물은 무엇일까?
- 부분 그림 카드와 전체 그림 카드를 겹쳐 본다.
  - 그림이 안 맞네. 코끼리가 아닌가 봐. 다른 카드를 찾아보자.
  - 이제 딱 맞아. 그래, 당근을 좋아하는 토끼란다.

참 고

- 연관활동으로 동물 울음소리를 들려주고 무슨 동물인지 알아본다.
  - 무슨 동물의 울음소리이지? 그래, 무서운 호랑이 소리란다.

활동2-2-2 | 생명과학 • 동물

금붕어 관찰

연 령	만 4세
생활주제	동물
과학개념	생명과학-동물
활동목표	• 금붕어의 특성을 관찰하고 그림으로 표현한다. • 생명의 소중함과 동물을 사랑하는 마음을 기른다.

활동준비

- 어항, 수초, 모래와 자갈, 물고기 사료
- 금붕어 2~3마리
- 종이(좌우로 반으로 접는다)
- 그림 도구
- 물고기 기르기에 관한 그림책

활동과정

- 금붕어의 모습을 상상해서 그린다.

  반으로 접은 종이 왼쪽 면에 그리게 한다.
- 어항 속의 금붕어를 관찰한다.
  - 금붕어가 어떻게 헤엄을 치는지 살펴보자.
  - 금붕어가 지금 물을 먹고 있는 걸까 숨을 쉬고 있는 걸까?
  - 금붕어는 무엇을 먹을까? 먹이는 어떻게 주어야 할까?
- 금붕어를 관찰하면서 그림으로 그린다.
  - 반으로 접은 종이 오른쪽 면(금붕어 관찰 전 상상해서 왼쪽 면에 그린 그림은 안 보이는 상태임)에 그리게 한다.
- 종이를 펼쳐서 상상해서 그린 금붕어(왼쪽)와 관찰해서 그린 금붕어(오른쪽)를 비교한다.
  - 안 보고 그린 금붕어와 보고 그린 금붕어가 무엇이 다르니?

참 고

- 금붕어를 기를 때 어항 속에 손을 넣어 금붕어를 만지지 않도록 한다.
- 당번을 정해서 적당한 양의 먹이 주는 일을 해 본다.

금붕어를 상상해서 그려 보세요.	금붕어를 관찰하면서 그려 보세요.

활동2-2-3 | 생명과학 · 동물

개구리의 일생

연 령 만 5세

생활주제 동물

과학개념 생명과학-동물

활동목표
- 개구리의 성장 과정을 이해한다.
- 생명에 대한 호기심과 신비감을 느낀다.

활동준비

- 개구리 성장과정 동영상
  예 http://down.edunet4u.net/KEDLAA/40/D4/0/D40400090A.swf
- 게임 판:연못 배경으로 만든다.
- 주사위:숫자 대신 점(●)으로 표시하고 옆에 개구리의 성장 단계를 그린다.
  예 ●알 / ●●올챙이 / ●●● 뒷다리
- 말:개구리 모양으로 만들고 색깔로 구별한다.
- 동물과 새끼에 대해 이야기를 나눈다.
  - 어렸을 때와 컸을 때 부르는 이름이 다른 동물은 무엇이 있을까?
  - 그럼 개구리는 어렸을 때 뭐라고 부르지?
  - 개구리나 올챙이를 본 적이 있니?
- 동영상을 통해 개구리의 성장 과정을 알아본다.
  - 개구리알은 어떻게 생겼더라?
  - 올챙이는 어떤 다리가 먼저 나왔지?
- 판 게임을 한다.
  - 순서를 정하고 말을 하나씩 갖는다.
  - 주사위를 던져서 나온 점(●)의 개수 만큼 말을 움직인다.
  - 먼저 도착한 유아가 이긴다.

참 고

● 돌돌이와 바퀴 ●

개구리의 일생
알 → 올챙이 → 뒷다리 → 앞다리 → 개구리

개구리의 알은 포도알처럼 미끈거린다. 물속에 2주 정도 있으면 알에서 올챙이가 나오고 올챙이는 긴 꼬리를 흔들면서 헤엄을 치고 다닌다. 올챙이가 된 지 20일 정도가 되면 뒷다리가 나오고 또 10일 정도 지나면 앞다리가 나온다. 다리가 나오면서 꼬리는 짧아지고, 물 위로 올라올 수 있게 아가미가 사라지면서 허파가 생겨난다. 물고기는 아가미로 숨을 쉬기 때문에 물속에만 있는데, 개구리는 허파가 있어서 물 위에도 있을 수 있다.

활동2-3-1 | 생명과학 • 인체

손바닥 발바닥 사슴

연 령 영아

생활주제 나

과학개념 생명과학-인체

활동목표
- 손과 발의 모양을 인식한다.
- 동물(사슴)의 생김새에 관심을 갖는다.

활동준비
- 다양한 색상의 종이: 예 색종이
- 배지: A4 용지 크기의 검은색 종이
- 가위, 풀, 사인펜

활동과정
- 색지에 영아의 손과 발의 본을 뜨고 가위로 오려 준다.
  - 두 손을 꼭 펴서 빨간 종이 위에 놓아 볼래?
  - 선생님이 세진이 손 / 발을 그려 줄 테니까 움직이지 말고 가만히 있자.
- 오려낸 '손'과 '발'을 관찰한다.
  - 이건 발일까? 손일까?
- 검은색 배지에 '발'을 붙인 후 양쪽에 '손'을 붙인다.
- 완성된 모습을 보고 무엇인지 추측한다.
  - 무슨 동물일까? 그래, 사슴이구나.
- 눈, 코, 입을 만들어 사슴 얼굴을 완성한 후 전시한다.

참 고
- 풀로 붙이는 것을 어려워하면 교사가 풀을 칠해 주고 영아가 붙이게 한다.
- 손바닥을 약간 기울여서 붙여야 뿔 모양이 나온다.

활동2-3-2 | 생명과학 • 인체

예쁜 이, 튼튼한 이

연　　령 만 3세

생활주제 건강

과학개념 생명과학-인체

활동목표
- 이에 좋은 음식과 이를 상하게 하는 음식을 구별한다.
- 이를 건강하게 유지하는 습관을 기른다.

활동준비
- 그림 카드: 이에 좋고 나쁜 음식이나 습관 카드(예 사탕, 양치질)
- 비밀 상자와 그림 카드 보관함
- 게임 판 2개: 부직포로 나무를 만들고 군데군데 보실이를 붙인다.
- 사과: 부직포로 만들고 뒷면에 까실이를 붙인다.

활동과정
- 이의 중요성에 대해 이야기를 나눈다.
  - 이가 없으면 어떻게 될까?
  - 이가 아팠던 적은 없니?
- 게임을 통해 이를 건강하게 하는 방법을 알아본다.
  - 비밀 상자에서 그림 카드를 꺼내서 이를 건강하게 하는 음식이나 습관이 나오면 나무에 사과를 하나 붙인다.
  - 사과가 많이 붙은 쪽이 이긴다.

참　　고
- 그림 카드 내용 외에도 이를 건강하게 할 수 있는 방법들을 알아본다.

활동2-3-3 | 생명과학 • 인체

내 성장과정 병풍 책

연 령 만 5세

생활주제 나

과학개념 생명과학–인체

활동목표
- 성장함에 따라 생김새가 변화하고 하는 일도 달라짐을 이해한다.
- 병풍 책을 통해 나의 성장과정을 표상한다.

활동준비

- 나의 성장과정 사진:초음파 사진(없으면 배 속 아기 모습을 그리게 한다), 출생 사진, 백일 사진, 돌 사진, 유치원 입학 무렵 사진, 현재 사진 등
- 종이, 그리기 도구, 가위, 풀

활동과정

- 유아들이 집에서 가져온 사진들을 보며 이야기 나눈다.
  - 엄마 배 속에서 처음 나왔을 때 나는 얼마나 작았을까?
  - 걸을 수 있기 전에 나는 어떻게 이동했을까?
- 종이를 지그재그로 연결하여 병풍 책을 만든다.
- 성장과정의 순서대로 사진을 병풍 책에 붙인다.
- 병풍 책의 여백을 꾸민다.
- 병풍 책 좌, 우로 어떤 사진이 올 수 있을지 생각한다.
  - 내가 태어나기 전에는 무슨 일이 있었을까?
  - 내가 크면 어떤 모습이 될까?

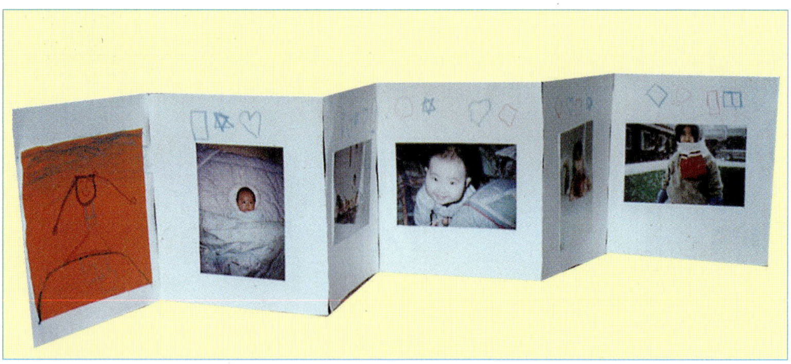

활동3-1-1 | 지구과학 • 천체

달님 얼굴을 찾아주세요

연 령 영아

생활주제 우주

과학개념 지구과학-천체

활동목표 • 달의 모양에 관심을 갖는다.

활동준비

- 「달님 안녕」(히야시 아키코, 한림출판사)
- 달님 퍼즐: 노란 하드보드지에 원(달님)을 그린 후 칼로 도려내어 4조각으로 자른다. 퍼즐 조각에 눈과 입을 붙인다.
- 퍼즐 판: 테두리만 남은 노란 하드보드지를 흰 하드보드지 위에 붙인다.

활동과정

- 달과 관련된 동화 「달님 안녕」을 듣고 이야기를 나눈다.
  - 달님은 어디에 있니? 언제 볼 수 있지?
  - 달님이 없으면 어떻게 될까?
  - 달님은 어떻게 생겼니? 그래, 동그랗게 생겼어.
- 달님 퍼즐을 관찰한다.
  - 달님 얼굴이 이상해졌어. 이건 달님 얼굴의 어느 부분인 것 같니?
- 달님 조각 하나를 퍼즐 판에 붙여 주고 나머지는 영아가 붙이게 한다.
  - 이제 누가 달님 얼굴을 찾아 줄까?
  - 여기에는 어떤 조각이 와야 할까?

참 고

- 한 번에 퍼즐을 맞추지 못하더라도 충분한 시간을 준다.
- 영아가 어려워하면 영아 얼굴의 눈, 코, 입의 위치를 생각하게 한다. 또는 교사가 조각을 골라 주고 영아는 방향만 맞춰 보도록 한다.

활동3-1-2 | 지구과학 · 천체

나의 별자리

연　　령	만 5세
생활주제	우주
과학개념	지구과학-천체
활동목표	· 별자리에 관심을 갖는다.

활동준비

- 별자리 카드: 12개의 별자리
- 야광 별 스티커를 별자리 모양으로 붙이고, 한쪽에는 별자리 이름을 쓴다.
- 잠망경: 빈 크리넥스 상자에 아래 그림과 같이 구멍과 홈을 만든다.
- 유아에게 생일을 알아 오게 한다.

활동과정

- 별을 본 경험을 이야기 나눈다.
  - 어떤 거는 잘 보이고 어떤 거는 흐릿해요. / 너무 많아서 셀 수 없어요.
- 비디오나 인터넷을 이용하여 별자리에 대해 알아본다.
  - 나는 물고기자리인데 너는 무슨 별자리니?
- 잠망경을 통해 나의 별자리를 관찰한다.
  - 밤처럼 깜깜한데 별만 보여요. / 정말 물고기 모양으로 보이니?
- 나의 별자리를 그려 보거나 동시를 짓는다.

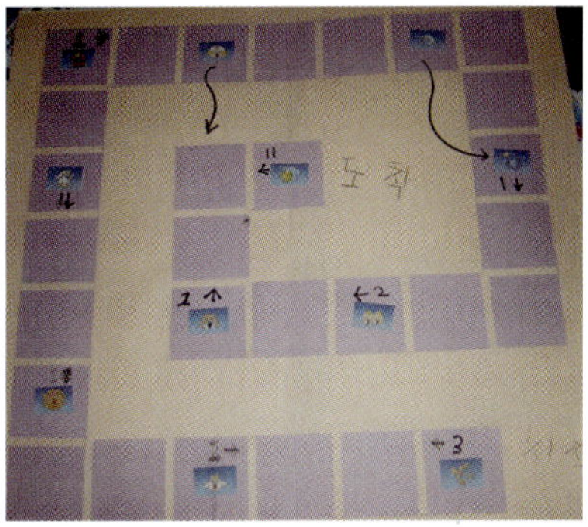

참 고

- 확장활동으로 유아 스스로 별자리를 이용한 게임 판을 꾸며 본다. 예를 들어, 기본 모양만 갖추어진 게임 판에 군데군데 별자리 그림을 붙이고, 별자리 그림이 있는 칸에 오면 주사위를 한 번 더 던져본다든가 하는 규칙을 정할 수 있다.

생일과 별자리

물병자리(1월 20일~2월 18일)

물고기자리(2월 19일~3월 20일)

양자리(3월 21일~4월 19일)

황소자리(4월 20일~5월 20일)

쌍둥이자리(5월 21일~6월 21일)

게자리(6월 22일~7월 22일)

사자자리(7월 23일~8월 22일)

처녀자리(8월 23일~9월 22일)

천칭자리(9월 23일~10월 21일)

전갈자리(10월 22일~11월 21일)

사수자리(11월 22일~12월 21일)

염소자리(12월 22일~1월 19일)

출처: http://www.gunghap.com/star/star_main.php3

활동3-1-3 | 지구과학 • 천체

우주 공간 꾸미기

연령	만 5세
생활주제	우주
과학개념	지구과학-천체
활동목표	• 우주에 호기심을 갖고 우주 공간을 꾸며 본다. • 별들의 특징에 관심을 갖는다.

활동준비

- 까만 비닐봉지 큰 것 - 일부 벽면을 덮을 만큼 필요
- 여러 가지 크기의 스티로폼 공, 크리스마스트리 별, 방울, 은박지 접시
- 실, 테이프
- 색칠 도구, 종이
- 컴퓨터

활동과정

- 밤하늘에 보이는 것에 대해 이야기를 나누고 인터넷으로 찾는다.
  - 별은 왜 빛날까?
  - 별은 어떤 색일까?
  - 제일 큰 별은 무슨 별일까?
  - 정말 별은 모두 ☆ 모양일까?
  - 토성은 어떻게 생겼을까?
- 우주 공간을 꾸미는 데 필요한 재료를 생각한다.
  - 어떻게 하면 교실을 우주처럼 만들 수 있을까?
  - 깜깜한 밤을 표현하려면 벽에 까만 종이 / 비닐을 붙여요.
  - 크리스마스트리에 있는 별하고 방울을 붙이면 되요.
  - 토성은 공에다 띠를 만들어 줘요.
- 다양한 재료를 가지고 우주 공간을 꾸민다.
  - 우주는 이만큼 크게 만들어야 해요.

- 지구 옆에 화성을 붙여 주세요.

- 우주여행을 상상한다.
  - 우주에 가면 무엇을 할까?
  - 우주에는 어떻게 갈 수 있을까?
  - 우주선을 타요. 산소통이랑 우주복도 필요해요. / 많은 사람이 갈 수 있도록 우주로 가는 길을 만들었으면 좋겠어요.

참 고

- 유아의 키가 닿지 않으므로 많은 부분 교사의 도움이 필요하다.

활동3-2-1 | 지구과학 · 지질

모래야 모래야

연령	영아
생활주제	지구와 환경
과학개념	지구과학-지질
활동목표	· 모래의 속성을 지각한다. · 도구의 사용을 통해 손의 조절 능력을 기른다.

활동준비

- 모래와 모래놀이 도구(장난감 삽, 숟가락, 그릇)

활동과정

- 모래의 촉감을 느낀다.
  - 모래에 손을 넣었구나. 느낌이 참 좋지?
  - 모래를 손으로 잡아볼까? 모래가 손가락 사이로 빠져나가네.
- 모래를 쌓는다.
  - 손바닥으로 두드려 볼까?
  - 모래 산이 커졌구나.
- 모래에 구멍을 만든다.
  - 삽으로 파볼까? 손가락으로 만들어 볼까?
  - 지현이가 모래에 구멍을 만들었구나.
- 모래를 그릇에 담았다가 다시 쏟아 본다.
  - 숟가락으로 모래를 옮겨 볼까?
  - 그릇에 모래가 많아졌네.
  - 앗! 그릇에 모래가 없어졌네.

참고

- 모래를 먹거나 모래가 묻은 손을 눈이나 입으로 가져가지 않도록 교사가 가까이에서 감독해야 한다.
- 모래에 물을 뿌려서 젖은 모래의 상태를 경험하게 할 수도 있다.

활동3-2-2 | 지구과학 • 지질

신기한 흙

연 령 만 4세

생활주제 지구와 환경

과학개념 지구과학-지질

활동목표
- 여러 가지 흙의 특성을 비교한다.
- 흙이 만들어지는 과정을 추론한다.

활동준비

- 성분이 다른 흙 3~4가지(예 모래흙, 황토, 찰흙, 부엽토, 배양토)
- 체: 눈이 가는 것과 굵은 것
- 물 조리개
- 돋보기, 종이접시
- 작은 비닐 봉투
- A4 용지, 투명테이프 굵은 것

활동과정

- 여러 장소에서 흙을 채취하고 탐색한다.
  - 흙의 색깔, 촉감 등을 비교한다.
  - 흙에 물을 뿌리고 변화를 관찰한다.
- 흙의 구성 성분으로부터 흙이 만들어진 과정을 추론한다.
  - 손가락으로 흙에서 작은 알갱이들을 찾아본다.
  - 다양한 굵기의 체로 흙을 걸러본다.
  - 나뭇잎이나 가지가 썩으면 흙이 될까? 돌멩이가 부서지면 흙이 될까?
- 활동 결과에 대해 이야기 나누고 기록한다.
  - 입자가 고운 것은 어떤 흙이니? 물이 잘 빠지는 흙은 무엇이니?
  - 흙 표본을 비닐봉투에 넣어 종이에 붙인 후 이름, 떠온 곳, 특징 등을 적는다.
  - 흙에서 나온 물질들을 분류하여 투명테이프로 종이에 붙인다.

참 고

- 흙의 종류와 성분은 채취한 장소에 따라 다름을 알 수 있으려면 화원이나 문구점에서 흙을 구입하기보다 유아가 직접 떠오는 것이 좋다.
- 바닥이 쉽게 더럽혀지는 활동이므로 미리 전지를 깔아 놓는 것이 좋다.
- 흙에 물이 있으면 체로 걸러내기가 힘들므로 흙에 물을 뿌릴 때에는 체로 걸러 볼 흙은 남겨 두고 한다.

활동3-2-3 | 지구과학 · 지질

지진 실험

연 령	만 5세
생활주제	지구와 환경
과학개념	지구과학-지질
활동목표	· 지진이 일어났을 때의 변화를 실험한다. · 지진의 위험성을 인식하고 대처 방법을 알아본다.

활동준비

- 지진 사진 및 신문 기사
- 건물 모형: 상자 및 종이컵에 종이를 대서 창문 등을 그린다.
- 건물 모형들을 쌓아 올린다(종이컵은 거꾸로).
- 모래와 큰 상자, 하드보드지

활동과정

- 지진 사진과 신문기사를 읽어 주며 이야기를 나눈다.
  - 무슨 사진일까? 지진이 무엇인지 들어본 적이 있니?
  - 지진이 나면 어떤 일이 일어날까? 어떤 느낌이 들까?
- 지진 모형을 소개한다.
  - 모래를 담은 큰 상자는 지구야.
  - (건물 모형을 올려놓으면서) 이것들은 지구 위에 있는 건물이란다.
- 지진이 일어나면 어떻게 되는지 실험한다.
  - 큰 상자(지구) 밑에 있는 하드보드지를 살짝 흔들어 준다.
  - 건물이 어떻게 되었니? (조금 흔들렸어요.)
  - 하드보드지를 좀 더 세게 흔들어 준다. 전과 어떻게 다르니?(전보다 심하게 흔들렸어요.)

- 누가 나와서 아주 세게 흔들어 볼래?(건물이 모두 무너졌어요.)
- 그럼, 건물 안에 있는 사람들은 어떻게 될까?

- 지진이 일어났을 때 대처 방안에 대해 이야기해 준다.

참 고

- 지진 뉴스를 접한 후에 실시하는 것이 효과적이다.

• 지진 대피 요령 •

〈집 안에서〉		

낮고 튼튼한 테이블 밑에 들어가 그 다리를 꽉 잡고 몸을 피하거나 방석으로 머리를 보호합니다.	불이 났을 경우 침착하고 빠르게 불을 꺼야 합니다.	집 안에 갇힐 수 있으므로 문을 열어 출구를 확보합니다. 그러나 서둘러 밖으로 뛰어나가면 위험합니다.
〈집 밖에서〉	〈백화점, 극장 등에서〉	〈엘리베이터 안에서〉

가방 등 들고 있는 것으로 머리를 보호합니다. 빌딩가 등에 있을 때는 상황에 따라서 건물 안에 들어가는 것이 오히려 안전합니다.	이러한 장소에서 무엇보다 두려운 것은 큰 혼란의 발생이므로 안내자의 지시에 따라서 질서 있게 행동해야 합니다.	엘리베이터를 사용하면 안 됩니다. 버튼을 눌러 가까운 층에서 내리고 갇혔을 경우에는 비상벨을 눌러 구조를 요청해야 합니다.
〈지하철에서〉	〈자동차에서〉	〈산, 바다에서〉

손잡이 등을 꽉 잡아서 넘어지지 않도록 합니다. 그 후 안내 방송에 따라서 침착하게 행동 합니다.	교차로를 피해서 길 오른쪽에 정차시킵시다. 밖으로 나와 차 옆에 누워있거나 쭈그리고 있도록 합니다.	산사태, 절개지의 무너짐, 해일의 위험이 있으므로 안전한 곳으로 신속히 피해야 합니다.

출처: http://nammyen.es.kr

활동3-3-1 | 지구과학 • 기상

산책 가요

연령	영아
생활주제	우리 동네
과학개념	지구과학-기상
활동목표	• 하늘을 관찰한다. • 자연현상에 관심을 갖는다.
활동준비	비닐 봉투

활동과정

- 창문을 열고 영아와 함께 밖을 본다.
  - 바람 냄새 좀 맡아볼까? 상쾌하다.
  - 나뭇잎이 빨갛게 변했어. 참 예쁘다.
  - 저기 아이들이 걸어가네. 우리도 산책 갈까?
- 산책하면서 하늘을 관찰한다.
  - 하늘 좀 봐. 파란 하늘에 해님이 웃고 있어.
  - 구름도 있네. 하얀 구름.
- 주변의 자연을 탐색한다.
  - 낙엽이 졌구나. 단풍잎을 주워 볼까?
  - 나뭇잎 위를 걸어보자. 바스락바스락 소리가 나네.
  - 큰 돌이 있네. 앉았다가 가자.
- 즐거운 마음으로 돌아온다.
  - 바깥에 나오니까 정말 기분 좋다. 그렇지?
  - 이제 그만 돌아갈까? 해님하고 인사하자.

참고

- 사진을 찍어 오거나 나뭇잎, 돌 등을 모아 와서 교실 활동으로 연계할 수 있다.

활동3-3-2 | 지구과학 • 기상

화장 솜 구름

연령	만 3세
생활주제	여름
과학개념	지구과학-지질
활동목표	• 물의 순환 과정에 관심을 갖는다. • 비와 구름의 관계를 이해한다.

활동준비

- 화장 솜(cotton ball)
- 물, 스프레이
- 종이접시
- 물의 순환도
- 구름 모양으로 자른 종이
- 풀

활동과정

- 물의 순환도를 보여 주며 이야기를 나눈다.
- 솜을 만져 보고 느낌을 이야기한다.
  - 가벼워요. 부드러워요.
- 솜에 스프레이로 물을 젖힌 후 변화를 관찰한다.
  - 무거워졌어요. 차가워졌어요.
- 솜에 물이 아주 많아지면 어떻게 될까 예측한다.
  - 물이 뚝뚝 떨어질 것 같아요.
- 구름 모양 종이 위에 화장 솜을 붙인다.

참고

- 가능한 경우 기온이 0℃ 이하이면 수증기가 얼어서 눈이 됨을 말해 준다.

활동3-3-3 | 지구과학 • 기상

눈이 좋아

연 령 만 3세

생활주제 겨울

과학개념 지구과학-기상

활동목표
- 눈의 특성을 탐색한다.
- 눈이 녹으면 물이 됨을 경험한다.

활동준비

- 방한복, 장갑, 부츠, 목도리
- 비닐봉지, 나무젓가락, 돋보기

활동과정

- 눈이 쌓인 곳으로 나간다.
  - 눈 위를 걷는 느낌이 어떠니?
  - 무슨 소리가 나지?
- 눈을 탐색한다.
  - 눈의 촉감과 온도 느껴 보기
  - 눈을 뭉쳐 보거나 굴려 보기
  - 돋보기로 눈의 결정체 관찰하기
  - 눈 위에 나무젓가락으로 그림 그리기
- 뭉친 눈을 봉지에 넣어서 교실에 들어온다.
- 봉지 속에 눈이 녹은 모습을 관찰한다.
  - 눈이 어디에 갔을까?
  - 눈이 왜 물로 변했을까?
- 눈이 오는 시간이나 눈이 얼어 빙판이 된 곳은 피하고, 눈이 그쳤을 때 눈이 적당히 쌓인 장소를 선택한다.
- 옷이 젖으면 감기가 들 수 있으므로 주의한다.

참고문헌

강영욱(2005). 과학사적 접근에 의한 유아 과학교육 프로그램의 개발 및 적용효과: 한국전통생활과학을 중심으로. 동덕여자대학교 대학원 박사학위 논문.

고현(2005). 미술활동이 유아의 과학적 탐구능력 및 과학 활동 참여도에 미치는 영향. 원광대학교 석사학위 논문.

곽향림 · 허미화 · 김선영(2007). **구성주의 과학교육교수법**. 서울: 창지사.

교육부(1998). **유치원 교육과정 해설**. 교육부.

교육과학기술부(2012). **유치원 교육과정**. 교육과학기술부.

교육인적자원부(2003). **놀이를 통한 유아과학 자료**. 교육인적자원부.

교육인적자원부(2004). **유치원 급식 · 간식 및 요리활동자료**. 교육인적자원부.

교육인적자원부(2005a). **유아를 위한 명화감상 활동자료**.

교육인적자원부(2005b). **유아를 위한 수학교육 활동자료**.

권영례(2000). **유아 과학교육**. 서울: 학지사.

김경아(2002). 발생적 탐구 중심 과학 활동을 통한 유아의 과학적 개념 및 태도 변화. 중앙대학교 대학원 석사학위 논문.

김남연(2012). 미술과 통합한 유아과학교육 프로그램의 개발 및 적용 효과. 중앙대학교 대학원 박사학위 논문.

김미경(2003). **과학적 사고발달을 위한 영유아 과학교육**. 서울: 학지사.

김민정(2003). '물에 뜨고 가라앉는 것' 활동에서 나타난 유아의 과학적 탐구경험과 개념. 중앙대학교 대학원 석사학위 논문.

김봉섭(1999). 학습자의 특성에 따른 지구와 달의 운동 개념 형성. 한국교원대학교 석사학위 논문.

김선양(2000). 지구 모양에 대한 4, 5, 6세 아동의 표상에 관한 연구. 동덕여자대학교 대학원 석사학위 논문.

김선영 · 최수경 공역(2005). **미술활동을 통한 유아 과학교육**. 서울: 학지사.

김선혜(1987). 교육과정 변천에 따른 유치원과 국민학교 1학년의 과학교육 연계성 연구. 이화여자대학교 대학원 석사학위 논문.

김연희 · 이경진 · 고은주 · 이송이 · 이아라(2023). **유아중심 · 놀이중심의 미래형 교육과정을 여는 알수록 재미있는 교실 속 디지털 놀이**. 서울: 교육과 실천.

김인영(2022). **디지털 리터러시와 콘텐츠 개발**. 경기: 하사전.

김정윤(2006). 미니정원 만들기를 통한 유아의 식물에 대한 이해 변화. 중앙대학교 대학원 석사학위 논문.

김정주(2006). 과학영역 운영에 관한 유아교사교육 프로그램의 효과. 원광대학교 대학원 박사학위 논문.

김정화 · 조부경(2001). 과학, 과학자 및 과학활동에 대한 유아의 인식. **아동학회지, 22**(1), 177-190.

김창숙 · 김은아(2022). STMPE단계에 기초한 놀이지원 모형이 유아의 디지털 리터러시 능력과 정보윤리 의식에 미치는 영향. **유아교육연구,43**(1). 105-12.

김현명(2022). 유치원 메이커스페이스 기반 유아 메이커교육 프로그램 개발 및 적용. 중앙대학교 대학원 박사학위논문.

김현희(2002). 한국전통 생활과학의 유아 과학교육적 적용: 구성주의 관점. 동덕여자대학교 대학원 석사학위 논문.

김형재(2013). 유아교사의 내용교수지식(PCK)에 기초한 유아과학교육 프로그램 개발 및 효과. 경성대학교 대학원 박사학위논문.

문미옥 · 신현옥 · 김영숙 · 류칠선(2000). **유아를 위한 과학교육**. 서울: 교문사.

문연심 · 이화영(2006). **통합적 접근에 기초한 영유아 수과학교육**. 서울: 양서원.

민순영(2003). 유아 과학 평가도구개발을 위한 기초연구. **영유아보육연구**, 9, 1-23.

박선희(2002). 초등 과학교육(지구과학 영역)을 위한 웹사이트 검색과 활용방안. 부산교육대학교 교육대학원 석사학위 논문.

백성혜 · 이옥희(2000). 과학교육 개혁운동에 관련된 보고서 분석을 통한 과학성취 개념의 재 정의. **한국초등과학교육학회지**, 18(2), 1-19.

보건복지부(2002). **영유아 보육시설 특별활동(과학 · 환경) 프로그램**. 보건복지부.

삼성복지재단(1998). **삼성 어린이집 유아교육 프로그램 Ⅲ(4세)**. 서울: 교육과학사.

신은수 · 안경숙 · 유윤영(1999). **통합적 접근에 의한 영유아 과학교육**. 서울: 다음세대.

안경숙(2003). 유아과학활동과 통합된 과학능력 평가도구의 개발: 과학적 태도, 탐구능력, 과학적 개념에 대한 평가. 덕성여자대학교 대학원 박사학위 논문.

안부금(2002). 구성주의 이론에 기초한 유아 과학교육 교사 연수 프로그램의 개발과 효과에 관한 연구. 덕성여자대학교 대학원 박사학위 논문.

여성가족부(2006). **표준보육과정**. 여성가족부.

유윤영(2001). 유아의 생물학적 이론 구성에 기초한 교육활동이 생물개념 형성에 미치는 효과. 덕성여자대학교 대학원 박사학위 논문.

윤나경(2002). 물체의 움직임을 예측하는 능력과 유목적적 행동에 대한 이해능력 발달. 국민대학교 교육대학원 석사학위 논문.

이경민(2000). 상호작용적 교수법에 의한 과학교육이 유아의 과학적 개념 · 탐구능력 · 태도에 미치는 효과. 중앙대학교 대학원 박사학위 논문.

윤애희 · 김온기 · 이혜경(2002). **유아 수 · 과학교육**. 서울: 창지사.

이경민(2004). **유아 과학교육**. 서울: 정민사.

이경우 · 이정환(1992). **유아를 위한 과학교육**. 서울: 창지사.

이경우 · 문미옥 역(1998). **물리적 지식활동**. 서울: 창지사.

이경우 · 조부경 · 김정준(2003). **구성주의 과학교육**. 서울: 양서원.

이경우 · 홍혜경 · 신은수 · 진명희(1997). **유아수학교육의 이론과 실제**. 서울: 창지사.

이선경(1995). 유아 과학교육 프로그램에 나타난 과학교육의 변화 양상: Scholastic 프로그램과 High/Scope 프로그램을 중심으로. 이화여자대학교 대학원 석사학위 논문.

이수남(2001). 가정연계 과학활동이 유아의 호기심, 부모의 과학교육 태도 및 부모-자녀의 과학적 상호작용에 미치는 효과. 경희대학교 대학원 박사학위 논문.

이수현 · 이종희(2006). 유아 화학교육에 대한 교육적 관점 및 접근방법 모색: 화학의 본질에 기초한 고찰. **미래유아교육학회지**, 13(4), 289-321.

이영석(1997). **유아교육론**. 서울: 형설출판사.

이영석 · 박영충 · 김미경 · 최나영 · 임명희 · 나귀옥(1997). **유치원 교육 수행평가의 이론과 실제**. 국립교육평가원.

이용복(1992). 초등학교 아동의 천문분야 관심도. **한국초등과학교육학회지, 11**(2), 159-172.

이윤경 · 이현순 · 장영희 · 정미라(1985). **피아제 이론에 따른 그룹게임**. 서울: 교문사.

이철영(1992). J. S. Bruner와 J. Dewey의 지식관에 기초한 탐구방법에 관한 연구. 동아대학교 박사학위 논문.

이홍우(1988). (Bruner) **지식의 구조**. 서울: 교육과학사.

임원신 · 민성혜 · 김영애(2006). **보육과정에 기초한 영유아 수과학 지도**. 서울: 양서원.

전남련 · 김재환 · 이혜배(2007). **아동행동 연구 및 관찰평가**. 서울: 창지사.

전연주(2006). 가정연계 자연탐구중심 유아과학프로그램 개발 및 효과. 전북대학교 대학원 박사학위논문.

정연희(2006). 요리활동에서의 요리재료의 변화에 대한 유아의 이해구축과정. 중앙대학교 대학원 박사학위 논문.

정은하(2023). 모든 학습자가 창작자가 되는 메이커교육. 해외교육VOL.227.여름호.

조복희(2006). **아동발달**. 서울: 교육과학사.

조복희 · 곽혜경 · 김암이 · 양연숙 · 장미자 · 한유미(1999). **과정이 살아있는 창의성 프로그램**. 서울: 다음세대.

조은희 · 하승민 · 최인숙 역(1996). **유아를 위한 물리과학 놀이**. 서울: 창지사.

조재은(2006). 미술활동을 통한 과학교육이 유아의 '물'에 대한 개념과 과학적 태도에 미치는 효과. 중앙대학교 대학원 석사학위 논문.

조형숙 · 김현명 · 정우영(2021). 유아교육기관에서의 메이커스페이스 모형 개발. **유아교육논집, 25**(6). 363-387.

천현미(2007). 텃밭 가꾸기 활동 후 과학일지 쓰기가 유아의 과학적 탐구능력과 태도에 미치는 효과. 전남대학교 대학원 박사학위 논문.

최기란(2002). 유아 다중지능에 대한 부모평가 척도의 타당화 연구. 성균관대학교 대학원 석사학위 논문.

최성우(2003). 역사속의 여성과학자들. **Popular Science 2003년 10월호.**

최우수 · 이성주(2018). 우수과학도서의 교육적 활용을 위한 유아과학교육 관련 내용 분석. **유아교육연구, 38**(6). 273-294.

최인숙(2000). **유아 과학교육**. 서울: 학지사.

한유미(2003). 보육교사의 과학 교수 개인효능감에 관한 연구. **한국생활과학회지, 12**(5), 687-697.

한유미 · 김혜선 · 권희경 · 양연숙 · 박수진(2006). **유아언어교육의 이해**. 서울: 학지사.

한유미 · 오연주(2003). **단계별 포트폴리오 활동의 이론과 실제**. 서울: 다음세대.

한유미 · 오연주 · 지혜영(2021). 스웨덴 영유아교육기관에서의 AI 테크놀로지 활용 동향. **AI와 인간 사회, 2**(1), 231-248.

홍용희 역(1995). **어린이들의 학습에 비계 설정(Scaffolding): 비고스키와 유아교육**. 서울: 창지사.

Baker, D.(1989). Teaching for gender differences. Reasearch Matters.... to the science teachers. *In Georgia Science Teacher, 29*(7), 149-169.

Becker, B. J.(1989). Gender and science achievement: A reanalysis of studies from two meta-analyses. *Journal of Research in Science Teaching, 26*(2), 141-169.

Bloom, J. W.(2006). *Creating a Classroom Community of Young Scientists(2nd Ed.)*. NY: Routledge.

Butzow, J. W., & Butzow, C. M.(2000). *Science Through Childrens Literature: An Integrated Approach*. Englewood, CO: Teacher Ideas Press.

Campbell, C., Jobling, W., & Howitt, C.(2017). *Science in Early Childhood*(3rd Ed.). Sydney: Cambridge University Press.

Carey, S.(1985). *Conceptual Change in Childhood. Cambridge, Massachusetts*, MIT Press.

Carmichael, V. S.(1982). *Science Experiences for Young Children*. Palo Alto, CA: R & E Research Associates, INC.

Charlesworth, R.(2000). *Experiences in Math for Young Children*(4th Ed.). Stamford, CT: Delmar Thomson Learning.

Charlesworth, R., & Lind, K.K.(2003). *Math and Science for Young Children(4th Ed.)*. Stamford, CT: Delmar Thomson Learning.

Chaille, C., & Britain, L.(1997). *The Young Children as Scientist: A Constructivist Approach to Early Childhood Science Education (2nd Edition)*. NY: Longman.

Choiriyah, C. (2021). Science Literacy in Early Childhood: Development of Learning Programs in the Classroom. *Indonesian Journal of Early Childhood Education Studies, 10*(2). 136-142.

Center for Science, Mathematics, and Engineering Education(1996). *National Science Education Standards*.

Devereux, J.(2007). *Science for Primary and Early Years: Developing Subject Knowledge(2nd Ed.)*. LA: SAGE Publications.

Dunn, R.(1990). Rita Dunn answers questions on learning styles. *Educational Leadership, 48*(2), 15-19.

Eliason, C., & Jenkins, L.(1990). A *Practical Guide to Early Childhood Curriculum(4th Ed.)*. NY: Merrill Publishing Company.

Eliason, C., & Jenkins, L.(2003). A *Practical Guide to Early Childhood Curriculum(7th Ed.)*. Upper Saddle River, New Jersey: Prentices-Hall.

Evers, C. L.(2003). *How to Teach Nutrition to Kids*. NY: Carrot Press.

Forston, L.R., & Reiff, J.C.(1995). *Early Childhood Curriculum: Open Structure for Integrative Learning*. Needham Heights, MA: Allyn & Bacon.

Gallenstein, N. L.(2003). *Creative Construction of Mathematics and Science Concepts in Early Childhood*. Olney, MD: Association for Childhood Education International.

Harding, K.(1999). But it's "just a theory". evolution.mbdojo.com/theory.html-

Harlan, J.D., & Rivkin, M.S.(2004). *Science Experiences for the Early Childhood Years:An Integrated Affective Approach(8th Ed.)*. NJ: Upper Saddle River.

Howe, A. C., & Jones, L. J.(1993). *Engaging Children in Science*. NY: Mcmillan Publishing Company.

Jackman, H. L. (2005). *Early Education Curriculum: A Child's Connection to the World (3rd Ed.)*. NY: Thomson Delmar Learning.

Jinks, J.(1997). The science process. http://www.coe.ilstu.edu/cienceed/ losbach/processes.htm.

Kamii, C., & DeVries, R.(1978). *Physical Knowledge in Preschool Education. Englewood Cliffs*. NJ: Prentice-Hall.

Kirby, M.(1989). Nature as refuge in children's environments. *Children's Environments Quarterly, 6*(1), 7-12.

Kupetz, B.N., & Twiest, M.M.(2000). Nature, literature, and young children: A natural combination. *Young Chil-*

dren, *55*(1), 59-63.

Lind, K.(2000). *Exploring Science in Early Childhood(3rd Ed)*. Albany, NY: Delmar Thomson Learning.

Lipmann, L.(1973). *Your Child's Sensory world*. NY: Dial.

Martin, D. J.(2001). *Constructing Early Childhood Science*. NY: Delmar.

Matusov, R., & Hayes, E.(2000). Sociocultural critique of Piaget and Vygotsky. *New Ideas in Psychology*, *18*, 215-239.

NCTM(1995). *Assessment Standards for School Mathematics*. Reston, VA: NCTM.

Pettig, K. L.(2002). *The influence of children's literature on instructional practice for mathematics*. Doctoral Dissertation of the University of Rochester.

Prairie, A. P.(2005). *Inquiry into Math, Science, and Technology for Teaching Young Children*. Canada: Thompson.

Prensky, M. (2001). Digital natives, digital immigrants. *On the Horizon*, *9*(5): 1-2.

Seefeldt, C.(2002). *Creating Rooms of Wonder: Valuing and Displaying Children's Work to Enhance the Learning Process*. Beltsvill, MD: Gryphon House.

Siu, K. (2022). What is a Makerspace? Our secrets to a successful Makerspace! https://teachyourkidscode.com/what-is-a-makerspace/

Silby, A. & Watts, M.(Eds)(2020). *Early Years Science Education: A Contemporary Look*. NY: Routledge.

Smith, S. P.(1997). *Early Childhood Mathematics*. Needham Heights, MA: Allyn and Bacon.

Sprung, B.(1996). *Physics is fun, physics is important and physics belongs in the early childhood curriculum*. Young Children.

Treagust, D. F., Duit, R., & Fraser, B. J.(1996). *Improving teaching and learning in science and mathematics*. NY: Teachers College Press, Columbia University.

Ward, H., Roden, J., Hewlett, C., & Foreman, J.(2005). *Teaching Science In The Primary Classroom*. UK: Sage Publications Ltd.

Weiss, I., Nelson, B., Boyd, S., & Hudson, S.(1989). *Science and Mathematics Educating Briefing Book*. Washington, DC: National Science Teachers Association.

Wellings, P.(2003). http://ldt.stanford.edu/~paulaw/STANFORD/370x_paula_ wellings_final_paper.pdf

http://acs.lbl.gov/Seaborg.talks/unframed/presidents/22.html

http://evolution.massey.ac.nz/assign2/BP/Bruner.html

http://proch.wordpress.com/2007/08/29/choose-your-way/

http://prof.snue.ac.kr/~wkang/Lec(A)/(A)05.html

http://qna.scienceall.com/knowall/svc/qna/question_detail.php?queId=44107

http://scied.gsu.edu

http://www.kweather.co.kr/school/ani-pla_proverb.html

http://www.learningandteaching.info/learning/assimacc.htm

http://www.sculpture.co.kr/

http://www.yetiarts.com

저자소개

한유미
호서대학교 유아교육과 교수

주요 저서 및 논문

「단계별 포트폴리오 활동의 이론과 실제」(공역)
「과정이 살아있는 창의성 프로그램」(공저)
「스웨덴의 아동보육제도」(공저)
「영유아 수과학 교육」
「유아 수학 교육」
'미술을 통한 유아 수학 교육이 유아의 수학적 지식과 태도에 미치는 영향'
'보육시설 과학 특별활동 프로그램 개발 및 적용'외 다수

프로그램 개발

「유아를 위한 명화감상 활동자료」(교육인적자원부)
「보육시설 과학 특별활동 프로그램」(보건복지부)

제4판

– 디지털시대 –

영유아과학교육

초 판 1쇄 발행 2010년 3월 8일
초 판 3쇄 발행 2012년 3월 8일
증보판 11쇄 발행 2018년 9월 10일
제3판 2쇄 발행 2020년 9월 8일
제4판 1쇄 발행 2024년 2월 23일

지 은 이 | 한유미
펴 낸 이 | 김기섭
편 집 인 | 이윤미 · 이혜란
펴 낸 곳 | 창지사 www.changjisa.com
08589 서울시 금천구 가산디지털 1로 83 파트너스타워 1차 9층
전화 (02)719-2211~3
팩스 (02)701-9386
등 록 | 1977년 4월 28일 · 제1-421호

ISBN 978-89-426-1863-7 (93370)

값 24,000원